KB047032

경상도 대구
동학농민혁명

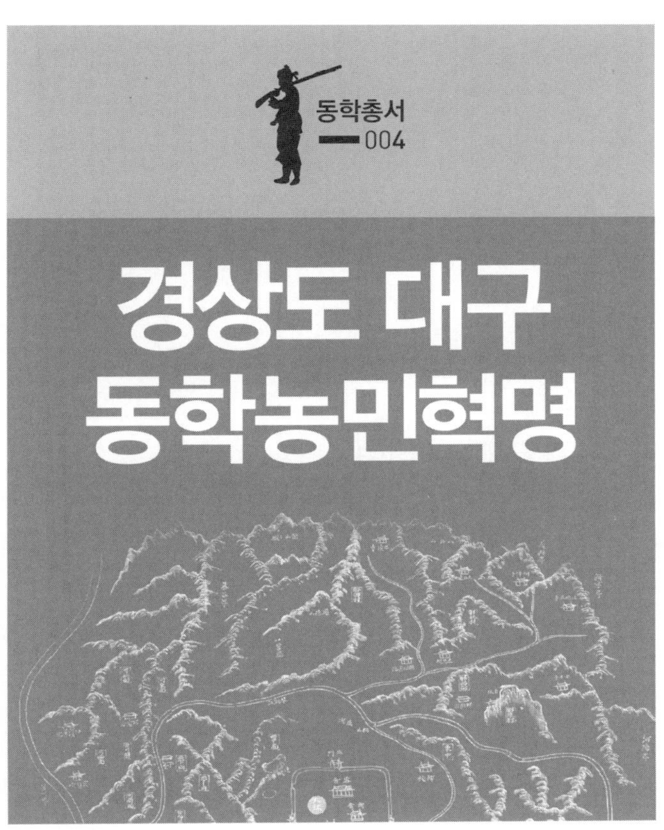

동학농민혁명사에서 대구와 경상 감영의 역사적 위상

영남지방은 동학이 발생하여 초기에 전파된 지역이요 전통 유림들이 처음 동학배척운동을 벌인 곳이며 동학교도가 영해지역을 중심으로 최초로 변혁운동을 벌인 곳이기도 하다. 더욱이 1894년 동학농민혁명 당시에는 호남 호서지방과 함께 가장 치열한 항쟁이 벌어진 지역이기도 하다.

이이화 최재목 임형진 신영우 박홍규 이병규 조극훈 지음

동학총서 004

경상도 대구 동학농민혁명

등록 1994.7.1 제1-1071
1쇄 발행 2015년 9월 30일

기 획 동학학회
지은이 이이화 최재목 임형진 신영우 박홍규 이병규 조극훈
펴낸이 박길수
편집인 소경희
편 집 조영준
관 리 위현정
디자인 이주향
펴낸곳 도서출판 모시는사람들
서울시 종로구 삼일대로 457(경운동 88번지) 수운회관 1207호
전 화 02-735-7173, 02-737-7173 / 팩스 02-730-7173

인 쇄 상지사P&B(031-955-3636)
배 본 문화유통북스(031-937-6100)
홈페이지 http:// blog.daum.net/donghak21

값은 뒤표지에 있습니다.
ISBN 979-11-86502-18-1 94900
SET 978-89-97472-72-7 94900

이 도서의 국립중앙도서관 출판예정도서목록(CIP)은 서지정보유통지원시스템 홈페이지(http://seoji.nl.go.kr)와 국가자료공동목록시스템(http://www.nl.go.kr/kolisnet)에서 이용하실 수 있습니다.(CIP제어번호: 2015024630)

머리말

1998년 창립 이래 동학학회는 동학에 대한 학제적 연구를 통하여 한국사상의 정체성을 확립하는 데 기여해 왔습니다. 동학 연구의 범위도 협의의 동학에만 국한시키지 않고 근대사와 근대사상을 포괄하는 것은 물론 동서고금의 사상 및 현대 과학의 사상과도 비교하는 광의의 동학으로 그 외연을 확대하였습니다. 그동안 동학학회는 서울과 지역을 순회하며 36차에 걸친 학술회의를 개최함으로써 동학의 글로컬리제이션(glocalization)에 총력을 기울여 왔습니다. 지역 순회 학술대회는 2011년 경주 추계학술대회를 시작으로 2012년 정읍 춘계학술대회와 고창 추계학술대회, 2013년 보은 춘계학술대회와 예산 추계학술대회, 2014년 영해 춘계학술대회와 남원 추계학술대회, 그리고 2015년 대구 춘계학술대회를 개최하였습니다. 또한 등재학술지인 동학학보를 연4회 발간함으로써 학회지의 질 제고와 양적 성장의 기틀을 마련하였으며, JAMS 시스템도 구축함에 따라 동학학보가 명실공히 권위 있는 학술지로 발돋움하게 되었습니다.

2015년 5월 15일 동학농민혁명 제121주년을 맞이하여 경상도의 수부인 대구에서 '동학의 글로컬리제이션: 대구 감영과 1894년 경상도지역의 동학농민혁명'을 대주제로 개최한 춘계학술대회에서 발표한 6편의 논문과 기조강연 및 한 편의 별도 논문과 유관 자료들을 정리하여 단행본으로 발간하게 된 것을 매우 뜻 깊고 또한 기쁘게 생각합니다. 동학학회 주최, 대구광역시 · 동학농민혁명기념재단 · 영남대학교 · 동학학회 후원회가 후원한 대구 춘계학술대회는 특히 동학농민혁명사에서 대구와 경상감영이 차지하는 역사적 위상을 사료 연구를 통해서 실증적으로 입증하고, 나아가 한국 근대사에서 중요한 역할을 한 경상도지역 동학농민혁명의 의의와 가치를 21세기 글로컬 시대의 시각으로 재조명함으로써 경상도지역 문화의 세계화에 기여함과 동시에 발전적 과제에 대한 통찰을 통해 미래적 전망을 할 수 있게 하는 뜻 깊은 학술대회였습니다.

역사학, 정치학, 철학, 종교학, 국문학 등 다양한 분야의 동학 전문가들이 모여 개최한 대구 춘계학술대회는 조선 후기 유림의 영향이 지대했던 경상도 일대에서 동학이 창도되어 전파된 실상을 밝히고 그 역사적 문화적 의의를 성찰하며 그 결과를 학술대회를 통해 공론화함으로써 경상도지역의 정체성 확립과 문화적 역량 제고의 계기를 마련하였습니다. 경상도 일대는 일본군이 부산에 상륙해서 육로로 북상하는 길목에 위치하여 일찍이 외세의 침략상을 목격했던 지역이며, 동학농민군이 상주와 선산 등 대읍을 점거해서 경상도를 종단하는 일본군 병참기지와 군용전신기지에 가장 먼저 공세를 취하여 격렬한 전투가 벌어졌던 지역입니다. 이번 학술대회는 경상도지역에서 전개된 동학농민군의 활동상을 살펴보고, 당시 경상도 71개 군현을 관할 감독하던 대구감영의 시각에서 1894년의 사태를 조망하는 새로운 연구 성과를 학계에 제공할 것입니다. 당시 경상도 군현에서 동학이 세력을 증대시킨 배경과 실상, 1894년 일본군 제5사단의 부산 상륙과 북상, 일본군 병참부와 운용전신 기지 설치와 주둔군, 동학농민군의 봉기와 일본군 · 남영병의 진압 등에 관해 도백인 경상감사의 시각에서 정리한 내용은 경상도 근현대사 연구에 새로운 시각을 제공할 것입니다. 특히 이번 학술대회는 동학농민혁명사에서 중요한 위상을 차지하는 대구에서 지역민들과 전문 연구자 및 대학생들의 참여를 통해 학문적 교류와 소통의 장을 마련하고, 지역적 정체성과 애향심을 고취시켜 애국 · 애족 · 애민의 정신을 함양하고,

동학정신과 동학혁명의 가치를 후속세대에 전승하며, 아울러 국내외 전문가를 포함한 인적 인프라 구축을 통해 동학의 글로컬리제이션에 기여할 수 있었다는 점에서 그 의의가 실로 크다 하겠습니다.

동학은 진정한 의미에서의 인간학이고, 동학학회는 이러한 진정한 인간학을 연구하고 그것을 삶 속에 투영시키는 학회입니다. 동학은 상고시대 이래 면면히 이어져 온 민족정신의 맥을 살려 주체적으로 개조·통합·완성하여 토착화시킨 것으로 전통과 근대 그리고 탈근대를 관통하는 '아주 오래된 새것'입니다. 동학의 즉자대자적(卽自對自的) 사유체계는 홍익인간·광명이세의 이념을 현대적으로 구현하는 원리를 제공하고 나아가 평등하고 평화로운 세계를 창조하는 토대가 될 수 있게 한다는 점에서, 백가쟁명의 사상적 혼란을 겪고 있는 오늘의 우리에게 그 시사하는 바가 실로 크다 하겠습니다. 문명의 대전환이라는 맥락에서 볼 때 동학은 새로운 문명의 패러다임, 즉 전일적인 새로운 실재관을 제시함으로써 데카르트-뉴턴의 기계론적 세계관의 근저에 있는 가치체계의 한계성을 극복할 수 있게 한다는 점에서 서구적 근대를 초극하는 의미가 있다 하겠습니다. 특수성과 보편성, 지역화와 세계화, 국민국가와 세계시민사회의 유기적 통일성을 핵심 과제로 안고 있는 오늘의 우리에게 이번에 발간하는 단행본이 해결의 단서를 제공해 주기를 기대해 봅니다.

끝으로, 대구 춘계학술대회 개최와 이번 단행본 발간을 위해 지원과 배려를 아끼지 않으신 대구시 권영진 시장님과 동학농민혁명기념재단 김대곤 이사장님을 비롯한 관계자 여러분께 충심으로 감사드립니다. 그리고 이 책을 발간해 주신 '도서출판 모시는사람들'에도 감사의 마음을 전합니다.

2015년 9월

동학학회 회장 최민자

차례

영남지역 동학농민혁명의 전개와 한국 근대사회

이이화_ 전 역사문제연구소 소장

1. 영남지역 동학농민혁명의 전개

영남지방은 동학이 발생하여 초기에 전파된 지역이요 전통 유림들이 처음 동학배척운동을 벌인 곳이며 동학교도가 영해지역을 중심으로 최초로 변혁운동을 벌인 곳이기도 하다. 더욱이 1894년 동학농민혁명 당시에는 호남 호서지방과 함께 가장 치열한 항쟁이 벌어진 지역이기도 하다.

그런데 오늘날 그 계승 의지가 아주 미약하며 그 역사적 의미를 부여하는 데도 인색하다. 왜 그럴까? 현대에 들어 보수적 가치에 매몰되어 있는 탓으로 보인다.

1) 동학의 포덕과 유림의 대응

최제우는 동학을 창도한 뒤 계집종 하나는 수양딸로 삼고 또 하나는 며느리로 삼아 신분 타파의 의지를 행동으로 보여주었다. 이어 교도가 된 사람들은 반상과 적서를 가리지 않았으며 후천개벽을 제시하였다. 이는 문중집단을 배경으로 한 재지사족들의 주목을 받을 수밖에 없었다. 최제우의 현실

인식은 당시 국가수탈인 부세체제 곧 삼정문란과 지주-전호의 갈등 그리고 세도정치의 비리에 맞추어져 있었다. 그는 아버지 최옥(崔鋈)으로부터 받은 가학(家學)이 있었다.

최옥은 퇴계 계통의 유림이었으나 몰락한 향반이라 볼 수 있었다. 최옥의 현실인식은 세 가지 문제를 통해 알아 볼 수 있다. 첫째, 과거제의 혁파를 주장했다. 양반 중심으로 치러지는 과거는 온갖 비리가 있으므로 향공(鄕貢)을 통해 인재를 뽑아야 한다고 주장했다. 곧 고을에 교수와 훈도를 두어 인재를 선발해 교육을 시키고 이들을 시험 보여서 발탁해야 한다는 것이다.(罷科擧私議) 둘째, 토지개혁을 주장했다. 탐관오리와 모리배들이 토지와 전화(錢貨)를 독점해서 빈부격차가 극심하므로 토지 소유를 제한해야 한다는 것이다. 흉년이 들면 백성들은 토지를 염가로 팔아서 더욱 토지 편중을 가져오므로 이를 제한해야 한다는 것이다.(限民田私議) 셋째, 과부의 개가를 허락해야 한다는 것이다. 과부의 개가를 금지하고 그 자손들에게 벼슬길을 막은 것은 조선의 폐습이라고 지적하고 이를 허용해야 한다고 말했다.(許改嫁私議)

이 세 가지는 양반, 지주 그리고 여성에 관련된 문제로 봉건모순 또는 계급모순의 중심과제였다. 최옥은 조심스런 문투로 이 주장을 폈는데 최제우에게 직접적 영향을 주었다고 보아야 할 것이다. 최제우는 개가녀의 아들이었다.(『近庵遺稿』)

최제우는 1861년부터 경주를 중심으로 경상좌도 일대에서 포덕활동을 벌였다. 많은 교도들이 몰려들자, 이를 주목한 세력은 관아의 벼슬아치보다 재지 사족집단인 전통 유림이었다. 유림들은 1863년 여름부터 동학의 압제에 나섰다.

상주의 우산서원에서는 1863년 9월 13일자, 원장 홍은표, 재임 정직우의 이름으로 통문을 돌렸고 이 통문을 받은 도남서원은 이해 12월 1일자, 원장

정윤우, 회원 유후조의 명의로 상주에 있는 옥성서원 등 여러 서원에 통문을 재작성해 보냈다. 두 통문을 요약해 정리해 보면 이러하다.

첫째, 이단론이다. 이 이단론은 유학의 이론을 세운 공자와 맹자를 원조로 한다. 맹자는 이단의 표적으로 위아설을 주장한 양자와 겸애설을 주장한 묵자를 꼽았다. 양묵(楊墨)을 이단으로 지목해 배척했던 것이다. 그런 뒤 유학을 배척하는 학문 사상을 이단으로 보았다. 둘째, 송대의 성리학자인 정자와 주자는 불교와 도교를 허무적멸(虛無寂滅)의 가르침이라 하여 배척하였는데 이 이론에 따라 불교와 도교를 이단으로 포함시켜 배척하였다. 그리하여 송대에서는 이단 논쟁이 더욱 치열하게 전개되었다. 그런 뒤 불교와 도교의 한 갈래는 유교에 맞서 변란세력으로 변화하였다. 셋째, 유학의 이론곧 주의 주장을 비판한 육상산과 왕양명의 이론을 육왕학(陸王學)이라 하여 이단으로 몰았다. 왕명학파들은 주자학파에 맞서 정치권력을 잡기도 하고 변혁세력이 되기도 하였다. 이것이 벽이숭정(闢異崇正)의 이론이다.

위 통문에서는 이 세 가지를 들어 동학을 이단 사설로 배척하였다. 위의 이단론은 교조적 주자학도들이 벌이는 일관된 이론 틀이었다. 영남의 유림들이 받드는 퇴계학파는 퇴계가 주자학을 철저히 따르고 양명학을 배척하는 이론에 근거하여 주자학적 교조에 충실했던 것이다.

한 걸음 나아가, 서학(천주교)과 동학을 동일시하였다. 둘은 이름만 바꾸었지 천주를 받드는 것은 동일하다고 보았다. 게다가 동학은 개벽을 말하고 주문을 외우기 때문에 중국에 일어난 황건적의 무리와 같다고 주장했으며 병을 치료하고 남녀가 혼석한다고 하여 사교로 지목하였다. 서학이 추로(鄒魯)의 고장인 영남지역에는 들어오지 못했는데 같은 사교인 동학이 퍼져 나간다고도 했다.(표영삼, 『동학 1』, 통나무, 2004)

이런 동학을 뿌리 뽑아야 한다고 유림들을 충동한 것이다. 이게 척사위정

(斥邪衛正)이다. 이 척사위정은 18세기 정조 재위 시기, 서학을 배척하는 이론으로 굳어졌다. 임진왜란과 병자호란 이후 일어난 존왕양이(尊王攘夷는 문명인과 인간인 이적(夷狄))의 차이라는 관점인데 반해 척사위정은 이항로 등에 의해 인간과 금수의 차이라는 인수론(人獸論)으로 이어졌다.

이 통문이 상주를 중심으로 여러 서원에 들려졌고 유림들은 동학배척에 나섰다. 이 운동을 전개한 주역들은 바로 영남사림을 대표하는 정윤우, 유후조 등이다 이들은 정치색으로 보아 영남 남인, 퇴계학파의 맥을 잇는 서원세력, 문중을 배경으로 향촌에서 위세를 부리는 토호이다. 이들은 주자학을 철저하게 받드는 학문-사상의 경향을 강하게 지니고 있으면서 안동 김씨 세도정치세력이 임명한 수령과 그 하수인인 이향과 향권을 두고 맞서 왔다.

조정에서는 동학에 대한 정보를 입수하고 1863년 12월 암행어사 정운구를 현지에 내려보냈다. 정운구는 경상좌도 일대의 실정을 돌아보고 천주를 받들고 주문을 외우는 사교라고 보고하였다. 끝내 최제우를 체포해 좌도난정(左道亂正)의 죄목에 걸어 처형하였다. 이 죄목이 바로 이단의 배척과 천주교를 향한 척사의 이론에 근거한 것이다. 뒤를 이어 홍선대원군이 서원을 철폐한 조치는 벽이숭정에 근거한 게 아니라 기득권 세력인 유림을 꺾으려한 목적이었고 천주교를 박해한 것은 척사위정에 근거한 것이다.

2) 최시형의 포덕 활동과 영해지방 중심의 변혁운동

최시형(崔時亨)은 1864년 교주 최제우(崔濟愚)가 좌도난정이란 죄명으로 처형을 당한 뒤 동학이 공인되지 않는 현실에서 북접 대도주라는 이름으로 포덕 활동을 줄기차게 벌였다. 그는 잠행(潛行)을 통해 강원도 충청도 경상도 등지 산악지대를 누볐다. 그런 끝에 1870년에 들어서는 동학교도의 숫자가 상당한 수준으로 늘어나서 동학 재건에 성공한 모습을 보였다.

최시형이 영월에서 지하 포덕을 하고 있을 때였다. 충청도 홍성 출신으로 충청도 내륙과 경상하도 일대에서 끊임없이 변혁운동을 벌이던 이필제(李弼濟)가 최시형에게 접근했다. 이필제는 영해에 머물고 있는 최시형을 찾아와, 선사(최제우)의 신원(伸寃)을 위해 선사가 순교한 날인 3월 10일을 기해 봉기하자고 건의했다. 그러자 최시형은 처음에는 시기를 기다리자고 말하면서 거절했다가 마침내 허락을 했다. 그리해 군사 500여 명을 모아 무장을 하고 동해변에 있는 군사요지인 영해부를 습격했다. 이 관련 기록을 보자.

> 야반에 성중에 돌입해서 관아에 불을 지르고 군기를 탈취하자 본부의 별포군들이 창황해서 급히 달아나면서 의병을 향해 방포하다가 흩어졌다. 필제와 낙균이 곧바로 동헌에 들어가서 부사를 끌어내려 죄를 따져 묻기를 "너는 국록을 먹는 신하로서 정사를 어지럽히고 그르쳤으며 백성 학대하기를 이같이 하고 재물 탐하기를 저같이 하였다. 거리에는 방문이 붙고 저자에는 원망하는 소리가 자자하다. 이 고을 민정이 이러하니 죄를 어찌 벗어나리오. 비록 용서하고 싶으나 의리로는 탐학한 관리를 죽이는 것이다"라고 말했다.(『道源記書』)

이필제와 김낙균은 동학교도 중심의 군사들에게 죽창과 조총 그리고 횃불을 들려 영해부의 관아를 습격하자 군교와 구실아치들은 모두 달아났다. 이들은 먼저 군기고를 습격해 무기를 거두고 동헌으로 뛰어들어 부사 이정의 죄를 물어 살해했다. 이들은 성중을 손아귀에 넣고 소를 잡아 나누어 먹였다. 이어 이방이 보관하고 있던 돈 궤짝을 부수어서 동민들에게 골고루 나누어 주었다. 이들은 민간에서 밥이나 솥을 가져갈 적에도 꼬박꼬박 돈을 지불했다.

이들은 하룻밤 마음껏 호기를 부린 뒤 다음 날 이틀 만에 부중에서 물러났다. 이들은 영양쪽으로 달아나다가 일월산으로 들어가 유격전으로 맞섰다. 하지만 관군에게 밀려 수 십 명이 잡혀가거나 죽었고 최시형과 이필제 등은 사방으로 뿔뿔이 달아났다. 관군들은 이들을 색출하려고 일대 수색령을 내렸다. 이렇게 해서 경상좌도 일대의 동학 조직은 무너졌고 동학교도들은 달아나 숨었다. 최시형은 몇몇 제자와 영월 산중으로 숨어들었다. 이 사건을 두고 동학에서는 신미사변이라 부른다.

이필제는 문경 새재 등지에서 동지를 모아 다시 봉기를 준비하다가 잡히고 말았다. 그는 모반대역죄인으로 포도청에서 신문을 받다가 의금부로 넘겨졌다. 이필제의 문초는 이렇게 시작되었다.

> 성명을 이리저리 바꾸고 종적을 날려 숨겨서 도당을 긁어모아 난을 일으키려 한 것은 무슨 복심인가? 한번 굴러서 호중(湖中, 충청북도)을 선동했고 두 번 굴러서 영남에서 옥을 일으켰고, 영해에까지 손을 뻗어 작변했으니 지극히 끔찍하다. 또 독한 말은 간담을 흔들어놓는다. 이미 오래 전에 도마 위에 오른 고기였는데 그물을 빠져 나간 고기가 아직도 목숨을 붙이고 있으니 오래 신인이 다 같이 분을 참지 못하는 바이다. 또 조령에서 도둑 무리를 매복시켜 흉측한 계획을 품었다가 죄악이 차서 저절로 잡혀온 것이다.(推案及鞫案의 역적 필제기현국안)

이필제의 행적을 요약해 나열하고 있다. 이필제가 1871년 잡혀 동지인 정기현과 함께 처형을 당한 뒤 최시형은 다시 수색을 벗어나려 잠행을 거듭했다. 다음 기록을 보자.

> 이해 8월에 이르러 갑작스레 문경 새재의 변고를 듣고 놀라마지 않아 여러

경로를 통해 수소문해보니, 필제와 기현의 거사였다. 좌석이 따뜻해지기도 전에 이 같은 변위(變危)가 있는가? 필제의 목숨이어, 하늘이 어찌 이 사람을 태어나게 해서 망령되이 스스로 화를 만들어내니 어찌 이보다 심한 역리(逆理)가 있겠는가?(『道源記書』)

전국에는 다시 동학교도에 대해 일대 수색령이 내려졌던 것이다. 최시형은 모진 홍역을 치르고 다시 동학 재건에 나섰다. 하지만 이로 해서 동학은 모진 수난을 겪었다고 해서 모든 기록에서 이필제사건을 두고 경계로 삼았다. 이필제는 직업적 변란주모자로 활동하면서 동학 조직을 이용하거나 동원하려는 계획을 세웠고 최시형은 교조 신원을 위해 한때 동조했던 것이다. 두 사건으로 10년 적공이 날아갔던 것이다.(『1871년 경상도 영해 동학혁명』, 동학학회, 2014)

이를 정리해보자. 영해변혁운동과 새재 유회에 참여한 이 지역 인사는 상주의 서원세력과는 달리 대문중의 배경을 지닌 재지사족 또는 전통유림이 아니라 오히려 그들에게 향권을 내준 몰락 양반 또는 몰락 지식인이었다고 볼 수 있을 것이다. 이들은 세도정치세력이 임명한 수령과 수령의 하수인인 향리를 처단했다. 그러니 여기에 참여한 동학교도 또는 향촌 지식인은 전통유림과 수령을 모두 적대세력으로 보고 이필제의 변혁운동에 동참했다고 분석해 보아야 할 것이다. 다만 기회주의적인 요호부민과 상인층은 거의 참여치 않은 것으로 분석된다.

3) 영남지역 동학농민혁명의 전개

영남지역에서 전개된 동학농민혁명은 몇 개 권역으로 나누어 살펴볼 수 있을 것이다. 크게는 경상좌도와 경상우도로 나누어 볼 수 있으며 더 세부적으로는 일정 지역에서 이웃 고을끼리 연합전선을 편 모습을 볼 수 있겠다.

(1) 상주 김산 선산 성주 지역의 접전

상주와 김산(金山, 현재의 김천) 지역은 1894년 7월 이후 농민군의 행동이 본격화된 것으로 보인다. 공주 출신 송용주가 이 일대를 순행하면서 봉기를 충동한 적도 있었다.

상주에는 이해 9월 말경 농민군 수천 명이 대도소를 설치하고 상주목 관아를 공격하여 점령하였다. 이들은 관아의 무기를 빼앗고 양곡을 거두면서 집강소와 같은 활동을 벌였다. 이시기의 농민군은 영동 청산 황간 등지의 농민군이 합세하여 이루어졌으며 현지 출신 농민군은 향반과 종들이 많이 포함되어 있었다.

상주 읍성은 낙동병참부에 주둔해 있는 일본군이 출동해서 기습하였다. 사다리를 타고 성벽을 올라가 이를 예상하지 못했던 농민군을 공격해서 읍성 밖으로 몰아냈다. 그 후 이곳 양반 유생과 아전들은 상주집강소를 차리고 읍성을 지켰다. 하지만 농민군들은 고을 각 처에 출몰하면서 다시 상주성을 점거하겠다고 하는 등 활동을 계속 전개하였다. 이에 소모사 정의묵과 유격장 김석중이 중심이 되고 또 대구감영의 병정과 용궁 함창 예천의 포군 8~9백여 명이 합세해 철저한 토벌전을 벌였다.

이들은 두어 달쯤 토벌전을 전개하여 수십 명의 접주를 처단하였고 1천 5백여 명의 농민군을 귀화하게 하였다. 상주의 농민군은 이 일대에서 가장 큰 세력을 이루고 끈질기게 항쟁한 것으로 알려졌다.

김산에서는 이해 8월 진목에 사는 편보언이 중심이 되어 김천장터에 집강소를 차리고 전라도의 집강소와 같은 일을 벌였다. 편보언이 도집강이 되어 여러 포접의 농민군을 거느리고 있었다. 그는 전봉준의 지시를 받았다고 도 말했다.

이해 9월 말경 편보언은 기병하라는 최시형의 통고를 받고 이를 각처에 전달해 주어 봉기하도록 하였다. 김산군과 주변 고을에서는 곡식과 말, 창과 칼을 거두고 힘을 합쳐서 선산부를 공격하였다.

선산의 농민군은 김산과 개령 일대에서 온 농민군이 합세하자 읍성을 점거할 수 있었다. 그러나 선산의 관속이 해평에 있는 일본군에게 알리고 구원을 청하였다. 그리하여 선산 읍성을 점거한 농민군은 일본군의 기습을 받아 많은 희생자를 내고 물러나왔다.

또한 대구감영에서 영병 2백여 명을 보내 선산을 거쳐 김천장터로 나오자, 편보언 등은 흩어져 갔다. 이어 지례로 진격해서 잔여 농민군을 색출하고 있었다.

다음, 성주에는 8월 20일부터 농민군 활동이 전개되었다. 이웃 고을인 지례와 인동에서 잡직에 종사하는 무리들과 금광의 노동자와 무뢰배들 수십 명이 몰려오자 현지의 농민군들이 합세하여 1백여 명의 대오를 만들었다. 이들은 장날을 기해 거리를 횡행하면서 성주목사에게 사채의 탕감, 투장의 해결, 호포의 감하, 요호와 이서배의 징치를 요구하였다.

이에 성주의 수성군들은 10여 일 동안 활동을 벌이던 이들을 진압하고 고을 바깥으로 내쫓았다. 그러자 농민군은 다시 더 많은 세력으로 읍성을 들이쳤다. 성주목사 오석영은 읍내를 지키지 않고 피신하였다. 그리고 대구감영으로 가서 감사에게 구원을 호소하였으나 위기에 임지를 지키지 않았다고 해서 감사는 접견조차 하지 않았다. 목사가 없는 성주 읍내는 농민군이 들어가 불을 질러 민가가 대부분 불에 탔다. 읍내에서 불타지 않은 건물은 관청뿐이었다.

예천 안동 선산지방은 양반고을이라 일컬어져 왔다. 이 말처럼 이곳은 사족들이 웅거하면서 오랜 동안 상민을 압제해 온 곳이다. 1894년 3월, 예천 동로면 소야리에 옹기상인 최맹순이 접소를 차리고 집강소 형태로 갖추었다. 이어 6, 7월에 이르러서는 더욱 세력이 커져서 몇 만 명에 이르렀다. 이들 농민군의 접소는 48개소였고 예천 출신만이 아니라 다른 지방 출신들도 이곳에서 함께 활동하고 있었다. 7월에 들어 이들은 읍내로 들어와 지주 사족 향리의 집에서 돈과 곡식을 빼앗아갔다.

이에 대해 이곳 향리가 주도한 보수집강소에서는 이렇게 기록했다.

> 그들은 접소를 마을마다 나누어 설치해서 없는 곳이 없었는데 서북 외지가 더욱 심했다. 대접은 만여 인이요 소접은 수백 인이었는데 시정잡배와 못된 평민이나 머슴 따위들이 스스로 득지(得志)할 때라고 말하고 관장을 능욕하고 사대부를 욕보이고 마을을 약탈하고 재물을 빼앗고 군기를 도둑질하고 남의 말을 몰아가고 남의 묘를 파헤쳐서 사사로운 원혐(怨嫌)을 갚았으며 묶거나 구타하여 여러 사람을 죽이는 수도 있었다.

이처럼 이들은 드세게 활동하면서 심지어 안동부사의 행차를 가로막고 부사를 얽어 구타하고 지닌 물건을 빼앗는 지경에 이르렀다. 이런 과정 속에서 보수지배층은 집강소를 만들어 읍치를 장악하고 농민군 탄압에 나섰다. 보수집강소는 동도 11명을 잡아와 화적죄로 한천 모래밭에 묻어 버린 사건이 일어났다.

이에 최맹순은 통문을 돌려 동도의 석방을 요구하기도 하고 매장을 문책하기도 하였다. 8월 20일 이들은 충청 강원 경상도의 동도들이 모여 안동의 집강소를 공격할 것을 제의했다. 그리하여 13명의 각 고을 접주들이 모여,

매살사건의 책임자를 압송하지 않으면 읍내를 공격한다는 통문을 보내왔다.

안동에서도 이때 농민군의 공격을 받고 있었다. 농민군은 8월 말경, 안동·의성의 공격에 나섰는데 민보군의 완강한 대항에 부딪쳤다. 농민군 선발대가 체포되었고 이곳 지방군이 먼저 기습을 벌여 농민군의 읍내공격이 실패로 돌아갔다.

안동과 의성에서 물러난 농민군은 예천 농민군과 합세하여 예천 읍내 주변을 봉쇄하였다. 마침내 8월 28일 결전이 벌어져서 오후부터 새벽까지 싸웠으나 농민군은 예천읍 점령에 실패하고 물러났다. 그 후 보수집강소는 철저하게 농민군과 동도를 색출해 처단했다.

이때 또 선산의 태봉병참부에 주둔한 일본군의 정탐조가 파견되었는데 용궁 근처에서 일본군 대위와 병정 2명이 발각되어 대위는 피살되는 사건이 일어났다. 이에 경상감영에서는 지방군 등 240여 명을 용궁 예천 일대로 파견했고 이어 일본군 50명도 증파되었다.

최맹순은 그 후 강원도에 은신해 있다가 11월에 들어 평창접의 지원을 받아 백여 명을 이끌고 다시 예천 적성리에서 보복전을 펴다가 끝내 잡혀 죽었다. 이로 해서 이 지방의 농민군 활동은 끝났다.

한편 이해 12월에 들어 김석중이 이끄는 상주 중심의 민포군은 영동 용산 보은으로 진격해 최시형과 손병희가 이끄는 농민군 토벌작전을 일본군과 함께 벌여 성과를 올렸고 보은 북실에서 마지막 전투를 벌여 농민군 수백 명을 사살했다.

아무튼 상주를 중심으로 한 농민군 활동은 6개월 쯤 활발한 활동을 벌였으나 끝내 감영군과 민포군 그리고 일본군에 의해 많은 희생자를 내고 뜻을 접어야 했다.(신영우, 〈갑오농민전쟁과 영남보수세력의 대응〉 참고)

(2) 순천 광양과 하동 진주 농민군의 연합작전

집강소 활동기간, 하동의 농민들과 지리산의 도둑(의적)과 이 일대 상인들은 부당한 관리의 수탈에 맞서 일대 봉기에 참여했다. 이에 지리산 포수를 중심으로 한 민포군은 이들의 근거지인 지리산 화개골을 분탕질하고 닥치는 대로 살육했다. 농민군들은 광양으로 달아나서 김인배에게 이 사실을 알리고 지원을 당부했다.

그러면 하동 진주쪽 사정을 알아보기로 하자. 이해 봄부터 지리산 아래 지역인 산청 등지를 중심으로 농민군의 활동이 전개되었다. 그동안 경상 병영이 있는 진주를 비롯해 산청 곤양 사천 남해 등지에는 농민군의 활동이 그치지 않았으나 병영을 차지하지 못하고 있었다. 이들은 순천에서 활동하고 있는 영호대접주인 김인배에게 진주 병영을 합세해 공격하자고 요청하였다.

김인배와 유하덕은 1만여 명의 농민군을 이끌고 1894년 9월 1일 섬진강을 넘어 하동으로 건너갔는데 이때 이런 일화를 남기고 있다. 김인배는 부적을 하나 써서 수탉의 가슴에 붙이고 백보쯤 떨어져 있는 곳에 놓게 했다. 그리고 "총을 쏘아도 닭이 맞지 않을 것이오. 접장(이들이 서로 존대해 부르는 호칭)들은 내 부적의 효험을 믿으시오"라고 말했다. 그러고 나서 자기 심복을 시켜 총을 세 발 쏘게 했으나 수탉은 한 발도 맞지 않았다(황현, 『오하기문』 2필).

모두들 그 효험을 믿고 부적을 만들어 옷에 붙이고 전투에 나섰다. 이들은 2일 하동 관아의 앞뒤 산을 점령하고 치열한 싸움을 벌여 일대 승리를 장식했다. 김인배 농민군은 곧바로 민포군의 소굴인 화개동에 들어가 5백여 채의 집을 불태웠다.

이 하동 전투의 승리 소식은 곧바로 진주 · 사천 · 곤양 등지로 전해졌다. 진주 일대의 농민군들은 지리산 밑 덕산을 중심으로 산발적으로 활동을 벌이고 있었으나 뚜렷한 조직과 구심점이 없었는데 하동의 소식을 듣고 기세가 크게 올랐다. 현지 농민군들은 연합세력을 형성해 진주목과 경상우병영으로 쳐들어갔다. 진주목과 병영에서는 김인배가 온다는 소식을 듣고 농민군에게 손을 놓고 있었다.

김인배는 이름 그대로 영호 대접주로서 이 일대의 군사 행정의 중심지인 진주로 진격했다. 하동 전투에서 승리한 날 진주에서는 각 동리의 대표 13명씩이 나와 9월 8일 평리 광탄진에 모여 대소사를 의논하자는 방문이 나붙었다.

8일의 군중대회는 예정대로 열렸고 진주의 농민군은 김인배를 받들고 진주성을 완전히 차지했다. 경상도의 두 병영 중 하나가 떨어진 것이다. 이때 진주 병사 민준호는 영장을 보내 김인배를 맞이하게 하였고, 김인배가 병영에 들어오자 지난날 '도인'죽인 죄를 사죄하면서 융숭하게 대접했다. 9월 17일에 벌어진 일이다.

> 이때의 정경을 두고 또 황현은 "김인배의 농민군이 진주 병영에 이르자 영장이 김인배를 맞이해 도인을 죽인 죄를 사죄하고 도적들을 진주성으로 들어오게 했다"고 하였다. 진주대도소에는 보국안민의 깃발이 나부꼈으며 농민군들은 소라를 불고 북을 울리면서 포를 쏘아댔다. 기세를 올린 것이다. 진주의 경상병영이 함락된 뒤 농민군이 대도소를 진주 촉석루 옆 관아에 차렸다. 진주에는 김인배가 물러간 뒤에도 농민군의 활동이 매우 컸다. 특히 지리산 주변을 근거지로 하여 주변고을을 석권하고 있었다. 경상 병영이 농민군의 손아귀에 든 일은 커다란 의미를 지니고 있었다.(이이화 · 우윤, 『대접주 김인배-동학농민혁명의 선두에 서다』, 푸른역사, 2004)

이에 외무아문에서는 부산에 주둔해 있는 일본군의 파견을 부산감리서에 요청했다. 그리하여 부산항에 있는 150명과 감리서에 소속된 100여 명의 조선군과 함께 출동케 했다. 또 대구에 있던 경상판관 지석영을 토포사로 삼아 일본군을 돕게 하였다. 이어 이들과 합세할 관군을 통영에서 선발케 하였다.

그 후 영남과 호남의 연합 농민군은 여러 고을을 돌아다니며 벼슬아치의 협조를 구했고 특히 힘을 합해 일본군의 침입에 대비할 것을 역설했다. 이때의 정황을 두고 부산의 일본군에 이런 보고가 날아든다.

> 아무래도 일본군은 진주에 진을 치고 지방병의 기세를 돕는 것이 타당할 것입니다. 그리고 동비(東匪)들은 모두 상인 · 천인 · 집종 그리고 아래 구실아치와 몰락한 양반붙이의 부랑분자에 불과합니다. 아래 구실아치는 명령을 하달하는 벼슬아치와 가까운 자들입니다. 그들은 외촌에 있는 동비들의 이목(耳目)이 되어 관가의 동정을 모두 소개하였습니다.(〈주한일본공사관기록〉)

농민군 세력의 성격을 분석하고 모두 한통속이라는 뜻이다. 이렇게 해서 일본군의 진격이 있었다. 부산 일본병참사령부의 일본군은 진주성이 함락되던 날, 출병을 결정했다. 또 조정에서는 일본군의 요구에 따라 대구판관인 지석영을 토포사로 삼아 일본군의 길을 인도하게 조치했다. 일본군과 관군은 통영 마산포를 거쳐 섬진강 입구인 하동에 상륙했다.

진주의 농민군들은 다시 진주 관아를 점령키 위해 진주 백목리에 모여 있었다. 그리고 농민군은 두 대로 나누어 한 대는 수곡리 장터에 유진하고 한 대는 고승산(孤僧山) 산성 아래에 유진하고 있었다. 이들의 수를 10여 만 명이라고도 하였다.

10월 14일 농민군과 일본군은 고승산(현지에서는 고시랑산이라 부름)에서 전투를 벌였다. 민간에서는 이 전투에서 농민군 수천 명이 죽었다고 한다. 일본군은 186명을 즉살했다고 보고했으니 부상당해 죽은 숫자를 계산하면 더 많을 것이다. 이 전투에 경상감영의 관군을 이끌고 온 지석영은 "농민군 186명을 사살하였으며 상처를 입고 도주한 자는 헤아릴 수 없다"고 하였는데 여러 기록에는 300~500여 명이 죽었다고 하였다. 주민들은 지금도 한꺼번에 죽은 농민군들이 비만 오면 "고시랑거리는 소리가 들려서 고시랑 당산(고승당)이라 부른다. 동네 사람들은 한 날 한 시에 제사를 지내는 집이 수십 집이다"고 증언하고 있다.

일본군은 고승산의 전투에 이어 하동 등지에서 골골을 누비면서 무수한 농민군을 살육했다. 일본군과 관군이 하동과 광양 섬거역에서 10월 22일, 또 전투를 벌여 수많은 농민군을 학살하였다. 이때 죽거나 포로로 잡힌 출신을 보면 경상우도와 전라좌도 출신들이 섞여 있었다. 곧 합동작전임을 알려주는 증거일 것이다.

그러나 농민군의 활동은 쉽게 그치지 않았다. 오히려 더욱 창궐하는 형세로 돌아갔다. 심지어 사천 남해 단성 적량의 군기를 깡그리 빼앗아갔고 그들이 지나는 동네는 텅텅 비었다. 영남감영에서는 "저들이 믿는 것은 지리산 골짜기이다. 만약 군대를 파견치 않고 또 일본군을 하동 진주 단성 곤양 등지에 주둔치 않으면 반드시 저 무리들이 유린할 것이라"고 보고했다.

김인배는 순천으로 물러나 있다가 하동의 농민군으로부터 다시 지원 요청을 받았다. 그 무렵 광양에 모여 있던 농민군 1천여 명(『오하기문』에는 수 만 명)이 하동부를 포위 공격해 왔고 김인배가 이끄는 농민군도 이 공격에 합세했으나 일본군의 총탄 세례에 물러나 섬진강을 건너다가 포를 맞으면서 강물에 빠져 죽었다.(이이화, 『대접주 김인배-영호대도소와 김인배의 활동』, 푸른역사, 2004)

2. 한국 근대의 사회변동

동학농민혁명의 전사는 19세기 초기 극심한 봉건모순에서 태동되었으며 그 전개과정에서는 여러 세력이 현실인식 또는 상호 이해를 두고 대립하였고 마무리된 뒤에는 사회변동이 극렬하게 전개되었다고 볼 수 있을 것이다. 이는 조선왕조 성립 이후 가장 전환기적 양상을 보였으며 국제질서의 변화도 함께 보여주었다.

1) 농민층의 분화와 삼남농민봉기

전호(佃戶)를 비롯해 중소 자작농민은 수탈구조로 전환한 삼정문란에 따라 과도한 수취에 시달리고 고리채로 파산하게 되어 최소한도의 생존마저 이을 수 없었다. 소작 농민들은 소작료 납부를 거부하는 항조운동을 벌였으나 성과를 거둘 수 없었다. 그리하여 이농현상을 빚었고 일부는 보부상과 같은 상업으로 전환했다. 이농민은 산골로 들어가서 화전을 일구거나 도시 언저리에서 집단마을을 이루고 구걸 등으로 연명했다.(강위, 擬三政策) 이들이 사회 불안 세력이 되었던 것이다.

한편 18세기에 들어서서는 하층민 중심으로 비밀결사체도 등장했다. 곧 양반을 죽이자는 살반계, 상전을 죽이자는 살주계, 부호의 재산을 빼앗는다는 살약계(殺掠契) 등이 조직되어 횡행했다. 또 수령과 아전 등 관료들의 수탈을 폭로하고 항의하는 와언 산호 거화 투서 등이 벌어졌다. 한편으로는 관아 건물에 괘서(掛書) 방서(傍書)를 붙이기도 하고 흉서(凶書)를 보내 경고를 하기도 했다. 또 곳곳에서 고변(告變)이 일어났다. 관아를 들이치는 음모를 꾸민다거나 변란을 도모하는 사건이 적발된 것이다.(이이화, 『19세기 전기의 민란 연구』, 「조선후기의 정치사상과 사회변동」, 한길사, 1994)

이런 일련의 과정에서 1812년 홍경래 주도의 관서농민전쟁이 유발되었다. 정조가 죽은 뒤 안동 김씨들은 이른바 세도정치를 열고 관직과 이권을 독점했으며 일부 벌열가들이 끼어들었다. 무엇보다 세도정치는 삼정을 통해 불법 부정행위를 일삼았으며 그 하수인으로 수령과 아전들이 있었던 것이다. 이때 유랑 지식인과 농민, 도망 노비들을 모아 평안도 중심으로 일대 항쟁을 벌였다. 여기에 호응한 세력으로 청나라와 무역을 하고 상업과 광업 그리고 수공업으로 생계를 잇고 부를 축적한 세력들이 합세해 지원을 아끼지 않았다.

홍경래는 격문을 통해 관서지방의 차별과 척족 세도정치의 비리와 도망 노비의 처지를 옹호하는 봉기의 동기를 밝혔다. 이들은 평안도 일대를 휩쓸고 관아를 점령했다. 농민군들은 청천강 이북 지방을 장악했으나 중앙군의 공격을 견디지 못하고 말았다.(關西平亂錄 등)

1862년 삼남지방 중심의 농민항쟁은 그 지향이 조금 달랐다. 19세기 후반기에 들어 세도정치는 더욱 부정을 저질렀고 삼정(三政)의 문란도 더욱 가속되었다. 특히 삼남지방의 수령과 아전들은 삼정을 통한 수탈체제를 강화시켰다. 소작인들이 지주에 대한 항조운동이 지속적으로 전개되고 빈농이 부농, 상인, 고리대금업자에 대한 항거에 따른 결과였다.

이 농민항쟁은 경상도 전라도 충청도를 중심으로 경기도 황해도 함경도 일부 지방 등 71개 고을에서 전개되었다. 봉기 지역에서는 빈농들 수 천 명 또는 수 만 명이 모여 들었고 수탈의 대상이 된 경영형 부농이나 몰락 양반이나 토호와 같은 지도층이 개재되어 있기도 했다. 이들은 향회에 모여 수령과 이서의 횡포와 부정을 폭로하거나 지적해서 하층민을 충동했다.

이들은 등소나 격쟁과 같은 합법적 방법을 동원하기도 하고 수령을 불러내 시정을 요구하기도 하고 아전을 잡아다가 모욕을 주거나 죽이기도 했다.

최초로 1862년 1월 일어난 경상도 단성의 경우, 동임 두민 그리고 사족 일부와 초군(樵軍)들이 모여 논의를 진행시켰다. 이들은 진주 동헌과 장터로 몰려가 경상우병사 백낙신을 불러내 요구 조건을 내걸고 모욕을 주고 그 하수인인 아전들을 잡아다가 구타하거나 죽이기도 했다. 이 사례는 대체로 다른 고을과 다름이 없이 진행되었다. 문제는 합법을 따르려고 수령을 죽이지 않고 모욕을 준 뒤에 쫓아내는 수준으로 마무리한 경우가 많았으며 고을 경계를 넘어가지 않고 자기 경계 안에서만 활동을 전개해서 연대를 통한 조직성에 한계를 보였다. 그리하여 전국적 단위로 봉기한 수준에 이르지 못하고 분산적 활동을 보였다. 중앙정부는 이 항쟁의 원인을 삼정의 문란에 있다고 이해하고 삼정이정청을 두어 개선하려 했으나 농민항쟁이 잠잠해지자 김씨 집권세력은 흐지부지 끝내고 말았다.(망원한국사연구실, 『1862년 농민항쟁』, 동녘, 1988)

홍선대원군은 집권한 뒤 비리의 온상인 서원 철폐를 단행하였다. 서원에서 시비를 가린다면서 당쟁을 일삼고 관권을 농락하기도 하고 특권을 누리면서 사형도 서슴치 않는 사이비 유림의 뿌리를 뽑으려는 의도였다. 이 서원 철폐로 기호지방의 노론세력을 견제하기도 하였으나 남인 중심의 영남 유림들도 큰 타격을 입어 향권의 한 부분을 상실하였다.

이렇게 왜곡된 수령권은 심한 도전을 받게 되었으며 신향이라 불리던 이향세력이 농단하던 향촌 지배권은 동요하게 되었을 뿐만 아니라 재지사족의 향촌지배질서도 크게 흔들렸다. 최제우는 이런 시대배경과 민심의 동향을 살펴보고 인시천(人是天)과 개벽시대의 도래를 내걸고 동학은 창도했던 것이다.

2) 유림과 동학농민군이 추구한 척화의식

북접의 최시형을 중심으로 대대적인 집회를 연 보은집회에서는 척양척왜(斥洋斥倭)의 깃발이 나부꼈다. 개항 이후 서양세력이 밀려와 통상조약을 맺고 기독교의 선교활동이 활발해진 시대사정과 일본 외교관과 상인이 몰려와 서울과 개항장에서 상업활동을 전개하는 조건에서 그 배척운동이 벌어진 것이다. 또 여기 집회에서는 서양 상품 배척도 내걸었다. 당시 이런 분위기는 일반적인 현상이었다.

전봉준은 공주전투에서 패전을 한 뒤 물러나면서 고시문을 발표하였다. 그 대상은, 경군(京軍)과 영병(營兵)과 이교(吏校)와 시민(市民)이었고 이들이 마음을 합해 척화해야 한다고 외쳤다. 여기에서는 척화(斥和) 곧 서양세력과 일본세력을 배척하자고 외쳤다. 척화는 병자호란 때 척화파가 청나라를 배척하고 병인양요와 신미양요 이후 홍선대원군이 서양세력을 배척한 사실과 직접 연결된 슬로건이라 볼 수 있을 것이다.

경군과 영병은 일본군이 아닌 조선의 군사를 말한 것이요 이교는 수령 밑에서 부림을 받는 계층이요 시민은 상인집단을 뜻한다. 여기에서 지방관인 수령이 빠져 있다는 점에 주목해야 할 것이다. 수령은 민씨의 하수인으로 부세를 통한 국가수탈의 앞잡이였다고 볼 수 있을 것이다. 그러므로 이들네 부류에게 척화에 동조해야 한다고 호소한 것이다.(이이화, 『전봉준-혁명의 기록』, 생각정원, 2014)

또 하나, 위에서 말한 바와 같이 주자학 사상으로 무장한 전통 유림의 동지적 관계임을 표방한 것으로 볼 수 있을 것이다. 특히 퇴계의 정통을 표방하는 영남유림의 동조를 끌어내려는 의도로도 보이며 기호학파의 척사위정론자들과도 연대하려는 전술도 엿보인다. 물론 동학농민군을 좌도난정의 무리 또는 이단이나 사도로 보는 전통유림들이 동조할 리는 만무하다.

이로 보아 전봉준이 이끄는 동학농민군은 서양세력과 천주교, 침략적 일본세력 그리고 친일 개화파를 당면의 적으로 설정한 행동강령은 분명하다 할 것이다. 따라서 척화를 내건 홍선대원군 세력, 어중간한 의식을 가진 구식 군인, 이 눈치 저 눈치를 보는 중간층인 이교집단, 국가의 통제에 따라 이해를 따지는 상인집단을 끌어들이려는 전략적 의도였다고 볼 수 있지 않을까? 척화의식은 일제 식민지 시기에도 동학과 전통유림들에게는 끈질기게 남아 있었고 평민층의 배외의식으로도 연결되었다.

3) 민씨의 몰락과 개화정부의 갑오개혁

동학농민혁명이 발발하자 민씨 집권세력은 자기 생존과 방어를 위한 전략으로 청나라에 구원군을 요청하여 실현시켰다. 그러나 일본은 천진조약에 따라 군대를 파견해 청일전쟁이 유발되었다. 일본군이 경복궁을 점령하고 개화정부가 수립되자 민씨의 실권자인 민영준, 민영익 그리고 민씨의 하수인이었던 전라감사 김문현, 고부안핵사 이용태, 고부군수 조병갑 등은 체포되거나 유배되어 정권에서 밀려났다. 30년 넘게 완고하게 유지하던 민씨 정권은 종말을 고한 것이다.

이와 함께 개화정권이 일본의 공작에 따라 수립되어 일본의 대조선정책을 충실히 따랐다. 개화정부에 참여한 인사는 총리 김홍집을 비롯해 어윤중 김윤식 박영효 등이었다. 여기에는 온건 개화파와 강경 개화파가 섞여 있었고 일본을 시찰하거나 견학을 하여 일본 사정에 밝은 자들이었다.

개화정부는 분명히 두 개의 얼굴을 가지고 있었다. 하나는 이른바 일본의 근대화 이론에 충실하는 것이었고 다른 하나는 일본의 식민지 정책에 협조하는 것이었다. 청일전쟁 또는 농민군 토벌의 과정에서 군사지휘권을 넘겨주었고 인력의 동원, 필요 물자의 공급, 군사 경비의 부담 등 국가주권에 관련되는 것들을 허용하였다.

그러면 개화정부의 군국기무처에 추진한 이른바 개혁 조목을 보자. 무엇보다 사회신분에 관련되는 조항은 다음 다섯 가지이다. 1. 문벌 반상의 등급을 벽파(劈破)하고 귀천에 구애받지 않고 인재를 등용한다. 2. 문무 존비의 차별을 폐지하고 품계에 따라 상견의(相見儀)를 갖는다. 3. 과부의 재가는 귀천을 물론하고 그 자유에 맡긴다. 4. 공사 노비의 제도를 일체 혁파하며 인구의 판매를 금지한다. 5. 역인(驛人) 창우(倡優) 피공(皮工)의 면천을 모두 허가한다.

또 종전의 과거제를 철폐하고 선거조례를 만들어 신분이나 지위를 가리지 않고 추천을 받아 벼슬자리에 임명하게 하였다. 그 시험과목도 유교 경전이 아니라 국문, 한문, 산술 등 실제 행정에 필요한 분야가 포함되었다.

다음 부세 군역 등 국가의무에 양반의 특권을 배제하였으며 문관과 무관의 차별과 적서(嫡庶)의 차별을 철폐하였다. 조세를 쌀과 무명 대신, 화폐로 내게 하였다. 이런 신분제의 개혁과 조세 수취의 방법은 바로 농민군의 요구 사항이었고 집강소를 통해 해소하려 하였던 것이다. 이 개혁조항은 농민군의 요구만이 아니라 일본의 명치유신을 모델로 한 것이었다.(왕현종, 『한국 근대국가의 형성과 갑오개혁』, 역사비평사, 2003)

다만 한 가지 봉건모순 중에 가장 중요한 조항이 빠져 있었다. 토지제도와 지주제에 대한 개혁방안이 전혀 없었다. 그 의도는 일제 식민정책을 진행하는 과정에서 지주를 이용하려는 계략이 숨어 있던 것이다. 이것이 기득권을 거머쥔 지주들이나 재지 사족이 친일파가 되는 결정적 계기가 된 것이다. 한편 수많은 개혁조항은 조선의 현실에서 이루어질 수 없는 것들이 거의 대부분이어서 진정한 근대 개혁이 이루어질 수 없었다. 결론적으로 개화정부는 일본의 괴뢰정부에 지나지 않았다.

4) 재지사족과 수령 향리의 변질

진주 농민군은 일본군 감영군이 토벌하러 온다는 소식을 듣고 통문을 들려 일대 동원령을 내려 하동 금오산 아래의 한재에 모여 민폐를 고치고 민준호를 유임케 해달고 요구하였다. 또 다음과 같은 통문을 돌렸다.

> 진주는 서른세 고을 중에서 대절도사의 영문이며 삼남의 요충지가 되는 곳입니다. 지금 우리 병사인 민공을 보면 공은 사심이 없는 분으로 온화하고 순량하며 청백하고 정직하여 지난 병사와 비교할 수 없습니다. 그러므로 이분은 대영문의 임무를 맡을 만한 사람으로 경상우도 도민의 중망을 받고 있습니다. 그러나 부임한 지 1년도 채 못 되었는데 지금 들은 바에 의하면 왜인과의 약조에 따라 선출된 새 병사가 부임한다고 하니 그 일이 비록 그렇게 된다하더라도 지금 우리 도류들이 왜인을 섬멸하고 그 잔당을 깡그리 토벌한다면 새 병사가 어찌 이쪽 방면의 책임을 질 수 있겠습니까?(위 〈주한공사관기록〉 1)

경상우병사 민준호는 전봉준의 집강소 활동을 돕고 2차 봉기 당시 무기와 양곡을 공급한 전라감사 김학진과 함께 농민군을 도운 하나의 보기가 된다. 하지만 향촌의 지배질서를 수령과 이서등 신향이 등장하여 거머쥐고 나서, 기득권을 누리던 재지사족들은 몰락을 거듭하였는데 농민정의 끝 단계에서 새로운 계기를 잡았다.

먼저 개화정부에서는 각 지역에 따라 소모사를 임명해 일선 농민군 토벌의 책임을 지웠다. 소모사들은 거의 재지사족으로 명망이 있는 전통 유림이었다. 연달아 유림들과 이서들과 향임들이 연합해 수성군 유림군 민보군이란 이름으로 농민군 섬멸작전에 나섰고 요호부민과 상인들이 무기 양곡 등 경비를 대주었다.

이들의 활동을 다음 몇 가지로 나누어 살펴 볼 수 있다.

첫째, 동학이 전파될 당시나 농민혁명이 끝난 뒤 동학을 금압하는 방법으로 오가작통의 법을 시행하고 향약을 실시해 향촌질서를 바로 잡으며 서원을 복구해 교화를 해야 한다는 주장을 폈다. 경상도 유림들이 중심이 되어 이를 강하게 주장을 펴기도 하고 절목을 만들기도 하였는데 민씨 정권도 여기에 동조하였다.

둘째, 농민혁명이 진행되는 동안 관군과 일본군을 도와 양곡을 공급하거나 짐을 실어 나르거나 길잡이가 되어 주었다. 또 농민군의 동향에 대해 정보를 제공하기도 하였다.

셋째, 마지막 단계에서 수성군(향리) 유회군(유림) 민보군(민간인) 민포군(포수)이란 이름으로 군사를 모아 독자적으로 농민군 토벌작전을 수행하였다. 나주에서는 목사 민종렬과 도통장 정석진이 수성군을 조직해 광주와 무안의 농민군을 토벌하였으며 상주소모사 정의묵의 휘하에 있는 유격장 김석중은 의병이란 이름으로 충청도로 진출해 일본군 관군과 협동작전을 벌여 영동 보은에서 농민군 토벌작전을 폈다.

넷째, 농민혁명이 끝나고 중앙군과 일본군이 철수한 뒤 현지에서 수령과 이서에 협조하여 도망, 농민군을 색출하여 사형을 가해 처단하는 일에 앞장섰으며 농민군이나 친척의 재산을 갈취하기도 하였다.

요약하면 향촌의 여러 세력이 합동 또는 협동해 이 일을 수행한 것이다. 하지만 몰락양반과 향리들이 농민군에 참여한 경우도 많았는데 기회주의자인 이들의 일부가 변신해 정보를 제공하는 따위로 토벌 작전에 참여하였다. 이에 대해 정진영(안동대)의 다음과 같은 분석이 있다.

농민전쟁기 농민군에 참여하였던 향촌지배층은 농민전쟁의 패배와 더불어 철저히 제거되었지만, 민보군에 참여하였던 향촌지배층, 특히 보수양반층은 결코 가능해 보이지 않았던 개화정권과 일본 제국주의 침략세력과 연합함으로써 일시적으로 계급적 모순을 해소할 수 있었다. 그러나 이것은 그야말로 일시적인 것에 불과하였다. 개화정권과 일제에 의해 얻어진 향촌지배층의 계급적 이해는 민족모순의 심화 속에서 보장될 수 있는 것은 아니었다. 향촌지배층이 일제의 침략세력과 연합할 수 있었던 것은 이들이 민족모순보다 계급모순의 해결을 더욱 시급한 것으로 인식하고 있었음을 뜻한다.(정진영, 『조선시대 향촌사회사』, 한길사, 1998)

이처럼 동학농민혁명은 동아시아 국제질서만이 아니라 전통적 향촌질서를 개편하는 계기가 되었으며 전통 사회를 근본부터 흔들어 놓았다. 그들이 목숨을 걸고 추구하였던 벽이숭정, 존왕양이, 척사위정 그리고 인수론의 이념이 새로운 질서와 가치에 충돌하면서 역사 유물로 전락하였다. 세도정치의 하수인이었던 수령과 향리들도 이해에 따라 새 질서인 일제에 협조하거나 부역배로 전락되었다.

재지사족 또는 전통유림은 1895년 명성왕후가 살해되고 단발령이 강제로 단행되자 1차 의병을 일으켜 퇴색되고 꺼져가는 충의의 명분을 지켜보려 하였으나 새로운 시대의 물결에 휩쓸려가고 말았다. 이처럼 동학이 창도되고 농민혁명이 수행된 줄잡아 30여 년이 넘는 기간, 끝내 영남지방의 향촌사회를 중심으로 급격한 사회변동이 진행되었던 것이다.

19세기 경상도의 유교전통과 민족종교 동학
- 동학 내의 '유교' 재평가를 겸해서

최재목_ 영남대학교 교수

1. 시작하는 말

이 논문은 19세기 경상도의 유교전통과 민족종교 동학의 관련성을 논하는 것이다. 여기서 말하는 '관련성'이란 동학의 형성에 유교전통이 어떻게 관여하는가, 그리고 동학의 흥기 이후 전개되는 과정에 유교전통 혹은 유교사회라는 제도권력이 얼마만큼 장애요인으로 작용하는가의 문제를 말한다.

1894년 여름 오스트리아인 헤세-바르텍이 부산 동래에 도착하여 중국인 통역을 통해서 들은 이야기 중의 하나는 동학혁명 세력의 확장이었다: "피로 물든 혁명이 조선을 휩쓸고 있는 상황에서, 동래 주변도 안전한 지역은 아니라고 했다. 그는 동학혁명 세력이 조선 전역을 장악하게 될 것이며, 조선 정부는 현재 무능력한 상태이기 때문에 동래 역시 이미 동학 세력이 장악했을지도 모른다고 했다."[1] 아울러 그는 "세계에서 가장 폐쇄적인 나라, 조선…경상도 지방은 조선에서 가장 풍요로운 지방에 속한다. '경상'(慶尙)은 '경사스런 축복'이란 뜻인데, 혹시 탐관오리들에게 그처럼 착취당한다는 사실 때문은 아닐까"[2]라고 시니컬하게 말한다. 물론 1901년 조선에 온 독일인 겐터는 "잠시 후면 신선한 아침을 뜻하는 신비의 나라로 들어간다는 희망에 부푼"[3] 경우도 있긴 하다.

카와이 아사오(河井朝雄)가 쓴 『大邱物語(대구이야기)』(1930)에 따르면 1904~5년 당시(구한말경) 대구(아마도 경상도지역)에서 유행하고 있던 '아리랑'이 있었다: "노자 노자 젊어서 노자/늙어지면 못노나니//문경새재 박달나무/홍두께 방망이로 다 나간다" 그런데 이 노래의 숨은 의미는 "문경새재처럼 깊고 험한 산에 있는 박달나무조차 모두가 베어져 방망이로 나가지 않는가. 우리가 피땀 흘려 일해도 가렴주구 당할 뿐이니 젊어서 놀지 않고 무엇하랴는 뜻이니 한국의 부국강병은 백년하청을 기다림과 같아서 어찌할 도리가 없다"[4]는 것이었다.

동학이 태동하는 19세기 조선은 서세동점(西勢東漸)으로 인해 화이론에 철저했던 조선시대 유교 지식인들을 번민에 시달리게 했다. 원래 유교가 내외합일(內外合一)·내성외왕(內聖外王)·성기성물(成己成物)의 '긴장'[5]이나 번민·우환의식·안빈낙도(安貧樂道)·불온(不慍)의 마음 등의 르상티망[6]에서 출발하여 현실을 이겨내는 스킬과 매뉴얼을 확보하려했듯이, 조선의 유교지식인들은 일단 존왕양이적(尊王攘夷的) 척사위정운동(斥邪衛正運動)을 일으키는 방식으로 마음의 평온을 지켜가려고 한다. 19세기 중반 이후 서양세력의 침투에 대응하여 조선에서는 대내적으로 매우 수구적인 움직임을 보이고, 대외적으로는 서양과 일본의 정치적 경제적 침략을 규탄한다. 이 가운데 특히 배일사상(排日思想)의 고취가 두드러진다. 19세기 중반 이후 조선에서 일어나는, 외세에 대한 주요 반응은 다음 네 가지라고 할 수 있다: ① 척사위정사상, ② 개화사상, ③ 동도서기론, ④ 동학사상. 이 가운데 동학은 유불도의 전통사상을 바탕으로 하면서 밖으로는 천주교를 극복하고, 안으로는 봉건

사회를 벗어나 자주 · 평등의식을 고취하고 전개하였다.[7]

이 논문에서는 먼저 〈동학에서 '유교'의 의미〉를 이어서 〈수운의 섬김 전통과 퇴계의 '경'사상의 진보적 흐름의 연관성〉을 마지막으로 〈19세기 경상도의 유교전통과 대응 방식〉을 논의할 것이다.

2. 동학에서 '유교'의 의미

유교가 동학에 관여한 방식은 다각도로 논의할 수 있다. 동학에서 유교가 차지하는 위치를, 혹자는 '융합의 밑거름'으로 혼합되었다 하고, 혹자는 '온존하나, 주체적인 내면화 · 자각화 · 실천화의 기법으로 응용'되었다 하고, 혹자는 '압도적인 위치를 차지하나 제3의 입장에서 자유자재로 취사선택하고 활용하였다'고 보았다. 마지막으로 한 가지 더 들 수 있는 것은 '풍류도통론'(風流道統論)에 근거한 동학 이해로서 이미 신라 및 고대시기부터 유불도가 이미 융합되어 있는(包含三教) 풍류도가 동학의 형태로 재생한 것(이것을 「神道盛時精神의 奇蹟的 復活」·「國風의 再生」 등으로 표현) 뿐이라고 보기도 한다. 요약하면 ① '융합'의 한 요소, ② '경정'을 통한 변용(내면화 · 실천화), ③ 새로운 디자인(제3의 길)을 위한 주요 레퍼런스로 활용, ④ 포함삼교인 풍류도의 재생이 될 것이다.

다시 말하면, ① 박종홍은 동학의 "기본정신은 우리의 전통적인 모든 사상의 진수가 하나로 엉기어 이루어진 결정체라고 하겠다. 과연 동학에는 한국의 황토 흙냄새가 풍긴다. 한국인의 체취가 속속들이 배어 있는 것이다"[8] 라고 하여 '여러 사상의 융합'을 지적한 바 있다. 그렇다면 유교전통은 동학을 형성하는 하나의 요인이 된다. 그리고 ② 신일철은 최수운의 「수덕문(修德文)」 가운데 "인의예지(仁義禮智)는 선성지소교(先聖之所教)요, 수심정기(修心正

氣)는 유아지경정(惟我之更定)이니"라는데 착안하여 "유교적 교양을 수운 자신이 그대로 온존하고 있다… '수심정기는 유아지경정'의 '경정'에 주목할 필요가 있다. 인의예지를 내면화하기 위해서는 '수심정기'를 첨가해서 '경정'할 필요를 느꼈다는 말이다. 유교를 전면 부정한 것이 아니라 그것을 개인적으로 내면화하고 자각적으로 주체화하는 길을 열었다."[9]고 보아, 단순히 융합이란 차원을 넘어서 주체적으로 내면화 · 자각화 · 실천화하는데 응용하였다고 보았다. ③ 윤사순은 "동학에는 유학사상의 성격이 압도적으로 많다. 그러나 수운이 유학사상을 적극 원용하였지만 유학을 벗어난 입장에서 자유자재로 취사선택하고 심지어 변용하는 형식으로 원용하면서, 그 시대의 요구에 맞도록 체계화하였다. 이것이 동학의 정체성이다."[10]라고 하여 제3의 입장에서 자유자재로 취사선택하고 활용하였다고 보았다. 아울러 마지막으로 들 수 있는 것은 ④ 풍류도로서 동학을 이해한 범부(凡父)[11] 김정설(金鼎卨, 1897-1966)(이하 범부)의 「최제우론(崔濟愚論)」에서 보여준 이해이다.[12] 마치 화이트헤드(Alfred North Whitehead, 1861-1947)가 서양의 학문(철학사)을 플라톤에 대한 각주의 축적(a series of footnotes to Plato)에 지나지 않는다고 지적한 바 있듯이 한국사상사는 풍류도라는 아키타이프의 주석사(→風流道統史)로 보는 경우이다.

그런데 동학에서 유교의 문제는 여기서 그치는 것이 아니다. 필자는 수운 및 그 이후 전개되는 '경'(敬)사상, 섬김의 전통은 퇴계 이황의 '경'사상이 대중적, 여성적, 생명적, 평등적, 진보적으로 펼쳐지는 한 노선으로 이해할 수 있다.[13]

더욱이 동학은 한국 사상사 내지 동아시아 사상사에서 보이는 영성의 부활이라는 측면에서 더 논의해 갈 필요가 있다. 마치 왕양명이 주자가 이뤄놓은 공자에 대한 천(天)의 해석의 주석을 재해석함으로써 자신의 입지를 넓히고 다져간 것처럼 말이다. 야마시타 류지(山下龍二)가 「양명학의 종교성」이라는 논문에서 아래와 같이 언급한 대로, 왕양명은 공자 이래 전승되어오던 종교성을 합리성이란 명분으로 배제시킨 주자학과 달리 '종교성'을 다시 부활한 측면이 있다.

> 주자학은 공자의 가르침에다 철학적인 이론을 덧붙인 것으로 기독교 신학과 유사하다. 기독교 신학이 성서의 가르침을 전제로 그 올바름을 증명하기 위해서 머리를 짜내어 철학적으로 논리를 도입한 것과 같이 주자학은 선종(禪宗)의 탈쇄(脫洒), 해탈(解脫)이나 전등(傳燈)의 사상으로부터 탈연관통(脫然貫通), 도통(道統)의 이론을 도출하고 또 이사(理事)의 사상을 흉내 내어 이기(理氣) 이론을 형성하였다. 도통(道統), 이기(理氣) 이론은 물론 경서(經書)의 가르침을 전제로 그것을 정당화한 것으로 유교신학(儒教神學)이라고 해도 좋다.
>
> 양명학은 주자학과 다른 이론을 제공한 것이었는데, 역시 유교의 경서를 전제로 하고 이사무애(理事無碍), 이사불이(理事不二)와 같은 사상을 도입하여 그것을 치량지(致良知)라는 개념에다 집약하였다. 왕양명이 도교나 불교쪽에 경사해가는 것을 벗어나 유교로 회귀했다고 하는 경우, 그것을 일반적으로 종교의 부정으로 보는 것은 정당하지 않을 것이다. 양명은 그 생애를 통해서 종교적인 심정을 계속 유지해왔고, 그것은 구체적인 행위로써 드러났다. 종교적인 문제는 생사, 영혼, 신, 하늘 등이었는데 이들 문제를 어떻게 해결할까가 양명의 생애를 건 과제였다. (공자가) 괴력난신(怪力亂神)을 피하고 일부러 말하지 않은 것을 종교적 관심의 결여로 해석하고 유교를 윤리교(倫理教)의 권내(圈內)에 가두어두려는 이론은 주자학에서 시작된다. 공자는 천을 믿고 조상신을 받드는 사람이었다. 유교가 가지고 있는 고유의 종교성을 부활한 것이 양명학이다. 양지(良知)는 내재하는 신(神)의 관념에 가깝다.[14]

왕양명이 '천지령'(天之靈)이 '인지령'(人之靈)에 부여되어 내재한 것을 양지(良知)=영명(靈明)으로 본 것은, 사람이 '천지령'(天之靈)을 대신하여 천지 · 우주 속에서 주된 역할을 해 갈 수 있음을 뜻함과 동시에 인간 속에 하늘의 주재성이 위임되어 있다는 것을 의미한다. '사람이 천지의 마음'(人是天地的心), '사람이 곧 하늘이다'라는 영적인 선언이다. 수운이 '선어(仙語=천어(天語), 한울님(上帝=天主)의 말씀)가 귀에 들려서(「有何仙語, 忽入耳中」)'[15] 이것을 듣고 득도했다고 하는 것이나 왕양명이 37세 되던 해 그가 좌천되어 거주하였던 중국의 서북단 귀주성(貴州省) 용장(龍場)에서 체험하는 대오(大悟)의 꿈(夢) 이야기는 동학과 동일한 체험선상에 있다고 볼 수 있다.[16]

> 홀연히 한밤중에 격물치지(格物致知)의 본지를 대오(大悟)하였다. 꿈에서 누군가가 말을 하는 것 같았다. 자신도 모르게 소리를 치며 펄쩍 뛸 지경이었다. 성인의 도는 자신의 본성(性) 속에 자족한 것이다, 이전에 마음 밖의 사물에서 이치를 구한 것은 잘못이라는 것을 비로소 알게 되었다. 이에 묵묵히 오경(五經)의 말을 기록하여 증명해보니 맞지 않는 것이 없었다. 그래서 『오경억설(五經臆說)』을 지었다.[17]

이 부분은 왕양명 사상의 주된 특징으로 꿈[夢]→깨달음[覺悟]의 구조를 보여준다.

〈표 2〉 양명학의 꿈[夢]과 양지(良知)와의 관련〉

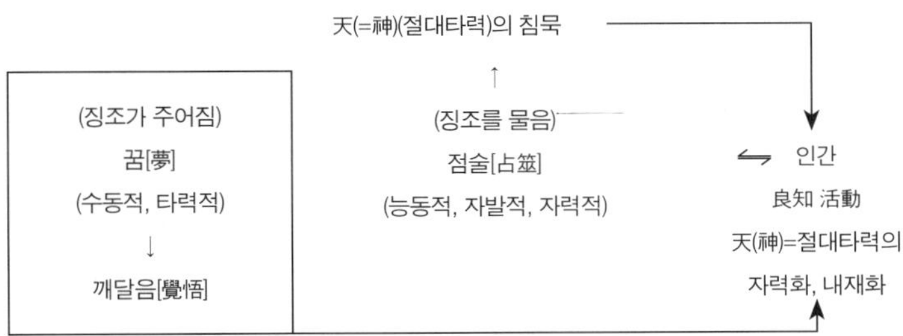

사실 왕양명의 독창적인 철학이 탄생하는 광경은 수운의 동학이 탄생하는 장면과 유사하다.

> 정신이 혼미하여 미친 것 같기도 하고, 술에 취한 것 같기도 하여, 엎어지고 넘어지고, 마룻바닥을 치며 몸이 저절로 뛰어오르고 기(氣)가 뛰놀아 병의 증상을 알 수 없으며, 말로 형용하기도 어려울 즈음에, 공중으로부터 완연한 소리가 있어 자주 귀 근처로 들려오는데, 그 단서를 알 수 없었다. 공중을 향해 묻기를
>
> "공중에서 들리는 소리는 누구입니까?"
>
> 하니, 상제(上帝)께서 말씀하시기를,
>
> "나는 바로 상제이다. 너는 상제를 모르느냐? 너는 곧 백지(白紙)를 펴고 나의 부도(符圖)를 받아라."
>
> 곧 백지를 펴니, 종이 위에 완연하게 비추어 실려 있었다.[18]

왕양명도 깨달음이 온 뒤에 그런 자각에 기초하여 '심즉리'의 학설을 제창하고 『오경억설(五經臆說)』을 짓는다.

이처럼 수운과 양명에서 보이는 오디오적-듣기-여성적 특성을 잘 보여주는 대목이다. 이것은 파스칼이 『팡세』에서 말하는 기하의 정신이 아니라 섬세의 정신[19]에 해당하는 것이라 할 수 있다.

이 섬세의 정신은 수운에게도 양명에게도 '무'(巫)와 '무'(武)의 두 요소로서 드러나며 두 사상가의 르상티망을 드러내는 방식이기도 하다. 수운의 『용담유사』 뒷편에 붙은 「검결(劍訣)」[20]은 선교(仙敎)의 전통에서 보여지는 '무'(武)와 '무'(巫)의 합체적 요소를 볼 수 있다. 「검결」은 예컨대 범부 김정설이 '화랑'(花郞)에는 종교적 요소(←巫)+예술적 요소(←風流)+군사적 요소(←武)[21]가 합체되어 있다고 보는 것과 맥락이 통한다. 수운은 단순히 선도(仙道)의 대가일 뿐 아니라 무도(武道)에도 일가를 이루었다. 『화랑세기(花郞世紀)』에 보면 선도는 무도와 짝을 이루면서 우리의 고유한 사유체계인 선교(仙敎)의 삼대영역 중 상층의 두 영역을 구성한다(〈표3〉).[22] 이때 하층에는 무교(巫敎) 즉 샤머니즘이 놓인다.

〈표 3〉 선도와 무도의 관련성

仙敎	武道(國仙)	仙道(神仙)
仙敎	巫敎(샤머니즘): 巫[巫覡]	

무교의 이상적인 인간상은 무(巫)나 무격(巫覡)이라면, 상층에 있는 무도의 이상적인 인간상은 국선(國仙)으로서 무예수련(주로 검도)에 의하여 충분한 의기(義氣)를 배양한 인물이다. 국선은 지극히 입세간적(入世間的)인 인간상으로 호국입공(護國立功)을 통해서 불의(不義)의 무리를 박멸하고 국가가 지향해야 할 목표를 명확히 설정, 그것을 달성함으로써 나라를 이상적으로 바꾸려고 한다. 그 대표적인 인간상이 바로 15세 풍월주 김유신(金分信)이다.[23]

어쨌든 동학 내에서 작동하는 오디오적-듣기-여성적 특성은 멀리는 유교-양명학, 가까이는 한국의 풍류도에서도 발견되며, 더욱이 이것이 여성적-서민대중적-평등적-혁명적-진보적 흐름으로 작동해간다는 점은 주목해볼 만하다.

3. 수운의 섬김 전통과 퇴계의 '경'사상의 진보적 전개

수운은 「몽중노소문답가(夢中老少問答歌)」에서 자신이 어릴 때 많은 책을 읽었음을 시사한다.

> ……
> 아들아기 탄생하니 기남자 아닐런가
> 얼굴은 관옥이 오풍채는 두목지라
> 그러그러 지내나니 오륙세 되었더라
> 팔세에 입학(入學)해서 허다한 만권시서(萬卷詩書)
> 무불통지(無不通知)하여내니 생이지지(生而知之) 방불하다
> 십세를 지내나니 총명은 사광(師曠)[24]이오
> ……

수운이 공부를 배운 것은 부친 근암(近菴) 최옥(崔鋈, 자는 子成, 1762-1840)에게서 였다. 근암은 당시 최치원의 후손으로, 그 부친의 이름은 종하(宗夏)이다. 1762년(英祖38년, 壬年)에 경주 가정리에서 태어났는데, 13세 때부터 기와(畸窩) 이상원(李象遠)의 문하에서 배웠다. 기와는 바로 퇴계 영남학파의 선봉인 갈암(葛庵) 이현일(李玄逸)의 현손(玄孫, 5세손)이다.[25]

근암은 「기와선생문집서(畸窩先生文集序)」[26]에서 이렇게 말한다.

> 오직 퇴계 선생이 우리나라 유학을 깊이 분석하고 널리 종합하여 매우 뜻 깊은 학설을 이루었다. 그래서 위로는 주자의 참된 전통을 이어받았고 밑으로는 학봉(鶴峯) 김성일(金誠一), 경당(敬堂) 장홍효(張興孝), 존재(存齋) 이휘일(李徽逸), 갈암(葛庵) 이현일(李玄逸), 밀암(密庵) 이재(李栽) 같은 여러 어진 학자들의 원천을 마련하였다. 그리고 대산(大山) 이상정(李象靖) 선생이 우리나라 성리학을 일으켜 떨치게 하였다. 나를 가르친 기와 선생은 바로 갈암의 현손(5세손)이며 밀암의 외손인 대산의 문하에서 직접 가르침을 받았다. 그러므로 선생의 도와 문장은 그 뿌리가 있어서 순수하다.[27]

근암은 뒤에 역시 부친의 뜻에 따라 잠시 과거의 준비를 위한 공부에 온 힘을 기울였지만 과거 공부에 너무 많은 시간과 정력을 빼앗기고 그 뜻도 이루지 못했다. 악몽 같은 지난날을 뉘우치고 일찍이 기와 문하에서 깨달았던 참된 자기를 위한 학문(爲己之學) 곧 퇴계 성리학으로 돌아왔을 때 이미 나이는 60을 지났다. 그는 절망을 딛고 오로지 퇴계의 성리학에 몰두하여, 기와의 문하에서 깨달은 것은 퇴계학이었다.[28] 이러한 근암의 유학은 수운의 득도와 계시라는 독창적 사상을 여는데 매우 중요한 기반이 된다.[29]

퇴계학 특히 그의 '경'사상은 장계향과 존재·갈암을 거쳐, 대산으로 이어져 근암→수운→해월로 저류하는 것으로 이해할 수 있다. 여기서는 이 점을 좀 더 언급해두기로 한다.[30]

갈암은 부친 석계(石溪) 이시명(李時明, 1590-1674)과 모친 장계향(張桂香, 1598-1680) 사이에서 태어났다. 여기서 동학과 관련하여 주목할 사람은 장계향이다.

장계향은 퇴계(退溪) 이황(李滉, 1501-1570)의 학통을 이어받은 경당(敬堂) 장흥효(張興孝. 1564-1634)의 무남독녀로 경북 안동에서 태어났다. 어릴 적부터 장계향은, 퇴계의 학풍과 맥을 잇는 학봉(鶴峰) 김성일(金誠一, 1538-1593)의 수제자인 아버지 경당 밑에서 자랐으며, 어려서부터 총명하였다. 경당은 그의 2남 존재(存齋) 이휘일(李徽逸)의 『경당행장(敬堂行狀)』에서 기술하였듯이, 학봉(鶴峯) 김성일(金誠一)에게 배웠고, 학봉이 죽자 다시 서애(西厓) 류성용(柳成龍, 1542-1607)과 한강(寒岡) 정구(鄭逑. 1543-1620)에게 배웠다.[31]

장계향은 조선사상사에 사상적 족적을 남긴 2남 존재(存齋) 이휘일(李徽逸, 1619-1672)과 3남 갈암(葛庵) 이현일(李玄逸. 1627-1704) 같은 학자를 배출하는데, 이 두 형제는 『서경(書經)』의 「홍범편(洪範篇)」을 상세히 해설한 『홍범연의(洪範衍義)』(1688)를 남긴다. 이후 존재와 갈암의 학풍은 밀암(密菴) 이재(李栽, 1657-1730)를 거쳐서, 밀암의 외손자인 대산(大山) 이상정(李象靖, 1711-1781)과 대산의 동생 소산(小山) 이광정(李光靖, 1714-1789)으로 계승된다. 그래서 학통은 「퇴계→학봉/서애/한강→경당→장계향→존재/갈암→대산/소산」의 계보로 정리된다.

장계향은 동아시아 유학사에서도 보기 드물게 '성인(聖人)을 꿈꾼' 여성유학자였다. 이것은 '나는 여성의 몸으로 '붓다'(Buddha)가 되리라!'[32]는 선언처럼 하나의 큰 사건이었다. 물론 이러한 유학적 전통은 송학(宋學)의 사상적 이념이었던 '성(聖), 가학(可學)' 즉 '인간은 배움으로 하여 누구나 이룰 수 있다!'는 대담한 선언의 실천이기도 하다. 하지만 성인이 되는 일은 남성들의 학문세계에서나 가능했으며 여성들에게는 거의 적용되지 않았다. 이런 맥락에서 장계향의 주장은 대담한 것이었다. 여기서 한 가지 빠뜨려서 안 될 것은 장계향 외에 조선시대에 '성인을 꿈꾼' 또 한 사람의 여성 유학자가 있다. 임윤지당(任允摯堂, 1721-1793)[33]이다. 그녀 또한 '여자도 성인이 될 수 있다!'[34]고 당당히 선언한 바 있다. 장계향은 한 발 더 나아간다. 즉 자기 자신뿐만 아니라 자식들, 손자들에게도 모두 '성인을 지향'할 것을 권한다.[35] 이 점은 조선 유학사의 여성적 실천이라는 큰 성과 외에도 유교의 서민화, 대중화라는 큰 진전을 확인할 수 있는 대목이다.

장계향의 아들 이현일은 모친의 「행실기(行實記)」에서 이렇게 적는다.

> (모친은) 선군자(돌아가신 갈암의 부친=석계 이시명)를 받들어 섬기면서 근 60년 동안을 서로가 손님을 대접하듯이 공경하였으며(相敬如賓), 모든 일을 반드시 남편에게 먼저 말하여 답을 받아서 실행하였다.[36]

> 어린 여종을 돌보아 주기를 마치 자기의 딸처럼 하여, 그들에게 질병이 생기게 되면 반드시 그들을 위하여 음식을 먹여 주고 간호하여 온전히 편안함을 얻도록 하였으며, 그들이 과실과 나쁜 일을 저지르게 되면 조용히 가르치고 타일러서 그들로 하여금 모두가 감화하여 복종하도록 했으므로, 남의 집 종들도 이런 일을 듣고서는 모두가 부인 집의 종이 되어 심부름하기를 원하지 않는 자가 없었다. 부인께서 가는 곳마다 어려서 부모를 잃은 아이와 늘어서 자녀가 없는 사람과 늘어서 아내가 없는 사람과 늙어서 남편이 없는 사람과 늙어서 의지할 곳이 없는 사람이 있으면, 불쌍히 여겨 구휼하고 도와주기를, 마치 남이 알지 못하는 자신의 근심처럼 여기고는 자신의 가난하고 곤궁한 이유로써 게을리하는 일이 없었다. 혹시 몰래 남에게 음식물을 보내주고도 다른 사람에게 알리지 못하게 하니, 이웃의 늙은이와 마을의 할미들이 모두가 그녀의 은덕에 감동하여 오래 살고 복 받기를 빌고서, 죽어서도 반드시 은덕에 보답하겠다고 축원하는 사람까지 있게 되었다.[37]

자신의 몸을 공경하는 심성은 결국 타자 존중으로 실천된다. 경신(敬身)은 경인(敬人)과 경물(敬物)로 자연스럽게 이어지기 마련이다. 장계향은 빈민들을 구휼하는 데에도 적극적이었다. 즉 영해지방과 영양지방에 전해져 오는 도토리 죽을 통한 빈민구휼은 장계향의 애민실천을 그대로 보여준다. 지금도 이함(李涵, 시아버지 즉 석계 이시명의 부친)의 묘소 부근과 두들마을 석계고택 부근에 고목이 된 많은 도토리나무는 장계향이 굶주림에 지친 사람들을 위해 도토리를 이용하여 죽을 만들어 나누어 먹였다는 일화를 입증하는 것이다.[38]

이처럼 장계향의 사람과 사물 공경의 정신과 심성은 한 발 자욱 더 나아가면, '하늘 섬김/모심'(敬天, 侍天)의 사상으로도 이어질 것이다. 그녀의 부친 장흥효가 "나도 또한 남이고, 남 또한 나이다. (중략) 내가 또한 하늘이고, 하늘 또한 나이다"(己亦人, 人亦己, 己亦天, 天亦己)[39]라고 말하는 것처럼, '사람이 곧 하늘'(人乃天)이라는 사상에 가 닿는다. 이렇게 장계향의 '경'사상은 한국사상사에 저류하는 '경'사상(경물, 경천)이 유교적으로, 여성적으로 재해석되어 전개한 것이라 해석할 수 있다. 요컨대 퇴계의 '경'사상이 장계향-존재·갈암을 거쳐, 대산으로 이어져서, 근암→수운→해월로 저류하는 맥락을 발견할 수 있다는 것이다.[40]

동학의 '생명 섬김(=敬物)', '하늘 섬김/모심(=敬天)' 사상은 한국의 고대기로부터 조선시대에까지 줄곧 이어져 오는 것이다. 이 전통은 단군신화의 하늘 섬김 사상, 이어서 원효의 귀명(歸命) 사상, 용비어천가(龍飛御天歌)의 천명='하늘'·'하늘 뜯'사상[41], 뒤이어서 동학으로, 심지어는 '죽는 날까지 하늘을 우러러/한 점 부끄럼 없기를…'이라 읊는 근대기 시인 윤동주의 「서시(序詩)」같은 데서도 그 맥락성을 발견할 수 있다.

덧붙인다면 한국의 '경'사상은 동아시아 사상사라는 맥락에서 다시 조명

될 필요성이 있다고 생각한다. 예컨대 최근 필자는 퇴계의 『성학십도』가 조선이라는 시공간에서만이 아니라 일본에서도 일단 영향을 미치고 있었음을 확인할 수 있었다.[42] 따라서 '경'사상이 주자학-유교윤리라는 좁은 틀 내에서만이 아니라, 동아시아 사상사가 공유해 온 '생명 섬김(=敬物)'-'하늘 섬김/모심(=敬天)'이라는 기반에서 어떤 방식으로 다채롭게 작동되고 있었는가를 규명하는 차원에서, 동학 다시 읽기 작업이 필요할 것으로 본다.

4. 19세기 경상도의 유교전통과 대응 방식: 마무리를 겸해서

우선 '동학의 흥기와 전개'의 맥락을 이해하는데 19세기 경상도의 유교전통이라는 것은 매우 중요하다.

1860년 경상도 경주에서 창도된 동학은 초창기에는 경상북도의 북부 지역을 중심으로 전파되었다. 하지만 1874년 대원군이 실각하고 민씨 정권이 들어서면서 동학은 삼남 지방으로 교세가 확장되었고, 교문의 조직망도 강화되었다. 1894년 동학은 농민세력을 동원한 반봉건, 반침략의 농민혁명을 통한 민족운동으로 승화되었다.[43]

19세기 후반 경상도 지방을 기반으로 한 '영남학파'는 경북 동북지역에서 활동한 정재(定齋) 유치명(柳致明, 1777-1861)의 정재학파(定齋學派), 경북 서남지역과 경남 서부지역에서 활동한 한주(寒洲) 이진상(李震相, 1818-1885)의 한주학파(寒洲學派), 경부 동남지역에서 활동한 사미헌(四未軒) 장복추(張福樞, 1815-1900)의 사미헌학파(四未軒學派), 경남지역과 경북 동남지역에서 활동한 성재(性齋) 허전(許傳, 1797-1886)에 연원하는 성재학파(性齋學派) 등으로 분파되어 외세 침략과 유교사회 내부의 변동이라는 위기에 직면해 있었다.[44]

물론 동학도 마찬가지의 과제를 가지고 있었으나, 19세기 후반 경상도 지방의 '영남학파'와 차이가 있었다. 이 연속-불연속을 좀 더 살펴보자. 이것은 수운 재세 시 동학에 입교한 인물들이 바라본 동학의 특징에서 살필 수 있다. 즉 수운 재세 시 동학 입교 인물들이 이해한 동학의 키워드는 ① 치병, ② 유무상자(有無相資)·평등 사상, ③ 외세로부터의 불안 모면, ④ 조선왕조 모순에의 대항이었다.[45] 좀 더 구체적으로 말하면 첫째, 수운이 동학을 포교할 당시 입교한 인물들의 상당수는 '치병'(治病)이 목적이었다. 이것은 수운 자신이 '그 말씀에 느끼어 그 영부를 받아써서 물에 타서 마셔 본 즉 몸이 윤택 해지고 병이 낫는지라, 바야흐로 선약인줄 알았더니…'라는 '영부탄복'(靈符呑服)의 효험 소식[46]과도 관련이 있다. 둘째, 당시 동학교도들은 양이(洋夷: 서양오랑캐)의 침공이 임박했다는 위기의식 하에 '전쟁'(兵火) 극복을 위한 것이었다. 셋째, 동학 제창 직후부터 내걸었던 가난한 자와 부유한 자가 서로 돕는 '유무상자'(有無相資)와 인간은 누구나 평등하다는 '평등사상'(班常·貴賤·男女 차별 철폐)에 공감한 것이다. 수운은 득도 후 가장 먼저 부인에게 동학을 전파하였으며, 거느리고 있던 두 명의 여자 종을 해방하여 한 명은 며느리로, 다른 한 명은 수양딸로 삼았다. 예컨대 이런 소식은 '머슴놈'으로 천대받으며 젊은 시절을 보내야 했던 해월 최시형에게 '구원의 복음'으로 들렸을 것처럼[47] 말이다. 넷째, 동학에 가탁하여 조선왕조=체제질서의 병폐와 모순을 변혁하고 거기에 대항하려 하거나 자신들의 불우한 사회경제적 처지를 개선하려는 비판세력들도 입교하였다. 이것은 동학 측으로서도 문제가 된다는 것을 직감할 수 있었을 것이다.

그래서 수운도 이미 이들을 '난도난법(亂道亂法)하는 사람'[48] 등으로 비난하고 있었다. 아울러 수운 재세 시 동학배척 여론을 일으켰던 보수유생들은 동학교도들을 아주 낮게 평가하고 있었다. 예컨대, 수운이 체포되기 전인 1863년 12월 1일, 도남서원의 원장전별제(院長前別提) 정윤우(鄭允愚), 회원전

참판(會員前參判) 유후조(柳厚祚) 등 25명의 유림 명의로, 옥성서원(玉成書院)(玉城으로도 씀)에 보낸 「동학배척통문」[49]을 보기로 하자.

> 저들(=동학)이 천주(天主)의 주문을 외우는 법은 서양에 따르는 것이고, 부적 태운 물로 병을 치료한다는 말은 황건(黃巾)[50]을 답습한 것이다. 귀천(貴賤)을 동일하게 보고 등위(等威)[51]에 구별을 무시하니 천한 자들이 모이며, 남녀를 섞어 포교소(帷薄)를 만드니 시집 · 장가를 제 때 못 간 사람들(怨曠者. 즉 홀어미와 홀아비)이 모이고, 재화를 좋아하여 있는 자와 없는 자가 서로 도우니 빈궁한 자들이 기뻐하는 것이다.(중략)
>
> 요사이 이른바 동학이라는 것은 무당이 귀신주문(鬼神呪文)을 외는 것과 같은 자들이다. 무지한 천박한 부류들(賤流)이 많이 (동학에) 물들고, …옛 사람들이 이단을 칭하여 사람들을 이적금수(夷狄禽獸)에 떨어지게 하는 것으로 보았는데, 이것은 이단을 배척하는 극단의 말이나, 오늘날 이른바 동학이라는 적들은 사람을 도깨비(魑魅魍魎)[52]로 떨어지게 하는데 불과한 것이다.[53]

이처럼 주자학 이외의 사상을 이단으로 배척하던 기득권 세력=양반지배층의 입장에서 볼 때, 동학은 이미 척사(斥邪)의 주요 대상이 되기에 충분하였다. 그들이 이단시하던 서학을 '이적금수(夷狄禽獸)'로 보고, 동학을 '이매망량'(魑魅魍魎) 즉 '도깨비'로 보고 있었던 것은 유교=정통, 비유교=이단이라는 도식에서 당연한 것이었다. 이렇게 민감하게 동학을 적대시하는 이면에는, 동학의 전도력과 조직력이 조선의 유학자들, 지배계층에게 매우 '위협적'이라 심각한 심리적 '위기의식'을 발동케 하고 있었음을 읽을 수 있다.[54]

이만큼 동학에 대해서, 창도기에서 발전기에 이르기까지 매우 부정적인 인식이 팽배해 있었음은 충분히 예측할 수 있는 것이다. 이러한 위기위식에서 경상도의 유교지식인들은 다각도로 대응책을 내놓게 된다. 즉 동학에 대한 최초의 사료인 1863년 9월 상주 우산서원(愚山書院)과 도남서원(陶南書院)이 발한 「통문(通文)」과 재경 관료인, 성주 유림 응와(凝窩) 이원조(李源祚, 1792-1872)의 「응지소(應旨疏)」[55]를 통해서 볼 때, 봉건정부와 보수적 유생들은 동학을 전통적인 예교질서를 파괴하는 저급한 이단 내지 사교(邪敎)로 인식하고 있었다.[56]

영남지역 유림들은 동학에 대한 위기감을 느낀 나머지 이에 대한 대응책으로, 전통적인 유교의 진흥을 모색하여 향약(鄕約)과 오가작통제(五家作統制)를 시행하고자 하였다.

그런데 동학농민혁명이 발발하면서 상황이 사뭇 달라지게 된다. 즉 경상도 지방의 영남학파 유생들의 상소와 격문에서 동학을 전통유학의 가치를 교란하고 허물어버리는 좌도(左道)로 규정하고 동학농민군을 집권체제, 양반지배층에 대한 심각한 반역의 무리로 이해하였다. 이에 대한 유생들의 대응책은 다양하게 나타났다. 이것은 다음 세 가지로 요약할 수 있다: ① 서원의 복설(復設), ② 정치적 개혁, ③ 오가작통제(五家作統制)[57] 실시. 그러나 대부분의 양반 유생들은 ① 서원의 복설이라는 소극적 대응책으로 일관하였다. 반면에 동학농민군에 대한 경상도 각 지역의 진압 사례(안의, 거창, 예천, 상주, 김천, 성주, 안동, 의성 지역)를 보면, 재지적 기반이 공고한 보수적 유생들의 탄압과 보복은 적극적이고 철저하였음이 밝혀진다.[58]

동학교도들은 관군에게만이 아니라 일본군으로부터도 온갖 박해와 고통을 겪는다. 카와이 아사오(河井朝雄)의 『大邱物語(대구이야기)』에도 그 참상이 일부 드러나 있고,[59] 1904-5년 당시에 조선을 여행했던 스웨덴 기자 아손의 눈에 포착된 산적 처형 방법은 외국인의 눈에 너무 잔혹하여, "어째서 아직도 이런 가장 야비한 고문이 계속 행해지고 있는 것일까?"라고 할 정도였는데[60] 동학도들에 대한 보복 또한 이와 유사한 것이라 보인다.

이처럼 동학은 19세기 경상도의 유교 전통의 맥락에서 이단시되고, 당시의 정치적 맥락에서 '난도난법'(亂道亂法)으로 이슈화되어 좌절되고 있었다.

동학 초기 경상도 일대의 포조직과 혁명군 지도자 연구

임형진_ 경희대학교 후마니타스칼리지 객원교수

1. 머리글

경상도지역은 동학의 탄생지이자 첫 포덕지였다. 수운 최제우의 고향이자 그가 깨달음을 얻어 득도한 지역도 경주였으며 그 깨달음을 주변에 전파한 첫 번째 지역 역시 경상도 일대였다. 따라서 한국 동학사에서 그 어느 곳보다도 중요한 지역이 경상도지역이다. 그러나 의외로 타 지역에 비하여 경상도지역과 동학은 상대적으로 왜소해 보인다. 특별히 동학농민혁명의 들불이 퍼져 나갔던 1894년 갑오년에도 이웃인 전라도 지역이나 충정도 지역 심지어는 강원도 경기도 지역에도 못 미치는 수준으로 혁명이 전개되었다는 것이 지금까지 학계의 대체적인 평가인 듯하다.[1]

이렇게 경상도지역이 상대적으로 동학의 세력이 약했고 또 동학농민혁명의 과정에도 그 참여의 열기 또는 참여자 숫자(?)가 적은 이유는 여러 가지를 들을 수 있다. 우선 동학농민혁명이 일어나기 20여 년 전에 영해 지방을 중심으로 발생한 이필제의 교조신원운동의 영향을 들을 수 있다. 당시 동학은 주로 경상도지역을 중심으로 확대되고 있었다. 수운이 직접 다니며 포덕을 한 지역도 대부분 경상도 일대였으며 뒤를 이은 해월의 주 활동 무대도 경상도지역이었다. 따라서 초기 동학의 세력은 거의 경상도지역에 국한되었다고 해도 무방할 지경이었다. 그러나 교조신원운동을 빌미로 전개된 이필제의 거사는 일거에 동학도들이 일망타진되고 한편 대역죄의 집단으로 몰리게 된 일대 사건이었다. 결국 이필제의 거서로 인한 경상도지역의 동학은 대대적인 탄압 속에 지하화될 수밖에 없었다.

또한 상대적으로 경상도지역의 강한 유림들의 세력으로 인해 동학의 확대가 어려웠을 것이다. 특히 안동을 중심으로 한 경상도지역은 조선 시대 대대로 이른바 남인 세력의 은거지였는데 당시 남인 세력이 정권으로부터 소외되다 보니 거듭 고향에서 자신들의 이론과 학문을 닦는데 집중하였다. 그들은 더욱 원칙주의자들이 되었고 더욱더 고준담론에 빠져 있었다. 그러다 보니 고향 땅에서 성리학 이외의 학문으로 등장한 동학의 전파를 불온시하였고 당연히 탄압의 대상으로 삼았을 것이다. 이런 경상도 일대의 분위기가 동학의 확대는 물론 동학혁명 당시의 그 어느 지역보다도 강한 민보군으로 이어진 것이다.

그러나 이러한 분위기 속에서도 동학은 꾸준히 전파되었고 또 동학농민혁명의 과정에도 역시 어느 지역 못지않게 처절한 투쟁이 전개된 지역이 경상도지역이었다. 그들은 오히려 더욱 체계적인 지휘체제에 따랐고 명령에 일사불란한 모습을 보일 정도였다. 특히 해월 최시형의 명령으로 기포한 이들은 경상도 남부지역과 북부지역을 중심으로 활동했는데 모든 지역에는 뛰어난 지휘자가 있었고 그들 모두는 중앙의 지휘체계를 충실하게 따른 인물들이었다. 그러나 애석하게도 기록의 미비는 물론 고증의 부족 등으로 인하여 그들에 대한 평가가 제한적이다.

본고는 이러한 현실적 어려움을 바탕으로 우선 수운의 창도 이래로 경상도 일대의 포덕 상황을 살펴보고 1894년 당시의 포조직과 경상도지역의 동학군 지도자를 탐구해 보고자 한다, 그러나 전술한 대로 기록과 고증의 부족으로 인하여 연구의 미비함과 제한적이라는 사실과 함께 필자가 2008년도와 2013년도의 후손들과의 직접적인 대화를 바탕으로 분석했음을 밝혀둔다. 향후의 더욱 깊이 있는 연구를 위한 방편으로 활용되기를 바라는 마음을 부기한다.

2. 수운 최제우의 경상도지역 동학 포교

1860년 4월 득도한 수운 최제우는 자신의 깨달음을 처음부터 믿지 못했다. 비몽사몽간의 천사문답이었기에 더욱 그러하였다. 이후 수운은 자신의 깨달음을 확인하기 위한 수련과 공부에 더욱 매진한 뒤 1년 여가 지난 다음부터 비로소 주변에 자신의 도를 전파하기 시작했다. 1861년 「포덕문」을 지은 수운은 자신이 깨달은 도를 '무극대도'라고 하고 알리기 시작했다.[2] 수운이 득도한 동학이 알려지자 주변에 있는 어진 선비와 농민들이 구름처럼 몰려들었다. 약 6개월 동안에 적어도 3천명에 이르는 사람들이 몰려들어 기꺼이 그의 도를 이어 받고 제자 되기를 청하였다.[3] 당시의 기쁨을 수운은 다음과 같이 읊고 있었다.

> 나도 또한 이 세상에 천은이 망극하여 만고 없는 무극대도 여몽여각 받아내어 구미용담 좋은 풍경 안빈낙도 하다가서 불과 일 년 지낸 후에 원처근처 어진 선비 풍운같이 모여드니 낙중우락 아닐런가.[4]

나는 포덕할 마음을 갖지 않고 오직 지극한 마음으로 치성을 드렸다. 그러

> 나 오래도록 미루어 오다가 다시 신유년을 맞이하니 때는 유월이오 절기는 여름이었다. 좋은 벗들이 찾아와 방안에 가득차게 앉았으므로 먼저 도 닦는 법을 정하였고, 어진 선비들이 나에게 가르침을 물었으며 또 포덕을 권하였다. 문을 열고 오는 손님을 맞이하니 그 수효가 그렇게 많았고, 자리를 펴서 도법을 설교하니 그 즐거움이 매우 컸다. 어른들이 들어오고 나가고 하는데 그 행렬은 삼천명이나 되는 것 같았고, 동자들이 손을 마주잡고 절하는 것은 曾皙과 같은 6,7명의 제자들이 시가를 읊는 것과 같았다. 나보다 나이 많은 제자도 있으니 이것은 또한 공자보다 나이 많은 자공이 공자를 받든 예에 비할 수 있으며, 노래하고 시 읊으며 춤을 추기도 하니, 어찌 공자의 하시던 일이 아니겠는가.[5]

이처럼 수운의 가르침을 듣기 위해서 무수히 많은 사람이 몰려드니 조용했던 구미산은 인적이 끊이지 않게 되었다. 이는 곧 주변의 주목을 받게 마련이고 또한 질시의 눈초리조차 심해졌다. 결국 수운은 주변의 질시가 오히려 자신을 찾아오는 사람들에게 피해로 이어질 것과 자신이 깨달은 도를 이론적으로 정립할 필요성 때문에 잠시 경주를 떠나기로 결심한다.

남원의 은적암에서 보낸 약 7개월 동안에 수운은 「도수사」, 「동학론」(논학문), 「권학가」 등을 지었다.[6] 그리고 자신이 얻은 도의 이름을 '동학'이라고 명명하였다. 이후 다시 경주로 돌아온 수운은 바로 집으로 가지 않고 제자인 백사길, 박대녀, 강원보 등의 집에 머물며 6개월 동안 포덕을 하였다. 비밀리에 포덕을 하던 수운의 행적이 곧 알려지자 경주 주변 지역의 많은 사람들이 수운을 찾아 왔다. 신령사람 하치욱, 박하선 그리고 경주사람인 최경상(최시형)이 찾아 왔고 특히 최경상은 후일 후계자가 되는 인물이었다. 당시 수운이 가장 오래 머물렀던 박대여의 집에 경상도지역뿐 아니라 전라도와 충청도 지방에서까지 사람들이 찾아 올 정도로 문전성시를 이루었다. 이처럼 동학의 포덕은 당시의 혼탁한 사회에 신음하던 민중들에게 커다란 희망이자 유일한 탈출구였다. 더욱이 경상도지역의 특성은 친농민 성향의 지식인들 이른바 양반층에도 그 호응자가 많이 생겼다는 점이다.

수운이 박대여의 집에 있을 때인 1862년 9월 경주영은 사학을 퍼뜨려 혹세무민한다는 이유[7]로 최제우를 일시 체포했다가, 수백 명 교도들의 집단항의를 받고 5일 만에 석방하기도 하였다.[8] 당시 동학도의 기세에 눌린 영장은 수운에게 사과까지 하고 석방을 해 주었으니[9] 이는 동학이 관으로부터 그 정당성을 인정받은 결과로 인식되었다. 특히 수운의 석방에 고무된 신도들은 앞으로 동학의 포덕이 자유로울 수 있게 되었음에 기뻐하고 누구나 포덕에 나설 수 있게 되었고 이 사건을 계기로 동학은 주변으로 더욱 확대되었다.

경남 남서부 지역에 동학이 처음 전파된 것은 1862년으로[10] 고성에 사는 성한서(成漢瑞)가 수운을 찾아와 입도하면서 경상도 남서부지역에 동학이 들어오게 되었다. 그는 포덕을 많이 하여 1862년 12월에 접주로 임명되었다.[11] 접주가 되려면 적어도 50호 내외의 도인을 거느려야 하므로 고성지역에서도 당시 50호 이상의 도인이 있었다고 여겨질 정도였다.

동학의 놀라운 확산에 수운은 제자들에게 주변에 오해를 살 언행을 삼가라는 글을 내리면서 특히 영부의 사용을 함부로 하는 일이 없도록 삼가고 참된 수도에만 힘쓰라고 한 것이다.[12] 그런 가운데 수운의 동학의 포교는 크게 성공하여 입도하는 사람들이 급증하였다. 특히 경주, 영덕, 영해, 대구, 청도, 청하, 정일, 안동, 단양, 영양, 신영, 고성, 울산, 장기 등 경상도지역을 중심으로 동학교도의 수가 급격히 늘어났다.

경상도지역을 중심으로 확대되기 시작한 동학이 어느덧 전라도와 충청도 지역에까지 전파되자 수운은 동학을 조직화할 필요성을 절감하게 된다. 그러나 여전히 관의 사교 탄압 열풍이 거세지자 최제우는 11월 9일 용담정을 떠나 50여 리 떨어진 홍해 매곡리 손봉조의 집으로 거처를 옮겼다. 이곳은 지금의 매곡동인 바 홍해읍에서 동남쪽의 장기, 연일, 구룡포, 서쪽의 신광, 기계, 영천은 물론 북쪽의 청하, 영덕, 영해 방면에 이르는 교통이 편리한 중간지점이다.[13] 수운은 1862년 말에 이 지방들에 접소를 설치하고 접소에 접주를 두는 '접주제'를 실시하기 시작하였다.[14]

최제우는 1862년 12월 그믐날 친히 각처의 접주를 임명했는데 이것은 동학 최초의 교단 조직이라고 할 수 있다. 접의 규모는 50호 내외이며 임명된 접주는 약 40명이었다,[15] 이에 소속된 교인 수는 약 2천명 정도로 추산된다.[16] 지금까지 확인된 지역과 접주는 다음과 같다.[17]

경주부내 : 백사길 · 강원보
영해 : 박하선
청하 : 이민순
안동 : 이무중
영양 : 황재민
신영 : 하치욱
울산 : 서군효
장기 : 최중희
영덕 : 오명철
대구 · 청도 · 기내 일대 : 김주서
연일 : 김이서
단양 : 민사엽
영천 : 김선달
고성 : 성한서
경주본부 : 이내겸

확인된 접주들 대부분이 경상도지역 사람들인 것은 확실히 동학의 초기는 경상도 일대가 중심이었다는 것을 반증한다. 즉, 동학의 조직화가 시작된 지역이 경상도였다는 것이다.

수운은 홍해에서 1863년(계해년) 새아침을 맞으면서 앞으로 1년간은 포덕과 교화에 더욱 힘을 쏟기로 작정하였다. 1월 하순부터 3월초까지 영천, 신령, 대구를 비롯하여 청하, 영덕, 영해, 평해, 진보, 안동, 영양, 상주 등지와 충청도 단양지역을 순회하였다.[18] 이때 지례, 김산, 금산, 진산도 다녀왔을 것으로 짐작된다. 수운이 교화에 중점을 둔 것은 "시대가 대전환기에 접어들었다"는 것과 이에 걸맞게 "생각하는 틀을 바꿔야 한다"는 것이었다. 수운은 순회하면서 크게 느낀 바 있어 결심을 새롭게 하고 3월 9일(양 4월 26일)에 용담 집으로 아주 돌아왔다.[19] 앞으로는 어떤 위험이 닥쳐도 도인들을 용담에 불러다 가르치겠다는 것이었다.[20]

수운은 매곡리에서 영천 신령을 거쳐 고향인 용담정에 돌아오자 동학의 장래에 대한 중대한 결단을 하게 된다. 그래서 이미 조직화된 각지의 접주들에게 접주회의 개최를 통보하고 불러 모았다. 이때도 주로 경상도지역을 중심으로 찾아든 접주들은 7월 초순부터 한 달 가까이 용담정에서 최제우로부터 동학사상과 교리, 접의 조직과 그 운영방법 등 동학운영의 전반적인 것을 직접 교육받았다. 이것을 동학에서는 개접(開接)이라 하는데 한 번에 40~50명씩 3일 내지 5일간 체류하면서 스승님으로부터 직접 수행방법을 익히고 신념체계를 이해하도록 설명을 듣게 하였다. 이와 같이 수운의 직접적인 가르침이 전개된다는 소문이 퍼지자 주변의 많은 도인과 민중들이 찾아들었다. 4월에는 후일 도차주[21]가 된 강시원을 비롯하여 영해교조신원운동을 이끌었던 이필제 등 쟁쟁한 인사들도 찾아왔다.[22] 입도자가 급속히 늘어나면서 여러 지역도 뻗어나갔다. 6월부터는 각 접주로 하여금 도인들을 동원하여 용담에 와서 수행하며 강론을 듣도록 하였다. 이러한 집단 훈련은 7월 23일까지 계속되었으며[23] 마지막 날인 이 날 파접(罷接)한다는 통문을 띄웠다.

동학의 개접을 끝내고 파접을 한 이유는 아마도 관의 탄압의 강도가 더욱 거세어져서였을 것이다. 이제 수운의 시대가 마감될 것임을 예견한 수운은 시급히 후계자를 세우고 또 후계 구도를 만들어야 했다. 7월 23일 파접을 하는 날 수운은 최경상을 불러 그를 북도중주인(北道中主人)에 임명해 후계 구도를 구축하였다.[24] 그리고 모든 접을 그의 휘하에 두도록 하였으며 그의 이름은 시형(時亨)으로 하고 도호는 해월(海月)이라 하고 동학의 일체의 사무를 관장케 하였다. 그리고 한 달 후인 그해 8월 14일에는 도통마저 전수함으로써 후계구도를 완성하였다.[25]

이를 보면 최제우의 동학은 처음에는 경주를 중심으로 한 경상도 일원에서 접주제의 조직화가 시작되어 진전되었음을 알 수 있다. 특히 유교적 신분질서가 엄격했던 당시의 경상도 분위기 속에서 이와 같은 포덕이 시행되었다는 것은 그만큼의 위험부담도 있었다고 볼 수 있다. 실제로 수운은 동학 창도와 포덕의 짧은 기간 동안에 영남 유생들의 수많은 질시와 질타를 받아야 했다.

유생들과 관원들이 동학에 금령을 내려달라는 빗발치는 요구에 대해 정부는 10월초에 수운을 체포하기로 하였다. 이에 따라 11월 20일에 정운구를 선전관으로 임명하고 체포령을 내렸다. 무예별감 등을 이끌고 22일에 서울을 떠난 정운구 일행은 11월 25일경에 문경 새재를 넘었다. 경주까지 4백여 리를 내려가면서 10여 개 군, 현을 탐문 조사하였다. 그는 "주막의 아낙네와 산골의 초동들도 주문을 외워 전하지 않음이 없으니… 모두 동학을 학하니 물든지 오래되어 극성스러움을 알겠다."[26]고 보고하였다.

이처럼 경주까지 가는 경상도지역 일대를 탐문한 내용을 보건데 수운이 체포되는 1863년 당시 이 지역의 동학 세력은 기층 민중을 중심으로 확고한 위치를 차지하고 있음을 알 수 있다. 마침내 12월 10일에 수운 최제우는 23

명의 제자들과 같이 체포되어 경주옥에 수감되었다. 11일에 이내겸과 같이 서울로 압상되어 12월 20일경에 과천에 이르렀지만 철종의 국상으로 한강을 건너지 못하고 있다가 며칠 후 대구로 환송되게 되었다. 1월 6일(양 2월 13일)에 경상감영에 도착한 수운은 1월 20일부터 2월 20일경까지 4차례에 걸쳐 혹독한 고문을 당하며 심문을 받았다. 서헌순 경상감사는 이단의 무리라고 단죄하였고 장계를 받은 조정은 "서학의 일종이라"고 단정하여 사형을 내렸다. 10여 명의 제자들은 원악도와 황해도, 함경도, 강원도 등지에 정배되었고 수운 최제우는 3월 10일(양 4월 15일)에 대구장대에서 41세의 나이로 처형당하였다.[27]

3. 해월 최시형의 경상도지역 동학 포교

처음 최시형은 경주의 박대여의 집에서 최제우로부터 포교를 허락받았다. 이는 동학의 독특한 포교방법에서 비롯된 것으로 즉 동학은 입도 직후부터 바로 포교활동을 시작하지 못하도록 하였고 일정 기간 수련을 거친 연후 '연원'인 스승이 포교활동을 허락할 때, 또는 수련을 통해 상당한 수준의 종교적 체험을 이루고 난 뒤라야 시작하는 것이 상례였다.[28] 최시형은 수운으로부터 본격적인 포덕활동을 허락받고 의욕적으로 활동했던 것 같다. 당시 최시형이 살던 검곡지역에는 "포덕을 한 지 기일에 사방에서 현자들이"[29] 찾아왔다고 하고 있다. 이를 미루어 보건데 최시형은 당시 누구보다도 수운의 가르침을 철저히 따르고 또 포덕도 열심이었던 것으로 사료된다. 왜냐하면 검곡지역은 인가로부터 멀리 떨어진 매우 깊은 두메산골이었기 때문이다.

이곳에서 그가 최초로 포교한 인물들은 영덕의 오명철, 유성운, 박춘서,

상주의 김문여, 홍해의 박춘언, 예천의 황성백, 청도의 김경화, 울진의 김생원[30] 등이었다.[31] 또한 최시형이 이와 같이 검곡지역을 중심으로 영덕, 상주, 홍해, 예천, 청도, 울진 등 경주 이북의 여러 지역을 돌아다니며 포덕활동을 할 수 있는 재정적인 기반이 되었던 것은 김이서로부터 정조(精粗) 100석을 빌릴 수 있었기 때문이었다.[32] 특히 최시형은 마복동에 거주하던 시절에 동네 사람들의 권유에 의해 '풍강(집강)'의 직을 맡았다고 한다.[33] 이 기록을 보건데 최시형은 당시 향촌 사회에서 상당한 신임을 얻고 있었음을 알 수 있다. 또 그러했기 때문에 '가난한' 최시형에게 김이서가 정조 100석을 빌려주었던 것이라 생각된다.[34]

수운은 1862년 12월 말에 각 지역의 대표를 선정해 접주로 임명하였다. 접주제의 시행은 동학이 하나의 종교 조직으로서 본격적으로 발전할 수 있는 계기가 되었다고 할 것이다. 그러나 이때 최시형은 접주로 임명되지는 않았다.[35] 최시형이 이때 접주에 임명되지 못한 이유를 그가 다른 접주들과 비슷한 위치거나 그보다 낮은 위치에 있었기 때문이라는[36] 지적이 있지만 임명된 접주 가운데는 최시형의 포교에 의하여 동학에 입도한 영덕의 오명철[37]과 "최시형의 심법을 이어받아 상종하는 김이서"[38]가 포함되어 있는 것으로 보아 최시형의 위치가 그리 낮은 것은 아니었을 것이다. 실제로 그는 1863년 7월 북도중주인에 임명되어 모든 접의 위에 존재한다고 수운이 선언했다. 즉 최제우는 "各地道人이 先히 北接大道主를 往見한 然後에 我를 來見함이 可하다"[39]고 하였다. 그만큼 최시형은 수운의 절대적 신임을 받고 있었다.[40]

교조 최제우로부터 북도중주인에 임명된 이후 해월 최시형의 포덕 활동은 더욱 활발해졌다. 그의 활동무대는 초기에는 자신이 살던 검곡지방을 중심으로 포덕이 이루어졌지만 이후 점차 그 범위가 확대되고 있었다. 이는 수운으로부터 경주 북부지방에 대한 포덕을 전념하라는 특별한 지시가 있었던 것으로도 해석된다.[41] 즉 해월이 1862년 최초로 행했던 포교의 중심지인 영덕, 상주, 흥해, 예천, 청도, 울진은 경주 이북지역이었고, 북도중주인에 임명된 이후의 포교 역시 북방이었다는 점은 최제우가 검거된 이후 그를 옥바라지하였던 교인이 경주 이북 출신자들이었다는 사실과 연결해 볼 때 최시형의 북방포교가 상당한 성과가 있었음을 의미한다.

1863년 가을 경에 동학 세력은 경주인근 10여 개 군현과 북으로는 충청도 단양, 보은까지, 남으로는 경상도 남쪽 고성과 시원까지, 북쪽으로는 안동, 상주, 예천, 울진, 김산, 지례까지, 전라도는 남원, 임실, 전주, 진산, 금산까지 광범하게 퍼져 있었다. 도인 숫자도 약 3천호는 넘었으며 가족까지 합치면 1만 8천 명은 되었다.[42] 이와 같이 최시형은 특히 북방에 대한 포교를 성공적으로 수행했고 그 결과 동학의 중심세력이 경주 이남에서 경주 이북으로 이행했던 것이다.[43] 이리하여 동학교단 내에서의 최시형의 위치는 강화되었다.[44]

수운이 순도한 이후 해월 최시형은 정부의 검거를 피해 주로 은신한 지역을 중심으로 포덕활동을 전개하였다. 이른바 천도교에서 말하는 은도시대(隱道時代)였다. 특히 경상도 북부지방은 이러한 해월의 주 포덕지였다. 처음 해월은 영덕의 강수(강시원)의 집을 거쳐 영해로 갔다가 평해의 황주일의 집을 찾아 이곳에서 1년여를 지낸 후 1865년경 영양의 용화동으로 은거하면서 일체의 외출을 삼갔다.[45] 이 시기에 그의 소문을 듣고 1864년 말부터 1866년경까지 영덕의 전성문, 강수, 박춘서, 영양의 황재민, 정치겸, 상주의 황문규, 한진우, 황여장, 전문녀, 1867년경 경주의 김경화, 김사원, 이팔원, 영덕의 유성원, 김용녀, 임몽조, 구일선, 신성우, 정창국, 1869년 강원도 양양의 최희경, 김경서, 1870년 영해의 이인언, 박군서, 1871년 영해의 박사헌,

권일원 등이 최시형의 주변에 모여들기 시작하였다. 또 한편으로는 1865년 7월 최제우의 유족이 그를 찾아왔다.[46]

특별히 수운의 사후 오갈 데 없었던 수운의 유족들이 해월을 찾아 온 것은 그만큼 해월의 위치가 확고했기 때문이다. 해월이 교조의 유족들을 모시고 있다는 사실은 해월을 중심으로 흩어졌던 교도들이 하나로 모이게 하는 구심점이 되기에 충분했다.[47]

1865년 10월에는 경북 영양군 일원면 용화동에 있는 일월산의 깊은 산골 윗대치에서 화전을 일구고 있던 해월은 동학재건을 위한 수운 탄신제례를 위해 자신의 원래 집이 있던 검곡을 찾았다. 스승님의 사후 최초의 탄신제례였기에 해월은 감개무량한 어조로 최초의 설법을 하였다.[48] 당시의 설법이 유명한 인내천 설법이었다. 그리고 제례의 형식을 갖추기 위하여 계를 조직하여 각 지역의 주요한 접주급 인사들을 계원에 포함시켰다.[49] 이처럼 해월이 제례를 위한 계조직을 만든 이유는 이 행사를 통하여 흩어진 교인들을 하나로 결집시키기 위한 정기적인 모임이고 나아가 자신의 교권을 더욱 확고히 하기 위한 방편이었다.

즉, 이듬해인 1866년 3월 10일 수운의 3년상 제례를 일월산의 윗대치에서 올렸는데 이때 해월은 많은 교인들을 모이게 하였다. 그리고 그 제사상 자리를 이용해 설법을 하니 이는 곧 자신의 말이 스승인 수운의 말인 것처럼 인식케 하였다. 이때는 유명한 사인여천(事人如天)의 설법이 있었다.[50] 해월의 설법에 많은 교도들은 동의하였고 실제로 수운의 말씀처럼 따랐다. 이처럼 해월은 제례의 자리는 단순히 수운 최제우를 기념하기 위한 자리가 아니라 해월이 동학교단을 재정비하고 교권을 장악하는 계기였음을 보여준다. 그리고 그 자리를 통해 교도들은 자신의 지역의 소식들을 가져오고 또 그를 포덕의 발판으로 삼았다. 이른바 해월은 제례 의식 자리를 이용해 각 지역의 정보를 수집하고 향후의 포덕지 등을 정했던 것이다.

1868년 10월에는 흥해 등지에 도장을 설치하여 교도들을 대상을 강도하였다.[51] 그리고 1869년 2월 양양의 최희경과 김경서와 같이 스스로 최시형을 찾아와 가르침을 받는 경우도 있었다. 이들은 또한 최시형에게 권하여 양양지역에 포교활동을 청하여 최시형은 박춘서를 대동하고 양양으로 이동하여 30여 호를 포교하였다.[52] 이것을 인연으로 해월은 1870년에는 수운의 유족들을 영월의 중동면 화원리 소미원에 모셔 생계를 책임졌다. 이처럼 해월은 아무리 어려운 상황이라 해도 스승님의 유족을 책임지니 교도들이 따르지 않을 수가 없었을 것이다.

1870년 10월에 윗대치로 영해의 교인인 이인언이 찾아왔다. 이필제라는 인물이 있는데 그가 수운 최제우의 억울한 순도를 통탄해 하니 한번 만나주기를 청한 것이다.[53] 이후 영해의 교인들인 박군서와 박사헌까지 거듭 해월을 찾아 왔지만 해월은 아직 움직일 때가 아니라며 이필제 만나기를 거부하였다. 그러나 이듬해인 1871년 2월에 다섯 번째로 권일원이 찾아와 "가부간 한번 만나는 보시고 결정하시라"고 권유하자 할 수 없이 영해 우정동의 병풍바위 산중에 있는 박사헌의 집을 찾아가 이필제를 만났다.

이필제의 인품과 진정성에 감화된 해월은 드디어 거사를 허락하니 3월 6일부터 3월 10일까지 모인 인원은 약 5백 명이었다. 영해지방의 유생인 남유진이 기록한 『신미아변시일기(辛未衙變時日記)』에 5~6백 명이라 하였고 『최선생문집도원기서』에도 5백 명이라 하였다. 참가 지역은 영해, 평해, 울진, 진보, 영양, 안동, 영덕, 청하, 흥해, 연일, 경주 북산중(경주 북쪽 산중), 울산, 장기, 상주, 대구 등지였다. 『교남공적(嶠南公蹟)』에는 경남의 영산과 칠원(柒原, 固城接 산하) 등지에서도 온 것으로 되어 있다. 주로 경북지방과 일부 경남지방 등 대부분의 참여지역이 경상도였다는 사실은 해월의 오랜 시간에 걸친

노력의 결과였다. 당시 동학 조직이 있는 곳이면 거의 참여하였다.[54]

이후 전개된 영해교조신원운동은 처참한 실패로 귀결되었지만 동학이 세상에 목소리를 낸 최초의 사건이었다. 그러나 그 결과는 참혹했다. 특히 천신만고 끝에 포덕을 하여 늘어난 동학도들에게는 청천벽력과도 같은 결과였다. 당시 경상도지역은 안 그래도 강력한 유림들의 세계 속에서 조심스럽게 확대되고 있는 중이었는데 이 사건을 계기로 100여 명이 체포되어 처형되었으며 200여 명은 집을 버리고 달아났다. 당연히 경상도지역의 동학은 지하화하지 않을 수 없는 지경에 처해 진 것이다.

영양을 떠난 해월은 봉화를 거쳐 강원도지역으로 숨어들어 갔다. 한동안 경상도지역은 들어 올 수가 없는 지경이었다. 해월로서는 그동안의 수고가 물거품이 되는 순간이었다. 강원도 영월과 단양, 정선 등지로 피해 다니던 해월이 다시 경상도지역을 찾은 것은 1874년 이후였다. 주로 강원도 지역에서 포덕 활동을 하던 해월은 이필제의 거사로 풍비박산난 경상도 동학을 재건하기 위해 간간히 강원도와 경계지역을 중심으로 경상도지역을 넘나들었다. 안동과 상주 그리고 영주 지역 등이 그곳이었다.

1875년 1월에 수운의 장자인 최세정이 관에 끌려갔다가 사망하자 7개월 이후인 8월에 제사를 치르면서 새로운 제사의식을 제정하였다. 즉, 수운의 순도 때 의식이었던 청수 한 그릇만을 제상에 올리도록 한 것이다.[55] 그리고 1875년 10월에는 관복을 제정하고 찰관을 분정하여 제사를 봉행하였다.[56] 이때 제관에 임명된 사람은 초헌수주 최시형 아헌도주 강수, 종헌 전성문, 대축 유인상, 집례 박규석, 봉향 김영순, 봉헌 김용진 등이었다. 이들 가운데 강수, 전성문, 유인상 등은 최시형과 매우 밀접한 인물로 이들 가운데 강수와 전성문 등은 모두 최시형과 의형제를 맺을 정도로 돈독한 사이였다. 이처럼 이들이 새로운 제사의식에서 핵심적인 위치를 차지하게 된 것은 동학교단 내에서 최시형의 지도체제가 확립되었음을 의미한다고 할 수 있다. 즉 최시형은 제사의식을 새로이 마련하고 제관을 임명함으로써 동학교단 내에서의 자신의 지도력을 강화하였던 것이다. 이와 같은 새로운 제사의식의 확립과 제관의 분정 이후 최시형의 단일지도체제가 확립되고 있다. 특히 설법제, 구성제, 인등제의 실시는 동학의 교세의 확장과 밀접한 관계가 있는 것으로 보인다. 왜냐하면 이러한 제사는 지금까지의 제사가 흩어져 있던 교도들을 다시 결집시키는 소극적인 의미였다면 이제는 보다 많은 신도를 획득하기 위한 하나의 포교수단으로서의 적극적인 의미도 내포하고 있는 것으로 보이기 때문이다. 따라서 이를 바탕으로 최시형은 동학교단 조직을 재정비하면서 명실상부한 동학교단의 최고지도자로서 자리를 잡는 것이다.[57]

그런 가운데 해월은 보다 활발한 포덕을 위하여 경전 간행에 박차를 가하는 바 1880년(庚辰)에 순 한문경전인 『동경대전』을 인제의 갑둔리에서 100부를 제작, 간행하였고 이듬해인 1881년(辛巳) 6월에는 국문 경전인 『용담유사』를 충청도 단양에서 100부를 간행하였다. 이후 동학의 경전은 1883년 2월과 5월에 각기 충청도 목천에서 간행되었고, 1888년에 다시 인제 출신의 김병아가 출판하는 등 비교적 활발하게 출판되었다. 이러한 경전의 간행은 동학의 교세의 확장 및 교단 정비의 과정이 비교적 순조롭게 이루어지고 있음을 반증하는 것이었다.

1882년 임오군란이 일어나자 민심이 흉흉해지고 많은 사람들이 동학에 입도하였다. 특히 1883년부터는 더욱 늘어나 서인주, 황하일, 손천민 등이 많은 백성들을 대동하고 찾아왔다. 손병희도 그 당시 찾아온 신입 교인 중 한 명이었다. 이때부터 해월은 주로 경상도와 충청도, 강원도 그리고 전라도 지역을 중심으로 포덕을 전개하였다. 그러나 상대적으로 피해 의식이 덜

했던 충청도와 전라도지방에 집중할 수밖에 없었을 것이다. 그래서 경상도 지역의 동학 조직은 상대적으로 부실했다고 할 수 있다.

당시 해월이 찾아다닌 경상도지역은 주로 경계 지역으로 경상북도에서도 북부지방에 국한되었다. 상주와 영천 등지가 그곳이었는데 해월은 포덕보다는 주로 피신의 일환으로 경상도 북부 지역을 다닌 것 같다. 당시 전라도 지역 같은 경우는 교인들의 요청으로 순회를 다닐 정도였는데[58] 경상도 지역에서의 그와 같은 사례는 발견되지 않고 있다.[59]

4. 갑오년 즈음의 경상도지역의 포조직

경상도지역의 동학은 전술한 해월 최시형의 노력 덕분이었다. 그러나 북부지방과 달리 남부지방은 수운에게 직접 도를 전수받은 이들이 상당 수 있었다. 다만 그들 대부분이 수운이 순도한 이후 맥이 끊어졌다가 다시 복원되었다.

경상도 남서부지역에서 최초로 동학이 전파된 고성은 북쪽에 진주와 함안이, 서쪽에는 사천군이, 동쪽에는 창원군이, 남쪽에는 통영군이 인접해 있다. 고성에 자리 잡은 동학은 점차 인근지역으로 전파되었으며 함안과 칠원까지 뻗어나갔다. 그러나 1년 후인 1863년 12월에 수운이 관에 체포되어 1864년에 순도하자 도세는 급격히 미약해지기 시작하였다. 다시금 이 지역에 동학이 다시 들어오기 시작한 것은 1880년 후반기라고 보인다.[60]

『천도교창건록』과 1940년에 만들어진 신용구 관내 연원록을 보면 1889년부터 새로운 입도자가 나타나고 있다. 이 기록들은 연로한 도인들이 세상을 뜬 다음에 만들어진 명부이므로 그 이전 입도자는 알 길이 없다. 1880년 후반부터 진주 인근지역에 동학이 들어왔다고 추측할 뿐이다.

『천도교창건록』에 함안 이원식은 1889년에 입도하였고 육임직인 교장을 지냈다. 이 외에 1892년에는 사천(사천 서포면 자혜리) 김억준, 이지우(이지우, 접사, 교장), 곤양(곤양 환덕리) 김학두(김학두, 접강 도집, 교수 교장), 곤양 중항리 최기현(최기현, 대정) 등이 입도하였다. 1908년경에 진주교구에 근무했었던 신용구는 『신인간』에서 "임진년(1892)에 백낙도(삼장면 당산리 사람) 씨가 전북 장수군에 있는 유해룡으로부터 도를 받고 돌아와 포덕에 종사, 진주를 중심으로 점차 퍼져갔던 것이다"[61]고 증언하였다. 『백곡지(栢谷誌)』[62] 당저갑오(當宁甲午)에서도 "진주인 백낙도는 본시 무뢰자로서 제우에게 학(學)하여 하루아침에 선사가 되어 눈을 감고 단정히 앉아 그 가르친 것을 지키는 것처럼 하였다. … 진주에는 낙도로부터 학(學) 한 자가 무려 수천이었고, 손웅구(손은석)가 가장 알려졌다. 웅구의 무리로는 고만준 · 임정룡 · 임말룡이 으뜸이었고 그 나머지는 수를 헤아리기가 어렵다"[63]고 하였다.

몇 차례의 교조신원운동이 실패로 돌아가자 동학도들은 1893년 보은의 장내리로 집결하였다. 이른바 우리나라 최초의 민회이자 민중 시위였다. 3월 20일(양 5월 5일)에 이르러 경계 석축 안에 1만여 명, 그 밖에 1만여 명이 집결하게 되었다. 이날 해월은 포제를 정하고 대접주를 임명했다. 조직적으로 행동하기 위해서는 동학의 단위조직을 포로 제도화하고 이 포를 영도하는 대표자를 대접주로 칭하게 한 것이다. 원래 포와 큰접주라는 명칭은 전해져 왔다. 즉 지금까지의 포는 큰접주의 이름을 따서 김덕명포, 김개남포, 손화중포로 불려 왔다. 그런데 3월 20일에 이르러 큰접주의 이름 대신에 명칭을 부연한 것이며 자연스럽게 형성된 큰접주를 대접주라고 공식적인 명칭을 부치게 된 것이다.[64]

이때 부여한 포명과 대접주는 약 50개에 이른다. 그러나 정확한 기록이 전해지지 않아 밝혀낼 수가 없다. 다만 여러 기록들을 종합하여 보면 먼저

〈천도교서〉와 〈시천교종역사〉에는 다음과 같이 기록되었다.

충의(忠義) 대접주 손병희, 충경(忠慶) 대접주 임규호, 청의(淸義) 대접주 손천민, 문청(文淸) 대접주 임정준, 옥의(沃義) 대접주 박석규, 관동(關東) 대접주 이원팔, 호남(湖南) 대접주 남계천, 상공(尙功) 대접주 이관영이라 했다.

그리고 〈동학도종역사〉에는 보은(報恩) 대접주 김연국, 호서(湖西) 대접주 서장옥이 추가되었으며 『천도교회사초고』에는 덕의(德儀) 대접주 박인호가 추가되었다.

또한 오지영의 『동학사』에는 금구(金構) 대접주 김덕명, 정읍(井邑) 대접주 손화중, 부안(扶安) 대접주 김낙철, 태인(泰仁) 대접주 김기범, 시산(詩山) 대접주 김낙삼, 부풍(扶風) 대접주 김석윤, 봉성(鳳城) 대접주 김방서, 옥구(沃構) 대접주 장경화, 완산(完山) 대접주 서영도, 공주(公州) 대접주 김지택, 고산(高山) 대접주 박치경 등이 추가됐다.

이 밖의 기록들을 보면 청풍(淸風) 대접주 성두환, 홍천(洪川) 대접주 차기석, 인제(麟蹄) 대접주 김치운, 예산(禮山) 대접주 박희인, 기선(旌善) 대접주 유시헌, 진주(晋州) 대접주 손은석, 하동(河東) 대접주 여장협 등이 추가된다.

한편 보은 군수의 보고에 나타난 선의(善義) 대접주, 광의(光義) 대접주, 경의(慶義) 대접주, 죽의(竹義) 대접주, 무경(茂慶) 대접주, 용의(龍義) 대접주, 양의(楊義) 대접주, 황풍(黃豊) 대접주, 금의(金義) 대접주, 충암(忠岩) 대접주, 강경(江慶) 대접주 등도 추가되어야 한다. 이상 40개 대접주가 임명된 것이 확실하며 이밖에도 많은 사람이 누락되었을 것이므로 50여 명은 넘었다고 보인다.

이 가운데서 경상도지역의 대접주는 확인된 것은 충경(忠慶) 대접주 임규호, 관동(關東) 대접주 이원팔, 상공(尙功) 대접주 이관영, 진주(晋州) 대접주 손은석, 하동(河東) 대접주 여장협 등 6명이다. 그러나 동학농민혁명 당시 주로 활약했던 경상도 포는 예천과 문경일대는 관동포(關東包), 상주와 선산 그리고 김산일대는 충경포(忠慶包), 상주와 예천일대를 비롯한 지역은 상공포(尙功包), 선산과 김산 일대는 선산포(善山包), 김산과 개령일대는 영동포(永同包) 등 주로 경북지방의 포였다. 경남 서부지방의 포는 우선 진주는 충경포 소속으로 있었으며 하동지역은 전라도와 가까운 관계로 당시 영남과 호남의 남부지방을 장악하고 있던 영호포(嶺湖包)의 대접주인 김인배의 예하였다.

보은 취회에 참여한 지역에 대해서는 역시 정확한 기록이 남아 있지 않아 추정하건데 충청도, 전라도 경상도, 경기도 그리고 강원도 등 당시 동학의 교세가 미친 지역은 대부분 참석했을 것으로 사료된다. 동학교단 측의 기록에는 대부분 누락되어 있지만 관군 측 기록인 〈취어〉에는 전주, 수원, 용인, 영광, 선산, 상주, 태안, 광주(廣州), 천안, 직산, 덕산, 금산, 성주, 장수, 영암, 무안, 순천, 인동, 지례, 양주, 여주, 안산, 송파, 이천, 안성, 죽산, 원주, 청안, 진천, 청주, 목천, 충주, 청산, 비인, 연산, 진령, 공주, 함평, 남원, 순창, 무안, 태인, 옥천, 영동, 나주, 하동, 진주, 안동 등 46개 지역이 나타나고 있다.[65]

전라도는 경우 12개군이, 충청도는 15개군이, 경기도는 10개군이, 강원도는 1개군이다. 상대적으로 경상도지역의 군은 충청도, 전라도 그리고 경기도보다도 적은 9개에 불과하다. 이는 그만큼 경상도지역이 동학의 발상지임에도 불구하고 동학의 전파가 상대적으로 부실했다는 것을 반증한다. 물론 전라도의 경우 진도에서도 왔으므로 해남, 강진, 장흥, 보성, 승주, 진도 등 남쪽지역은 물론 부안, 무장, 정읍, 여산, 옥구, 고산, 금구, 익산 등지에서도 왔을 것이고 임실과 무주에서도 왔을 것이다. 이런 추리로 보면 실제로는 더 많은 지역이 누락되었음을 추정할 수 있다. 강원도만 해도 해월의 주 활동 무대였던 인제와 홍천, 정선, 영월지역 등이 빠져 있다. 따라서 〈취어〉의 기록만으로 참여 지역을 단정하기에는 무리가 있다.

따라서 경상도지역 역시 누락되었을 가능성은 충분하다. 그럼에도 불구하고 타 지역에 비하여 경상도지역이 상대적으로 적은 것은 확실하다.[66] 그러나 보은 취회 이후 경상도지역에서의 동학의 위세는 더욱 치열해졌다고 본다.

『백곡지』에서도 "계사 3월에 동학도들이 호서 보은에서 크게 모였는데 무리는 수십 만이었다. 복술(福述, 수운)의 억울함을 신원하려고 임금에게 글을 올리자 조정에서 난리로 이어질까 두려워 어윤중으로 하여금 안무사로 삼아 동학을 효유하게 하여 흩어지게 하였다. 이로부터 동학은 조정도 어찌하지 못함을 알게 되자 기세가 더욱 올라 성해져서 관장을 욕보이며 마을을 횡행하였다."[67]고 하였다. 1893년 척왜양창의운동 이후에 동학의 기세가 더욱 치성해졌다 한다. 『경상도고성부총쇄록(慶尙道固城府叢鎖錄)』[68]에도 "듣건대 작년(1893년) 보은에서 소란이 있은 후 비류들은 점점 치열해져서 혹은 호남에 취당하였다 하고 혹은 지례(知禮 현 김천시) 삼도봉 아래 둔결하였다고 하며 혹은 진주 덕산의 소굴에 있다는 설이 낭자하다"[69]고 하였다.

동학도들은 이 때 보은에만 모인 것이 아니다. 전라도 삼례와 금구 · 원평에서도 대대적인 집회가 있었다. 『영상일기』[70]에는 보은집회 때 금구 원평과 경상도 밀양에서도 수만 명씩이 모였다고 했다. 밀양집회설은 확인할 길이 없으나 삼례와 원평에서 대집회를 가진 것은 사실이다. 그러나 밀양에서도 일어났을 가능성은 충분하다고 사료된다. 본시 해월의 포덕은 초기에는 주로 산간지대를 중심으로 전파되었기에 밀양지역처럼 깊은 골이 있는 곳에도 충분히 동학이 전파될 수 있었을 것이다.

동학농민혁명기의 경상도지역에서의 기포는 크게 북부와 남부로 나누어진다. 먼저 남부지역은 이웃한 전라도 지역의 기포 소식에 고무되어 일어났다. 경상도 남서부지역 중 하동지역에도 적지 않은 동학도들이 있었다. 『취어』에서 보았듯이 보은 척왜양창의운동 때 하동접에서 50명이 참가했으므로 적은 수가 아니다. 진주 덕산을 중심으로 한 동학 조직은 보은의 충경 대접주 임규호 계통이었고, 하동을 중심으로 한 동학 조직은 순천·광양의 영호 대접주 김인배 계통이다.

경상도 남서부 지역에서 최초로 기포한 것은 진주 덕산(현 산청군 시천면 현리)에서 4월 초순이다. 『천도교창건사』에는 "백낙도(白樂道, 道弘), 신사의 명교를 받아 각 군 대접주 수십 명으로 더불어 기포하였다가 관군에 피살된 뒤…"라 했으며 『천도교회사초고』에는 "손은석(孫殷錫)은 제 도인으로 교남 각 군에서 기포하도록 하니 진주영장 박희방이 민포 3백명을 모집하여 30여 도인을 참살하고…"[71]라 하였다. 이처럼 경상 남부지역의 동학혁명은 전라도 지방의 고부기포에 자극되어 준비되었고 또 시도되었다.

이후 경상도 남부지역의 동학혁명은 하동부를 점령하는 등 한 때 크게 떨쳤다. 특히 이들의 기포는 일본군의 침입에 대한 저항의 성격이 강했다. 1894년 현재 이 지역을 이끌었던 인물은 대접주급이 2~3명 정도이고, 접주급 인물이 40명 정도라고 보인다. 『천도교서』나 『천도교창건사』와 여러 기록들에 나타난 인물을 보면 다음과 같다.[72]

『천도교서』에는 진주의 손은석·박재화·김창규, 곤양에 김성룡, 하동에 여장협, 남해에 정용태 등이 접주로 활동했다 한다.

『하동군사』에는 사천의 윤치수, 단성에 임말용, 마동에 우정진(후에 청암으로 이주함)·박재화·김창규·백주현 등이 수뇌로 활동했다 한다.

『명치편년사』에는 진주의 동학당 수령을 김상경이라 했으며 『주한일본공사관기록』에는 백도홍이라 했다.

최현식의 『갑오동학혁명사』에서 진주의 김용기·김상정을, 거창의 이익우, 함안의 이재형을 추가했다.

이밖에 진주의 박운기 · 박규일 · 전희순 · 김상규, 사천의 박치모, 고성의 최상관, 곤양의 김학두 · 이광 등이 접주로 활동했다고 하였다.

한편 경상도 북부지역의 동학 조직은 교단의 주요 간부였던 대접주들이 장악한 포로 구성되었다. 가장 활발히 활동했던 포들은 다섯 조직으로서 예천과 문경일대는 관동포(關東包), 상주와 선산 그리고 김산일대는 충경포(忠慶包), 상주와 예천일대를 비롯한 지역은 상공포(尙功包), 선산과 김산일대는 선산포(善山包), 김산과 개령일대는 영동포(永同包)였다. 동학은 인맥으로 연결하는 조직이라서 한 군현에도 몇 개의 포조직 이동시에 일정한 세력을 가지고 활동하였다.[73]

1894년 동학농민혁명의 와중에 경상도지역에서는 급격히 입도하는 숫자가 늘어났다. 따라서 경상도 북부 지방에 잇는 5개의 포 이외에도 여러 명의 대접주가 더 임명되었다. 그러나 해월 최시형의 명령에 따른 총기포령에 의해 동원된 경상도 북부지역의 동학농민혁명은 강력한 일본군과 관군 그리고 민보군의 공격에 와해되면서 당시 많은 자료들이 압수되거나 인멸되었다. 따라서 정확히 증가된 포가 어떤 포였는지, 임명된 접주는 누구인지는 명확히 밝혀지지 않고 있다.[74]

5. 동학농민혁명군의 경상도지역 지도자

전술한 대로 동학농민혁명기간 동안의 경상도지역의 중심 포는 다섯 개였다. 이들은 주로 경상도 북부지방에 집중되어 있었는데 이는 곧 해월의 주 활동 무대와 중첩되는 지역이다. 그러나 경상 남서부지역에는 두 개의 연원조직이 있었다. 하동지역은 김인배[75]연원이고 진주지역은 임규호 연원이었다. 김인배는 금구에서 순천으로 내려와 영호도회소[76]를 설치하였으며 임규호는 보은에서 내려오지 않았고 덕산에다 손은석[77]이 주도하여 충경대도소를 설치하였던 것 같다. 『순무선봉진등록(巡撫先鋒陣謄錄)』에 의하면 "작년 6월 이후 금구의 적괴 김인배의 무리가 각처의 비도 10만의 무리를 모아 이끌고 성중(순천)을 점거한 다음 곧 영호도회소를 설치하고"[78]라 하였다. 김인배 대접주는 순천에 들어올 때 금구에서 인솔하여 온 동학군 외에 광양수접주 유하덕과 같이 인근지역 동학도 수만을 동원하여 동학의 엄청난 위세를 보여주며 들어왔다.

충경포 산하의 진주 대접주는 손은석(손웅구)이였다. 그는 갑오년 4월 초에 백도홍(백낙도) 중심으로 일어난 덕산사태에 참여하였다.[79] 전술한 덕산사태는 해월의 명령에 따라 진행되었다고 하지만 이는 근거가 희박하다. 오히려 충경포의 지시없이 전라도 지역의 기포에 자극되어 자발적으로 일어난 사건으로 보는 것이 무방할 것이다. 기포한 백도홍은 진주의 덕산에 모여 있다가 소식을 듣고 달려온 진주 영장 박희방의 군사에 곧바로 체포되어 처형되었다. 이때 손은석은 재빨리 달아나 구사일생으로 살아났지만 곧 백도홍이 처형되자 대접주 손은석 등이 천여 명의 동학군을 이끌고 진주 성내로 들어가 항의소동을 벌였던 것 같다. 이 소동은 4월 24~25일경에 있었던 것으로 추측되는데 신변의 위험을 느낀 영장 박희방은 잽싸게 도망쳐 버렸다.[80] 손은석의 활동은 이후 2차 기포 때 다시 시작되었는데 김인배 대접주가 하동을 공격하자 그와 함께 하동부를 점령하였고 진주 공격에도 함께 하였다.

이밖에도 하동 대접주 여장협이 있는데 그의 활동에 대한 구체적인 내용은 발견되지 않고 있다. 다만 여장협 역시 김인배의 하동부 점령시에 함께 했을 것이며 이후 두 차례에 걸친 진주 전투에서 일본군에게 패배하고 고승산성 전투에서도 패하고 말았다. 그러나 여장협은 다시 최후의 농민군을 이끌고 하동으로 돌아왔지만 그곳에서 마저 일본군과 관군의 연합부대에 패배하였다. 그러나 경상도 남부지방의 동학군 지도자들은 해안선을 중심으로 침략하는 일본군과 맞서 싸운 성격이 강하다.

이에 비하여 경상도 북부지방의 동학군 지도자들은 해월의 명령에 충실히 따른 특징을 보인다. 전라도 지역의 기포에 고무된 경상도 동학들은 이미 갑오년 7, 8월을 거치면서 준비에 들어갔다가 해월의 총동원령 이후 본격적인 혁명의 대열에 참여했다.[81] 관동포의 대접주는 이원팔(李元八)이었다. 이원팔은 최시형이 강원도의 산골마을에 은신하면서 은밀히 포교를 하던 기간에 입도한 초기교도였다. 강원도일대에서 시작된 이원팔의 조직은 도의 경계를 넘어서서 충청도 북동부와 경상도 북부까지 확대되었다. 관동포가 경상도 북부지역에 조직을 확대한 것은 예천 소야에 근거를 둔 수접주 최맹순(崔孟淳, 1853~1894)의 노력 때문이었다.[82]

최맹순은 강원도 춘천 출생이지만 예천 소야(현 문경시 산북면 소야리)에 정착, 옹기상을 하면서 스무 살 무렵에 이미 동학에 입도했다. 그는 옹기상이라는 신분을 이용해 은밀히 동학을 포교하면서 조직망을 구축했다. 그를 따르는 이가 천여 명에 이르렀다고 하니 엄청난 조직력이었다. 관동수접주로 칭하며 동로면 소야리에 대도소를 두고 그 세력은 충청, 강원도 일부에까지 미칠 정도였다. 그는 각 처에 48개의 접소를 두었다고 하니 접주로 임명한 사람이 48명이라는 의미인데 이럴 경우 예하의 동학교도들의 수를 최소한 '수만'으로 추정할 수 있다. 최맹순을 따르던 동학도들이 그렇게 많았다는 것은 그가 대단한 카리스마와 조직력을 갖춘 인물이었음을 알 수 있다. 공초문에 의하면 1894년에 42세의 나이였던 최맹순이 동학에 들어가서 활약한 기간은 22년이었으며 1894년에 최맹순이 이끌었던 동학교도들은 무려 7만여명'이라고 관아에서 파악하였다.

갑오년 가을 일본군에 패배해 최맹순의 조직이 와해되어 강원도 평창까지 밀려갔고, 11월 민보군과의 싸움에서 크게 패하여 민보군에 의해 11월 21일 아들 최한걸과 함께 처형당한다. 최맹순이 체포되었을 때 부하들은 그를 구출할 계획까지 세웠지만 실행에 옮기지는 못했다고 한다.

최맹순을 도와 실무를 담당한 이가 장복극(1840~1894)이다. 예천의 소야리 출신의 장복극은 최맹순의 이웃에 살았는데 동학에 입교하여 접사가 되어 최맹순과 함께 교세를 크게 확장하였다. 하루에 동학도를 500명씩이나 끌어들였다고 한다. 그는 1894년 농민군에 참가했다가 최맹순 부자와 함께 처형당했다.[83] 최맹순의 사후 그를 따르던 무리는 강원도 원주와 홍천으로까지 피신을 했는데 이는 최맹순의 근거지가 춘천이었던 것과 무관치 않았을 것으로 사료된다.

예천 지역의 동학군 지도자로 뺄 수 없는 인물이 전기항(1827-1900)이다. 예천군 상금곡리 출신으로 그는 사헌부 지평을 지낸 중앙관리로서 농민군에 참여한 보기 드문 사람이다. 천석꾼으로 농민군의 자금과 식량을 담당하는 모량도감이 되었다. 그는 생김새가 돼지 같다 하여 본명인 '기항'보다는 '전도야지' 혹은 '전돼지'로 주로 불렸고, 글 · 돈 · 풍채가 좋다는 소문이 자자했다. 후일 수접주 최맹순이 체포될 때도 전기항 만은 끝내 잡히지 않고 많은 신화를 남겼다.[84] 전기항은 혁명 당시 67세로 직접 전투에 참여치는 않았지만 모량도감의 직책으로 동학군의 후방 지원을 아끼지 않았다고 한다. 그 역시 천석군이었지만 혁명 이후 남은 재산은 하나도 없었다고 한다.[85]

예천지역 농민군을 이야기할 때 잊지 말아야 할 인물이 또 있다. 바로 유천면 고산리 윤치문(1866~1894)이다. 갑오년 이전인 1888년 무과에 급제, 사헌부 감찰을 지낸 윤치문은 1894년 예천농민군에 앞장서 활동하게 된다. 윤치문은 기골이 장대하고 힘이 장사로 초가지붕에 올리는 무거운 이엉을 혼자서 던져 올릴 정도였다고 한다. 예천읍 공격에 앞장섰던 그는 같은 해 8월 민보군과의 굴머리 전투에서 전사한다. 윤치문을 통해 볼 때 경상도 동학에는 양반도 농민군에 가담했다는 사실을 알 수 있다. 당시 교지까지 받은 인물이 참가했다는 사실은 경상도 동학의 특징을 상징적으로 보여준 일이라고 할 수 있다.[86]

충경포의 대접주는 임규호(任奎鎬)였다. 임규호는 본래 청주목의 옥산사람으로 일찍이 동학에 들어가서 보은을 중심으로 활동을 했다. 충경포는 말 그대로 충청도와 경상도에 걸쳐서 포교하여 그 세력이 강대하였다. 충청도의 서부지역과 경상도 서남부의 진주에도 조직이 퍼져 있었다. 그러나 중심은 충청도 남동부인 보은, 영동, 옥천과 경상도 북부지역인 상주와 김산 그리고 선산 등지였다. 경상도 북부지역에서 활동한 충경포의 중심인물에 관해서는 파악 할 수 있는 자료를 찾을 수 없다. 그러나 여러 자료를 통해 검토하면 김산에서는 어모면 진목마을의 편보언(片甫彦)이 중요한 역할을 하는 것을 확인할 수 있다.[87]

편보언은 김산의 동학농민군 접주로 도집강을 차렸다. 편보언은 50여 마지기를 하는 중농의 아들이었다. 그는 어릴 때부터 글을 잘해 집안의 기대가 컸다. 그러다 열병처럼 번지던 동학에 입교, 후일 50여 마지기의 논을 포교에 다 털어 넣을 정도로 열심히 했다고 한다. 그는 1893년 해월이 김산의 편보언의 집에 10여 일을 머물렀을 정도로 해월의 신임이 두터웠던 인물이었다. 그는 1894년 3월부터 활동에 들어가 8월 초 김천장터에 전라도와 같은 형태의 집강소를 차리고 보다 완벽한 조직을 꾸리게 된다. 편보언은 이를 도집강이라 칭하고 입도자를 늘리며 개혁을 추진하는 데 힘썼다. 예하에 접주, 접사 등을 정해서 해월 최시형의 인장을 찍은 임명장을 주고 있었다.

이 시기는 비록 짧은 기간이었지만 농민군의 주체적 역량이 발휘되어 개혁이 수행된 시기였다.

9월 25일 최시형의 기군령(起軍令)을 받은 편보언은 각처 접주들에게 기군령을 알렸다. 이로써 강주연은 족정에서, 배재연은 신하에서, 김정문은 기동에서, 강기선은 하기동에서, 권봉제는 장암에서, 조순재는 봉계에서, 장기원은 공자동에서 농민군을 무장시키고 대기했다. 당시 편보언은 전 재산을 들여서 동학군들에게 흰 옷을 입혀서 대오를 형성했다고 한다. 감천 모래밭에 집결한 농민군은 김산을 장악하기에 이른다. 김산을 장악한 농민군의 다음 공격 목표는 선산 관아와 해병의 일본군 병참부였다. 이들은 상주 · 선산 · 예천 일대의 농민군과 합세하여 선산 관아를 먼저 공격했다. 김천 일대 여러 농민군이 연합하여 편보언과 남연훈이 지휘했다. 9월 22일 김천시장에 집결하여 선산으로 향했다. 여러 장대에 깃발을 달아 앞세운 대열은 장터에서 들판 끝까지 늘어서 볼만했다고 한다. 선산 공격은 기동접주인 김정문이 앞장섰는데 별 저항 없이 손쉽게 점령했다. 그런데 선산에서 해평으로 떠나기도 전 새벽에 일본군이 기습해 왔다. 당황한 농민군은 수백 명의 전사자만 내고 흩어지고 말았다. 김정문 접소에서도 15명이나 죽었다. 상주와 선산읍성이 점령되자 해평과 낙동의 일본군 병참부가 위협 받을 것을 염려한 일본군의 선공이었다.[88]

편보언에 의해 장악된 김산은 잠시 동안이지만 해방구가 되었다. 그러나 곧 이은 관군과 일본군의 공격으로 패퇴를 거듭하고 결국 편보언도 체포되고 말았다. 상주에서 체포된 편보언은 곧바로 맞아서 죽었고 그의 시신은 부하들에 의해서 고향까지 야밤을 이용해 업혀서 돌아올 수 있었다.[89] 한편 김산 지역의 동학군 지도자는 양반 출신 조순재, 접주 남정훈, 접주 편경언 그리고 편상목 등이 있었다고 하지만 자세한 활동 사항에 대해서는 밝혀지지 않고 있다. 다만 편겸언과 편상목의 참여에 대해서는 편보언의 손자인 편사언씨는 부정하고 있다. 동학농민혁명 당시 김산지역에서 참여한 농민군 지도자는 오로지 편보언 한 사람뿐이라는 것이다.[90]

상공포의 대접주는 이관영(李觀永)이었다. 이관영도 교주 최시형의 측근으로 활동했지만 구체적인 활동상을 소개하는 자료는 알려지지 않고 있다. 상공은 상주의 공동면(功東面)과 공서면(功西面)을 중심으로 세력을 펼친 포라는 것을 보여준다. 상공포의 위력은 경상도 북부지역에서 대단하였다. 예천읍내의 민보군이 동학가담자를 징치하자 통문을 보내서 "상공포 소속인줄 모르고 해를 끼쳤느냐"고 엄포를 한번 놓자 즉시 풀어주는 정도였다.[91] 이때 통문을 보낸 접은 상주동접의 접주였다. 그렇지만 상공포의 조직이 그 이외에 어느 군현까지 확대되었는지는 잘 알 수가 없다. 인접 군현인 함창과 의성 등지에도 퍼졌겠지만 기록이 나오지 않는다.[92]

그러나 상주에서 동학농민혁명을 이야기할 때 빠질 수 없는 인물이 모서면 사제 출신의 김현영(金顯榮, 1849~1911) 가이다. 김현영은 김해 김씨 난식의 아들로 상주의 대접주였다. 명문이자 수백 석을 하는 지주집안으로 1880년대에 이미 동학에 들어가 1894년에는 대접주로서 농민군 조직을 이끌게 된다. 공주 우금치전투와 보은 종곡전투에 참여했다. 김현영의 첫째 아우 현동 역시 동학의 접사로 1894년 봉기에 가담, 상주읍성을 점령했다가 일본군에 밀려 농민군이 패산한 후 고향에서 민보군에 잡혀 11월 14일 중모장터에서 처형당한다.

막내 동생 현양 역시 동학으로 오랜 세월 피난지를 전전해야 했고, 현동의 아들 규배도 농민군에 참여, 간부로 활동했다. 그런 이유로 후손들은 피난지를 떠돌며 말 못할 고초를 겪었다. 김현영 부자는 오랫동안 충북 영동 등에서 피난생활을 하지 않으면 안 되었다. 그 많던 재산도 없어져 후대의 가난과 고생은 극심했다. 그러나 현재에 이르러 후손들은 가세를 많이 회복했다. 현영의 증손자 상단은 모서와 화서에서 면장을 역임했고, 1991년 작고한 현양의 손자 종묵도 농민의 지지를 받아 민선 모서면장을 지냈다. 모서면사무소에서 머잖은 곳, 마을 끝 산자락 아래에 김현영이 살던 집이 남아 있다. 그의 집은 이 지역에서 보기 드문 여덟 칸의 큰 건물로 당시 농민군 본부로 사용되었다.[93]

이밖에 문경지역의 채홍우(1857-1894) 역시 동학군의 지도자였다. 문경에서 농사짓던 그는 동학농민혁명 발발 시 석문전투와 소야마을전투 그리고 예천의 한천전투까지 참여한 동학군으로서 힘이 장사였다고 한다. 한천전투에서 사망했는데 시신을 찾을 길이 없자 가족들이 나무에 옷을 입혀서 매장했다고 한다.[94]

6. 맺는 글

경상도는 교조 최제우가 동학을 창도한 지역으로서 초기의 교도들은 1860년대 초 경주를 비롯한 동남부 일대를 중심으로 확대되었다. 그리고 곧 경상도의 여러 군현으로 전파되어 곧 큰 교세를 이루었다. 그러나 수운이 처형된 뒤 경상도 일대의 동학 세력은 위축되었다. 지방 관아에서는 끊임없이 사교로 간주해서 동학을 탄압하였다. 제2세 교주 최시형은 이를 피해서 험준한 산줄기가 이어지는 경상도 북부지방을 중심으로 포덕을 전개하였다. 그러나 이필제와 함께한 영해 교조신원운동이 실패로 돌아가자 매우 큰 시련에 처한다. 즉 그동안 숨죽이며 키워왔던 경상도 동학의 세력이 일거에 소멸되는 위기에 처해진 것이다. 결국 해월은 경상도를 떠나 충청도, 전라도 그리고 강원도의 산골짜기 마을을 다니며 은밀히 포교를 하였다. 그 결과 동학 조직은 여러 도에 걸쳐 다시 확산되었다.

갑오년 당시의 경상도는 충청도와 전라도에 비해서 상대적으로 교세의 규모가 작았다. 이렇게 된 이유는 이필제 사건의 여파도 있었지만 무엇보다도 경상도 일대의 보수적인 양반층의 영향력 때문이었다. 이들 양반들은 자신들의 성리학 이외에는 허용치 않는 강고한 모습을 보여 동학의 전파도 어려웠을 뿐 아니라 혁명 당시에도 강력한 민보군을 형성해 동학을 탄압했다. 그러나 그러한 분위기 속에서도 경상도지역의 1894년 동학농민혁명은 어느 지역 못지않게 치열했고 혁명의 열기는 가열 찼다. 때로는 경상도 포 단독으로 또 때로는 이웃한 전라도와 충청도 지역과 연합해서 혁명을 전개하였다.

북서부는 주로 충청도, 강원도 조직과 연결하여 활동하였고, 남서부는 전라도 조직과 긴밀한 관계를 가졌다. 이러한 연결은 인맥을 통해서 이루어졌다. 도의 경계를 넘는 큰 조직을 관장하던 대접주가 읍내와 관아를 점거하자고 결정하면 조직 내의 모든 인맥이 힘을 모아 같이 활동하였다. 경상도의 남서부 군현은 일본군이 국내로 들어오는 통로였던 동래와 가까운 곳이었다. 이 지역의 동학 세력이 일찍이 약화되자 전라도의 동학농민군이 직접 가세해서 여러 군현을 장악하기도 하였다.

그러나 북부지역은 9월 18일 해월 최시형의 총동원령에 따른 일사불란한 모습을 보여주고 있다. 이들은 훨씬 막강한 전력을 보유하고 일대를 점령하는 등 어느 지역 못지않은 활약상을 보여주고 있다. 특히 이 지역의 특징은 농민군 내에 다수의 양반층[95] 및 지식인들과 지주 및 부농들의 참여였다. 이들은 몰락한 양반뿐 아니라 현직 관리를 역임한 양반까지도 혁명에 참여했다. 이는 경상도지역은 다른 지역과 달리 매우 양심적인 지식인들이 상대적으로 많았기 때문이라고 평가할 수 있다. 이들은 사회현실을 비판하고 일본의 침략에 적극 대응하고자 하는 우국충정의 마음이 매우 강했기에 동학농민군의 구호와 염원에 동참할 수 있었던 것이다.

결국 경상도의 동학농민혁명은 다른 지역보다도 열악하고 나쁜 환경 속에서 시작되었다. 이들은 부족한 조직과 동원력 그리고 상대적으로 막강한 관군과 잘 훈련된 일본군, 더욱이 매우 보수적인 유림들의 방해까지 어느 것 하나도 유리한 것이 없는 상황이었다. 그러나 오늘 우리가 경상도 동학농민혁명을 기리고 선양하는 이유는 그러한 악조건 속에서도 동학이 추구하고자 했던 세상을 향한 외침에 그들은 조금도 망설임 없이 나서주었다는 사실이다. 그들의 중심에는 능동적이면서도 희생적인 동학군의 지도자들이 있었음은 명백하다고 할 수 있다.

경상감사 조병호와 갑오년의 경상도 상황

신영우_ 충북대학교 교수

1. 머리말

1894년 4월 25일 경상감사가 교체되었다. 신임감사는 충청감사를 1년 1개월 동안 지낸 조병호(趙秉鎬, 字 德卿, 1847~1910)였다. 현직 충청감사가 바로 경상감사로 오게 된 것이다. 경상감사는 종2품이 보임하는 관직이지만 조병호는 이를 뛰어넘는 위상을 갖고 있었다. 이미 정2품직인 판서를 역임했을 뿐만 아니라 국왕인 고종의 사돈이었다. 흥선대원군의 사위인 형 조경호(趙慶鎬)가 현직 판서로서 왕실의 대소사에 직접 간여하고 있었던 시기에 조병호가 경상감사로 도정을 책임지게 된 것이다.

경상감사의 직무는 관하 주부군현(州府郡縣)의 수령을 지휘 · 감독하며 행정 · 사법 · 군사를 통할하는 권한을 행사하는 것이었다. 이를 위해 관하 각지를 순찰해서 수령들의 행적과 민간의 실정을 관찰하는 관찰사와 순찰사의 임무를 맡고 있으며, 동시에 대구감영에 설치된 병영인 남영을 지휘하는 군사지휘관을 겸무하였다. 그래서 직함을 쓸 때 경상도 관찰사 겸 도순찰사(觀察使兼都巡察使)와 친군남영외사(親軍南營外使)를 함께 기재하였다.

조병호가 부임한 시기는 전라도와 충청도에서 동학농민군이 봉기한 후 여러 사건이 연이어 일어나던 때였다. 경상감영에서도 그런 사태가 도계를 넘어서 비화될 것을 우려하고 있었다. 이미 여러 군현에서 동학도들을 관아가 통제할 수 없었고, 갈수록 많은 농민들이 동학 조직에 들어가 그 세력이 확대되었다. 또한 동학 조직과 연계되지 않는 농민항쟁도 일어나고 있었다.

신임감사가 당장 해결해야 할 현안이 농민항쟁을 수습하는 일이었다. 조병호는 안동부사로 있을 때 동래와 성주의 안핵사를 맡아 농민항쟁을 조사한 적이 있었다. 그리하여 항쟁의 원인이 무엇인지도 잘 알고 있었다. 먼저 각 군현에서 제기하는 폐단을 조사하고, 이어서 항쟁의 근원을 찾아 제거해야 했다. 실제로 부임 직후부터 관심을 기울인 문제가 각 군현의 폐단을 조사하여 시정 방법을 강구하였다.

다음에는 동학도들이 다수의 위력으로 각 군현의 관아를 압도하여 관치 질서를 무너뜨리는 사태를 막는 일이었다. 여름 이후 경상도의 사정도 충청도와 비슷하였다. 동학 조직이 무장을 하고 군현의 읍내와 관아를 점거할 기세였다. 그런 사태가 벌어지면 직접 남영의 병정들을 보내서 진압해야 했다. 조병호는 강화유수를 지내면서 강화영(江華營, 沁營)을 지휘한 경험이 있었다. 실제로 동학농민군의 2차 봉기에 경상도의 동학 조직이 참여함으로서 가을 이후 최대의 현안이 되었다.

그렇지만 더 시급한 문제는 경상도에 들어온 일본군을 대처해야 하는 일이었다. 경상도는 임진왜란 이후 일본의 재침을 막기 위해 병영과 수영, 그리고 산성을 포진한 곳이었지만 갑오년에 마구 들어오는 일본군을 막을 무력이 없었다. 경복궁을 기습 점령하고 동맹조약을 강제로 체결한 일본이 청과 전쟁을 위해 부산에 제5사단을 상륙시켜서 북상하도록 했다. 경상도 여러 지역에 일본군 병참부와 군용전신소가 설치되었고, 동학 조직이 일본군에게 적대하기 시작하였다. 감사로서 이 문제는 갑작스런 현안이 되었다.

이 논문은 경상감사의 시각에서 갑오년의 경상도 상황을 조감해보려는 목적으로 작성하는 글이다. 경상도는 동학농민군의 1차 봉기지역은 아니지만 갑오년 여름 이후에는 충청도와 전라도에 접경한 많은 군현에서 동학 조직이 무장봉기를 준비해왔다. 이들이 일본군 병참부 주변에서 활동을 전개하자 상주 낙동과 함창 태봉 그리고 문경에 설치된 일본군 병참부 주둔병들이 그 동정을 주시하고 있었다. 경상감사는 경내 여러 군현에서 벌어지던 이 같은 상황을 지방관의 보고를 통해 파악하고 있었다.

갑오년의 경상도 상황은 여러 각도에서 정리할 수 있다. 가장 중요한 문제는 물론 동학농민군의 봉기와 진압과정이다. 경상감사는 그 과정을 보고받고 있었으며, 이를 장계를 통해 정부에 상세히 전하고 있었고, 남영병을 파견해서 무너진 관치질서를 회복에 노력하였다. 그러한 경상감사의 활동을 검토하는 것은 이 시기의 지역 사정을 파악하는 주요한 방법이 된다.

당시의 봉기 상황과 전개과정은 도에 따라 확연히 달랐다. 전라도에서 시작된 봉기는 동학의 조직망에 의해 종래 군현 단위의 농민항쟁이 전국으로 확산되었다. 처음부터 전봉준 김개남 손화중 등이 지도자로 등장해서 '수천' 규모의 강력한 동학농민군을 이끌었다. 이 세력은 영군과 경군을 물리치고 전라도의 수부인 전주를 점령할 정도로 강력하였다. 청국군과 일본군이 국내에 들어오는 위기가 조성되자 동학농민군 지도자 전봉준은 양호초토사 홍계훈은 화약을 맺는다. 또 전라감사 김학진과 관민상화에 의한 민정기관 집강소 설치를 합의하고, 농민군 스스로의 힘으로 폐정개혁을 수행한다.

충청도 보은의 동학 교단은 정부가 주시해왔다. 1차 봉기와 함께 2차 봉기의 진압군에 지역을 의미하는 양호(兩湖)를 명시한 것은 이를 위험시한 때문이었다. 일본군이 경복궁을 기습한 여름 이후 충청도 전역에서는 무장봉기를 준비하게 된다. 1차 봉기에 적극 참여하지 않았던 충청도의 동학 조직은 9월 하순 동학 교단의 기포령에 의해 일제 봉기에 들어간다.

전라도와 충청도 일부 지역을 넘어서는 충청도 전역과 경기도, 그리고 강원도와 황해도의 봉기는 교단의 기포령에 따른 것이었다. 경상도는 기포령 이전에 예천에서 읍내 점거를 시도하지만 본격적인 봉기는 기포령 이후에 전개된다.

갑오년의 경상도 사정을 정리하는 이 글은 사료를 소개하는 형태를 취하려고 한다. 당시 활동하던 여러 인물들이 기록한 사료는 생생한 상황을 보여주기 때문이다. 갑오년의 실상은 이러한 사료를 통해서 쉽게 확인할 수 있다. 또한 갑오년의 상황을 정리하는 시기는 2차 봉기 이전으로 한정하려고 한다.[1]

2. 경상감사 조병호의 부임과 갑오년 봄 경상도의 사정

조병호가 감사로 부임해온 갑오년 4월 하순은 아직 경상도에서 동학도들의 활동이 격화되기 전이었다.[2] 그러나 경상도의 민심도 전라도나 충청도와 다르지 않았다. 경상도에 살던 팔순이 된 한 유생이 그런 사실을 전해준다.[3]

> 이때 토호들과 탐관오리가 제멋대로 평민을 토색하는 일이 날이 갈수록 심해져서 초야의 힘없는 백성들은 살아갈 수가 없었다. 비록 억울한 일이 있더라도 서울의 대궐이 높고 멀어서 하소연할 수가 없었으니 팔도의 백성들이 이로 인하여 독기를 품은 지가 이미 여러 해가 되었다.

경상도 군현에서는 전라도나 충청도와는 다르게 종전과 같은 형태의 농민항쟁이 벌어지고 있었다. 즉, 아직 동학 조직이 나서서 군현 단위에서 벌어진 농민봉기에 간여하지 않았다. 고성부사 오횡묵의 『고성부총쇄록』에 사천의 농민항쟁에 관한 기록이 자세하다.

먼저 갑오년 1월 16일 사천에서 농민항쟁이 벌어졌다.

> 경내에서 민인(民人) 몇백 명이 고을 폐단을 바로 잡는다고 근남면(近南面)에 모여 향민 정극항의 집을 불 지르고, 다음날은 점점 더 모여든 백성들이 읍리와 민가 11호를 불태웠다.[4]

새 사천현감이 부임한 지 열흘도 되지 않은 때에 일어난 항쟁의 원인은 고질이 된 포흠(逋欠)이었다. 경상감영에서 고성부사 오횡묵을 조사관으로 선임해서 수습하도록 했다.[5] 감영의 지침은 '고을의 폐단과 백성들의 피해를 살펴서 교혁'하라는 것이었다. 이에 따라 오횡묵이 조사해서 14개조의 폐단을 보고하였고, 동시에 과거 3년 간 포흠한 전결세가 5만여 량이었고 1893년(계사년)에 다시 4만 량을 포흠한 것을 확인하였다. 그리고 그 책임이 있는 좌수 이병철 · 이방 황종악과 함께 항쟁의 주모자인 최인희 · 진택경 · 하진운 등을 밝혀내서 처벌하도록 하였다.

이보다 6일 전인 1월 10일에 전라도 고부에서 경상도 사천보다 더 격렬하게 농민항쟁이 일어났다. 동학 조직이 가세한 고부의 사태는 정부에서도 수수방관할 수 없었다. 의정부에서는 2월 22일 국왕의 전교를 알리는 공문을 보내왔다. 경상도 고성에는 4월 6일에 전해졌지만, 농민항쟁의 원인과 과정을 국왕이 잘 파악하고 있었다.[6]

> 나라가 있음은 백성이 있기 때문이다. 백성이 아니면 어떻게 나라가 되리

오? 이래서 근본이 튼튼해야 나라가 편안하다는 것이다. 백성이 탐욕한 무리에 시달리며 생업을 잃고 흩어져 떠돌아 편안하게 살 수 없으면, 무리로 모여 소요를 하고 관장을 핍박하는 것이니 대저 백성들이 어찌 법을 범하고 기강을 해치는 것이 무거운 죄인지 모르고 부닥치고 저항하는 것인가?

이와 함께 군현에서 벌어지는 농민항쟁은 각 도의 감사가 미리 살펴서 지방관을 징계하고 권면해서 책임을 져야 한다는 엄한 말을 하고 있다. 수습도 즉시 처리를 하도록 강조하였다.

여러 고을의 정사가 잘되고 못되는 것을 살피는 자리가 감사의 자리이다. 이는 마루 위에서 아래에 있는 사람을 보는 것과 같으니 그들의 곧고 굽음을 숨길 수 없다. 잘못하는 이는 퇴출하고 잘하는 이를 승진시키는 것이 바로 감사의 책임이다. 근래 미리 살펴서 징계하고 권면했다는 말은 듣지 못하고 소요가 일어난 후에도 명백하게 사찰하지 못하고 시일을 끌면서 겨우 문서만 갖추니 이것이 어찌 한 지방을 맡긴 뜻이겠는가?

경상도에서 감사에게 군현의 실정을 살펴서 부패한 관리를 적발해서 퇴출하라고 왕명이 내려온 것은 역설적이었다. 이때 경상감사는 이용직(李容直)이었다. 황현은 『매천야록』에서 이용직에 관해서 다음과 같이 기록하고 있다.[7]

이용직은 100만 냥을 상납하고 경상감사로 임명되었다. 그는 충민공(忠愍公) 이건명(李健命)의 사손으로 영동현에서 살고 있었다. 그는 무력으로 백성들을 괴롭혀 그 피해는 인근 도민에게까지 미쳤다. 그는 호서의 갑부가 된 후

정도에 넘는 사치와 음행을 자행하여 거실은 대궐과 같고 첩은 10여 명이나 되었다. 그의 나이는 70세가 넘었지만 여자를 대하는 데는 기력이 조금도 쇠퇴하지 않았다. 이때 그가 진령군(眞靈君)의 위력으로 이 관직을 제수받자 조야는 모두 놀라고 분개하였다. – 그가 부임한 후 포졸과 나졸들이 사방으로 나가자 부민(富民)들이 그를 보러 들고 나는 것이 마치 전쟁터와 같았다. 그가 부임한지 1년도 안되어 온 도내가 다 탕진되었다.

갑오년 12월 경상도지역의 동학농민군 진압과 농민항쟁 수습을 책임 맡고 순회하던 위무사 이중하(李重夏)가 전임 감사 이용직과 전전 통제사 민형식(閔炯植)의 죄상을 조사해서 보고한 수탈상은 심각하였다.[8]

방금 영남 위무사 이중하의 장본(狀本)을 보니, 관리들의 정사를 잘하고 못한 것을 열거했습니다. 전 경상감사 이용직(李容直)은 순전히 백성을 괴롭히는 것만 일삼아서 그 해독이 만백성에게 미쳤는데 탐오한 돈이 47만 6,356냥 6전 9분이고, 전전 통제사 민형식(閔炯植)은 탐욕스럽고 포악하여 재물을 약탈하는 것이 세 도(道)에 다 미쳤는데 탐오한 돈이 72만 1,277냥입니다.

전라도와 충청도에서 동학농민군이 봉기해서 소란스러운 가운데 경상도에서는 동학 조직이 가세하지 않은 농민항쟁이 연이어 일어났다. 두드러진 사건이 3월 24일에 벌어진 김해의 농민항쟁이었다. 이 사건은 부산에 있는 일본영사관에서 주목하여 정탐해서 보고한 내용이 『주한일본공사관기록』에 실려 있다.[9]

근일 전라도 · 충청도 내에 봉기한 동학당의 상황에 대해서는 양도의 사가 보낸 전문 사본 등이 회부되어 있어 이미 알고 있었습니다. 이 동학당의 일에 관하여 이 지방에서는 아직 상세한 상황을 알 수가 없습니다만, 지난번에 이 도의 김해부에서 일어났던 민란의 개황을 참고로 게재합니다.

김해부 관내 수천 명의 백성은 지난 달 29일 봉기, 부아문(府衙門)을 습격하여 부사 조준구(趙駿九)와 그 가족을 조씨의 고향인 이 도의 상주로 쫓아내고 대소관리를 포박하거나 감금하여 심한 모욕을 주었는데, 그 후 조선 정부에서는 창원부사를 조사관으로 김해부에 파견하고 선후책을 쓰게 하여 지금은 폭동이 진정되었습니다. 이번 김해부 백성들이 폭거에 이르게 된 원인을 들으니, 김해부는 작년에 벼농사가 흉작이라 백성들이 전반적으로 피폐함에도 불구하고 전 부사 민영계(閔泳啓)가 세금을 무겁게 부과하여 크게 민심을 잃은 데다가, 올해 1월경에 후임으로 온 조준구도 요즈음 부내의 몇몇 부농에게 많은 금품납부를 명하였으므로, 김해부의 민심이 일시에 격앙하여 드디어 이 같은 폭동으로 터져 나왔다고 합니다.[10]

『대한계년사』에도 이 사건이 기록되어 있다.[11]

김해에 조사관을 파견하다. 김해부사 조준구(趙駿九)는 탐욕스럽고 포악함이 매우 심했다. 백성이 이에 소란을 일으켜 동헌을 때려부수고 인부를 탈취하고 조준구를 들어다 경계 밖으로 쫓아버렸다. 창원부사 홍남주(洪南周)를 조사관으로 보내어, 샅샅이 조사하여 보고하도록 했다.

『면양행견일기』에는 경상감사 이용직의 문제까지 제기한 통문에 대해 말하고 있다.[12]

영남 김해에서 민요(民擾)가 일어나 관부를 범하고 부사 조준구를 포박하여 그가 민을 해치고 괴롭힌 죄상을 열거하며 난타하고 문초한 후 그의 인부(印符)를 빼앗고 고을 경계 밖으로 축출하였다. 창원부사 홍남주(洪南周)가 내달려가 조사하려 하였다. 또 영남 민들이 통문을 돌려 순사(巡使) 이용직(李容直)의 죄를 열거하고 장차 감영에 모이려 한다고 한다.

『갑오실기』는 이용직을 감사 자리에서 물러나게 한 사실을 기록하였다.[13]

의정부 초기에, '김해부에 민란이 일어나 조사관인 창원 홍남주(洪南周)가 첩정을 올려, 소란을 일으킨 난민들의 죄상을 일일이 밝혀 보고하였습니다. 장두 중에는 스스로 대장이라고 하는 자가 인부를 빼앗고 관장을 쫓아냈으니, 도신(道臣)에게 명하여 민인들을 크게 모이게 하고 서둘러 효경(梟驚)하게 하십시오. 전 김해부사 조준구는 부임한지 3개월만에 받은 뇌물이 4만냥을 넘어 마침내 큰 민란을 불러 일으켰으니, 의금부에 명하여 잡아다 심문하고 정배할 일입니다. 백성을 위하는 것이 나라를 위하는 것인데, 만약 나라를 향한 정성이 있다면 어찌 백성을 학대하는 것이 이 지경에 이르렀단 말입니까? 경상감사 이용직을 지의금부사로 임시 구전하여 단망으로 임명하고, 조준구는 감영에 잡아두고 일차로 엄한 형벌을 가한 뒤 원악도에 정배하소서.'하였다.

정부에서는 감사 이용직의 탐욕에서 빚어진 도민들의 불만을 알게 되자 황급히 내직인 지의금부사로 자리를 옮겨 주었다. 농민 항쟁의 대상인 이용직을 경상도에서 떠나게 했던 것이다. 후임 감사도 미처 선임하지 못해 감사 자리는 궐위 상태가 되었다. 정부는 이러한 사정 때문에 4월 25일 충청감사 조병호(趙秉鎬)를 급히 경상감사로 선임하였다.[14]

『고성총쇄록』를 보면 신임 경상감사 조병호의 부임 소식은 전보를 통해 4월 30일에 전달되었다.[15] 경상도 남단에 위치한 고성까지 전보가 공문 전달의 중요한 방법으로 사용되었다. 그런데 전보는 단순히 공문서 전달 역할만 하고 있지 않았다. 신임감사 부임 소식과 함께 도착한 전보가 전라감영에서 보낸 동학농민군 관련 정보였다.

전라도에서 보내온 전보 내용은 심각하였다. 정부에서 파견한 경군이 동학농민군에게 패배했다는 소식이었다.

> 경군이 패배하고 50리를 달아났는데 초토사 홍계훈이 어느 곳에 유진(留陣)하고 있는지 모른 채 2일 동안 소식을 듣지 못했다. 저들은 더욱 창궐하여 전주감영 30리 거리에 머물러 진을 치고 있다.

이미 전날인 4월 29일에 실린 '고부민란염탐기'(古阜民亂廉探記)는 고부민의 항쟁과 동학농민군의 봉기에 대한 상세한 전말을 담고 있다. 그 내용은 항쟁의 원인을 고부군수 조병갑이 신보를 쌓고 마지기당 5두씩 당년에 세를 받아간 것, 장두가 동학의 도를 통해 무궁한 조화를 부리는 전녹두인 것, 안핵사인 장흥부사가 전라감사와 함께 민란 장두를 옥에 가두어 엄격한 형벌로 주려고 한 것, 몇천 명의 동학 무리들이 부안 김제 옥구 태인 고부 등 일곱 고을에서 무기를 빼앗고 두승산에 주둔한 것, 전라감사가 감영의 무기를 총동원해서 두승산의 공격했으나 패배한 것, 임금님이 홍계훈이 지휘하는 경군을 보내서 전라감영에 이른 것, 경군이 4월 10일 고부로 출병한 것 등이다. 동학농민군 지도자들의 이름이나 청국군도 함께 출병했다는 것과 같은 풍문도 전하면서 전라도에서 벌어지던 동학농민군의 봉기 실상은 초기부터 경상도까지 널리 전해지고 있었다.

4월 중에 경상도 흥양(興陽) 동학도가 전라감영에 보낸 통문이 예천의 양반유생에게 알려졌다. 그 내용에 "오늘날 우리들의 거사는 단연코 다른 뜻이 있는 것이 아니다. 탐욕한 관리에게 스스로 움츠려 들게 할 바를 알게 하는 것이다. 또 국태공(國太公)으로 하여금 감국(監國)케 하여 위로 종묘사직을 보존하고 아래로 일반백성들을 편안하게 함으로써 부자의 천륜과 군신의 대의를 온전히 할 것이다"라는 것이 있었다.

5월 4일에 다시 통영에서 전라감영의 소식을 고성부사 오횡묵에게 보내왔다. 동학농민군이 나주 공형에게 보낸 통문과 전주감영의 대처 내용이 이 소식에 들어 있었다. "금일 의거는 위로는 국가를 보전하고 아래로는 백성을 편안하게 하려는 것"이고 '탐관오리 징치'와 '전운사의 폐단 개혁', 그리고 '대원군의 감국(監國) 요청' 등이 통문의 핵심이었다.

대원군의 섭정을 요구하는 주장은 곧 난신적자(亂臣賊子) 제거를 의미하는 것이었다. 이는 대원군 퇴진 이후 국정을 장악한 왕비와 여흥 민씨를 배격하는 것이 봉기의 주요 목적이라는 사실을 밝힌 것이었다.

전라도에서 벌어진 동학농민군의 활동은 경상도에도 영향을 주었다. 각 군현에서 동학 조직이 세력을 확대하고 있었지만 관아에서는 종전과 같이 사교로 몰아 동학도들을 탄압할 수 없었다. 신임감사 조병호의 부임을 전후해서 진주에서 큰 사건이 일어났다.

지리산 덕산에서 동학도 백도홍(白道弘, 樂道)이 사람들을 모아 세력을 과시해서 마치 전라도와 같이 기포한 것처럼 소식이 퍼져갔던 것이다. 그러자 진주병영의 영장 박희방(朴熙房)이 덕산 일대의 동학 근거지를 기습해서 충경포 소속 백도홍을 붙잡아 처형하고 동학도들을 감옥에 가두었다.[16] 이 사건은 동학도들을 위축시키지 못하였다. 오히려 동학도들을 탄압하면 관아조차 감당할 수 없다는 인식을 전파하는 결과를 가져왔다. 덕산 일대의 동학 조직을 이끌던 대접주 손은석(孫殷錫)이 많은 동학도들을 이끌고 진주 성내에 들어가서 시위를 했던 것이다.[17] 영장 박희방은 이런 기세에 눌려서 외지로 피신하였고, 병사 민준호(閔俊鎬)가 나서서 무마할 수 있었다. 병영이 있던 진주에서도 동학도들의 집단 시위를 제어하지 못했고, 병사조차 정부에서 사교로 간주하던 동학도들을 달래서 해산시켜야만 했다.

조선 내부 사정을 정탐하던 부산의 일본영사관은 갑오년 봄 경상도지역의 동학도들의 동정을 주시하고 있었다.[18] 일본영사관의 정탐 보고에서 '불온한 지역'으로 꼽혔던 곳이 김산 · 지례 · 거창 · 선산 · 상주 · 문경 등지였다. "경상도에서도 충청도 · 전라도와 접경한 각 지방에 동학당류가 많고" 심지어 '동학당의 소굴'이라고 지목하였다.

경상도에서도 전라도의 사정을 그때그때 전해 듣고 있었다. 예천의 유생 박주대(朴周大)가 쓴 『나암수록(羅巖隨錄)』 2월 기록에 '무장동도포고문'(茂長東徒布告文)이 수록하고 있고, 3월 기록에는 호남의 동학농민군이 봉기해서 여러 군현에서 활동하는 사실을 기록하고 있었다.[19]

경상도의 양반유생들은 동학이 성행하는 것을 우려하였다. 김산(金山)의 한 양반은 3월 20일자 일기에서 "동학이 크게 번성하였다. 한양부터 지방 고을까지 그 무리를 불러 모으고 왜적을 배척한다는 명분을 삼아 1만여 명이 한 곳에 모였다고 한다. 이는 재앙의 근원이 아닌가."하고 걱정하고 있다.[20]

3. 갑오년 여름 이후 경상감영의 주요 현안

신임감사 조병호가 부임한 이후 경상감영이 대처해야 할 문제는 여러 가지였다. 첫째는 전임 감사 이용직의 부정을 밝혀내는 일이었고 동시에 관하

여러 군현에서 지방관의 탐학에서 비롯한 문제를 수습하는 것이었다. 둘째는 심각한 가뭄으로 발생하는 피해를 줄이는 일이었다. 셋째는 일본군이 부산에 상륙해서 대구를 거쳐 북상하는 사태에 대처하는 일이었다. 그리고 동학 조직에 농민들이 대거 들어가서 관치질서가 무너지는 것도 막아야 했다. 모두 감영 차원에서만 대처하는 것이 불가능한 문제였다.

1) 탐관오리의 조사와 처벌

갑오년 전국에서 봉기한 동학농민군의 1차 목적은 폐정개혁이었다. 지방 군현의 잘못된 정치는 민씨정권의 무능과 부패에서 확산된 것이지만 농민들이 현실에서 부딪치는 대상은 조세를 수취하는 향리들과 지방관이었다. 전라도와 충청도에서 동학농민군이 봉기해서 관아를 들이치고 경군과 전투를 벌이는 소식이 들려와도 가렴주구에 거침 없는 경상도 지방관의 행태는 변함이 없었다.

더구나 여름에 접어들면 일본군 혼성제9여단이 서울에 들어와서 경복궁을 기습 점령하고 국왕을 인질로 삼는 크나큰 위기가 닥쳤지만 지방관의 수탈과 농민항쟁은 계속되었다. 영해에서 벌어진 농민항쟁은 큰 주목을 받았다. 바로 그러한 상황 속에서 벌어진 첫 사건이었기 때문이다. 그러나 영해뿐 아니었다. 영천과 의흥에서도 농민항쟁이 벌어졌다. 경상감사 조병호는 즉각 정부에 보고하였고, 정부는 위무사로 경상도지역을 순회하던 이중하(李重夏)를 안핵사의 임무까지 주어서 조사하도록 하였다.[21]

농민항쟁의 원인은 이전과 다름없이 고액의 결가(結價)와 향리의 포흠 그리고 지방관의 가렴주구로 드러났다. 그 수습방안은 전과 같았다. 농민항쟁을 선도했던 장두 등 주모자는 엄히 처벌하였고, 지방관과 향리는 엄형을 내리고 포탈한 금액을 회수하는 조치를 시행하였다.

농민항쟁이 일어난 군현이 아니라도 원성의 대상이 된 지방관들도 함께 조사를 하였다.[22] 경상감사 조병호는 인동 전부사 이소영(李紹榮), 대구판관 신학휴(申學休), 영천군수 홍용관(洪用觀), 의홍현감 채경묵(蔡慶默), 합천군수 민치순(閔致純) 등을 조사해서 이들의 범법행위를 장계로 정부에 보고하였다.

위무사 이중하는 농민들의 불만을 산 지방관은 널리 조사하였다. 그 대상에는 순홍부사 이관직(李寬稙), 현풍현감 김화식(金華埴), 언양현감 윤홍식(尹弘植)와 함께 전 감사 이용익과 전전 통제사 민형식(閔炯植), 그리고 전 진주병사 민준호(閔俊鎬)까지 포함되었다.

경상감사 조병호는 안핵사 이중하의 보고가 올라간 뒤에도 탐관오리에 대한 실태조사를 계속하였다. 그 결과 전임관리 21명이 착복한 금액과 공금 유용 실태를 밝혀냈다.[23] 그 액수는 적지 않았다. 착복하거나 유용한 액수는 25만 7천여량과 세미(稅米) 460석, 그리고 면포 19동 34필이 넘었다.

〈조사대상 부정한 관리〉

인동 전부사 李紹榮	안동 전부사 洪鍾榮
인동 전전부사 李敎敏	영덕 전현령 張華植
인동 전전전부사 鄭沃	밀양 전전부사 權仁國
대구 전판관 申學休	김산 전군수 閔配鎬
창락 전찰방 金泰旭	흥해 전전군수 白南周
영천 전군수 洪用觀	함창 전현감 郭致秊
의흥 전현감 蔡慶默	함창 전전현감 金雲培
의흥 전전현감 趙重夏	신녕 전현감 閔泳悳
합천 전군수 閔致純	군위 전전현감 李容久
진해 전현감 鄭逵贊	울포 전전권관 金漢錤
김해 전전부사 閔泳殷	

그러나 이중하가 조사한 전 감사 이용직과 전전 통제사 민형식의 부정은

군현 단위를 넘어서는 상상을 초월하는 규모였다. 보고서에 기록한 표현도 자극적이어서 "전 경상감사 이용직은 순전히 백성을 괴롭히는 것만 일삼아서 그 해독이 만백성에게 미쳤는데 탐오한 돈이 47만 6,356냥 6전 9분이고, 전전 통제사 민형식은 탐욕스럽고 포악하여 재물을 약탈하는 것이 삼도(三道)에 다 미쳤는데 탐오한 돈이 72만 1,277냥"이라고 하였다.

경상감사가 부정한 관리로 적발한 대상에는 당시 국권을 농단하던 척족인 여흥 민씨의 일가가 포함되어 있었다. 이것은 다른 감사는 감히 할 수 없는 특별한 조치였다. 감사 조병호가 국왕과 특별히 가까운 인척인 것을 감안하지 않으면 이해될 수 없는 일이었다.

갑오년 농민항쟁의 원인이 지방관의 탐욕과 부정행위만으로 빚어진 것은 아니었다. 조세를 둘러싼 오랜 폐단들이 시정되지 않으면 해결될 수 없는 문제였다. 전운소(轉運所)의 세곡 운반비와 같은 새로운 폐단도 나타나고 있었다. 경상감사 조병호는 그 해결을 위해 경상도의 구폐책 10가지 조목을 작성해서 정부에 올렸다.[24]

> 첫째, 도내의 환곡 총량 중에서 포흠이 쌓인 11개 고을과 역참의 것은 포흠난 것을 탕감하기로 하고, 통영의 환곡 폐단을 바로잡아 달라는 일입니다. 둘째, 진결(陳結) 1만 1,703결은 영영 소출이 없는 것으로 해 달라는 일입니다. 셋째, 결가(結價)를 돈으로 바치되 태가(駄價)는 되도록 적게 정하고 잡비는 받지 말아 달라는 일입니다. 넷째, 진상 물품과 전문(箋文)을 바칠 때의 정비(情費) 역시 민호에서 거두게 되니, 정비를 금지해 달라는 일입니다. 다섯째, 재해를 입은 50여 개 고을의 공납은 구납이건 신납이건 할 것 없이 내년 가을까지 정퇴해 주고, 호서와 호남의 세미 몇 만 석을 우선 옮겨 달라는 일입니다. 여섯째, 각역에 사복시의 입파(入把)에 보충할 말의 세전(貰錢)은 수량을 줄여 정식

을 삼고, 공조에 납입하는 우비(簑衣)나 언치(偃赤)는 없애 달라는 일입니다. 일곱째, 전운소에서 받는 것을 대전(代錢)으로 거두면 운반비와 여러 가지 폐단이 변통되리라는 일입니다. 여덟째, 바닷가 각읍의 어염세, 선세를 사실대로 조사하여 바로잡아 달라는 일입니다. 아홉째, 남영(南營)의 군사들에게 지불하는 급료의 부족분에 대해 다른 공전으로 획부해 달라는 일입니다. 열째, 도내의 민란은 오로지 규정 외에 배정하여 거두어들이기 때문이니, 이상의 여러 가지 폐단을 차례로 바로잡아 달라는 일입니다.

2) 자연재해 대처

정부에서 경상도의 폐단 시정에 관한 논의를 하면서 빠지지 않았던 말은 흉년에 관한 걱정이었다. 경상도에 한정된 사태가 아니었지만, 연이은 흉년은 매우 심각하였다.[25]

영남 한 도가 거듭 흉년을 만나서 백성들의 목숨이 위기에 처하고 온갖 폐단이 날로 늘어나서 온 도에 소요가 끊이지 않습니다. 구제하고 안착시킬 방책을 충분히 강구하여야 할 때에 도신과 선무사가 연이어 이렇게 요청하니, 마땅히 바로잡아야 할 것입니다.

전해인 1893년의 흉작은 혹독하였다. 갑오년의 기근은 연이은 가뭄 때문에 발생한 것이었다. 특히 1893년과 1894년 두 해에 거듭된 가뭄은 살년(殺年)이라고 말할 정도로 심각하였다.[26] 전라도 구례에서 가뭄 사정을 상세히 전하는 기록이 있다.[27]

6월부터 계속하여 비가 오지 않다가 8월 26일이 되어서야 비로소 비가 내렸는데 도랑이 넘칠 만큼 쏟아졌다. 봄, 여름까지 큰 비는 내리지 않았지만 5~6월 사이에는 거의 매일 조금씩 비가 내렸다. 그러나 가랑비가 오락가락하여 겨우 땅이 촉촉할 정도밖에 되지 않아 모종의 뿌리나 근근이 적실 정도였다. 샘물은 이미 말라버렸고 닷새 정도 비가 내리지 않으면 땅은 거북이 등처럼 갈라졌다. 더욱이 7~8월 두 달간에는 하늘에 구름 한 점 없이 찌는 듯한 가뭄이 계속되어 마치 불타는 것과 같았다. 곡식의 싹들은 모두 말라붙고 마른 바람만 먼지를 날리며 불어왔다.

경상도 각 군현의 관아는 재해를 입은 농가와 기근 호수의 조사가 중요한 일이 되었다. 보릿고개 이후 기민 구제가 관아의 중요 사업이었다.[28] 군현마다 위급한 상황을 극복하는 방법을 강구하였지만 별다른 대책이 없었다. 경내의 부자들을 지정해서 일정한 액수의 곡식을 강제로 거두어 구휼미를 마련하는 수밖에 없었다.[29]

정부에서는 12월에 들어와 흉년 상황에 대처하는 조치를 취하기 시작했다. 경상감영에서 사환곡 1만석을 준비하고 상납전 중 10만냥을 진휼에 보충하도록 하였다. 경상감영에서는 각 군현에 기민을 찾아내서 책자에 기록하여 보고하고 이들을 공평균등하게 구휼하라는 지침이 내렸다.[30]

그러면서 나라에서 정한 세금은 받아들이지 않을 수 없었다. 각 관아에서는 민간에 곡식이 부족한 것을 알면서도 쌀과 콩 등 현물을 수납하기 위해 곤욕을 치러야 했다.[31] 1893년의 각종 세금은 연말부터 1894년 봄에 거둬들여야 했다. 경상감영은 갑오년의 극심한 변란 속에서도 결가(結價) 부과를 하지 않을 수 없었다. 갑오개혁 이후 경상도의 결가는 크게 늘어나서 육운읍(陸運邑), 즉 평야지대의 군현은 30량, 산군(山郡)은 25량으로 책정하였다. 산군은 10여 량을 넘지 않았는데 크게 늘어나자 반발이 심하였다. 결국 감

영에서는 이를 낮춰달라고 탁지아문에 요구하였다.[32]

영남선무사 겸 안핵사 이중하도 농민항쟁을 수습하면서 세금 문제를 거론하였다. 감영에서도 결가가 높으니 새로 정하라는 지시를 내렸다.[33] 그러나 나라 재정이 궁핍해서 대폭 줄일 수는 없었다. 그래서 산군 가운데 형편이 좋지 않은 군현을 선정해서 20량으로 줄여서 받도록 하였다.[34]

1894년의 가뭄은 더욱 혹독하였다. 경상감사 조병호가 11월에 올린 장계는 당시 사정을 상세히 전해준다.[35] 5월 20일 이후 비가 오지 않아서 큰 하천이나 저수지에서 물을 대주지 못한 지역은 모판이 말라버렸다. 7월 초 경상도에 비가 왔지만 17개 군현에만 와서 호미로 개울 부근을 갈아 겨우 묘를 심을 정도였다. 계속 비가 오지 않아 큰 하천도 거의 물이 끊어졌다. 들판이 온통 붉은 색으로 광야가 푸른색이 전혀 없는 참혹한 광경은 눈으로 볼 수 없을 정도였다.

8월 중순 이후에는 11개 군현만 조금 비가 왔을 뿐 뜨거운 햇살에 남아있는 곡식이 없었다. 벼는 말할 것도 없고 콩을 비롯해서 조와 수수까지 말라죽었다. 처음부터 파종하지 않은 것이 도리어 이득이었다고 말하고 있었다.

조선에서 농민 동향을 탐지하던 부산 일본총영사 무로타 요시아야(室田義文)가 이노우에 가오루(井上馨) 공사와 무쓰 무네미쓰(陸奧宗光) 외무대신에게 흉년 상황을 이용해서 일본군 침범에 대한 반감을 줄이자는 제안을 하고 있다.[36] 얼마간의 진휼금이나 곡식이 큰 효과를 가져올 것이라고 할 정도였다.

어느 곳을 막론하고 커다란 피해를 입었지만 정부에는 재해결 인정을 위해 차등을 두어 보고해야 했다. 가뭄이 가장 심각한 군현이 대구를 비롯해서 동남부 연해지역의 37개 군현이었다. 경주 · 진주 · 창원 · 밀양 · 동래 · 김해 · 성주 · 하동 · 고성 · 함안 · 영해 · 남해 · 창녕 · 영일 등 큰 군현이 포함된 까닭에 피해가 더욱 컸다. 경상감영은 상세한 흉작 실태를 보고해서 탁지아문에 각종 면세결로 인정해달라고 요청하였다.

경상감영에서 천반포락(川反浦落)의 재결로 올린 면적은 12,703결이었으나 탁지아문의 검토 결과 3,050결이 줄어들어 8,652결을 인정받고 있다.[37] 군현으로 보면 경주가 가장 많아 331결로 보고되었고, 이어서 안동 193결 · 창원 473결 · 상주 184결 · 진주 166결 · 성주 394결 · 의성 394결 · 대구 340결 · 울산 230결 · 김해 465결 · 밀양 343결 · 동래 134결 · 선산 128결 · 거제 173결 · 고성 152결 · 개령 107결 등이었다.

3) 일본군의 병참 전신기지 설치와 북상

경상감사 조병호가 부임한 지 2개월이 되지 않은 6월 21일 일본군의 경복궁 기습사건이 벌어졌다. 일본군 제5사단 혼성제9여단 병력이 경복궁을 점거하고 국왕을 인질로 삼은 뒤에 내정에 간섭하였다. 6월 23일에는 일본 해군함대가 아산 앞바다에서 청국 북양함대를 공격해서 청일간의 전쟁이 시작되었다. 일본은 조선 정부에 동맹조약을 강요해서 청과의 전쟁에 협력하도록 하였다. 일본군의 침투로에 위치한 경상도는 즉각 그 영향을 받았다.[38] 임진왜란 이후 조선의 관방정책은 일본의 재침에 대비해서 지방 병영을 배치하였다. 침략의 길목으로 예상되는 경상도의 방어는 감사가 최고책임자였다. 하지만 경군을 기습해서 무장해제시킨 신식군대인 일본군을 경상감영이 보유한 군대로 상대할 수 없었다. 더구나 일본군은 경상도의 각 군현 관아를 공격하는 것도 아니었고, 조선을 위한다는 명분을 내걸고 정부의 협조 공문까지 보내게 하면서 들어왔다.

경상감사 조병호는 청국과 일본을 상대로 외교 업무를 수행한 경험이 있었다. 임오군란 당시 일본공사 하나부사 요시토모를 피신시키거나 청국군 지휘관 우창칭(吳長慶)의 영접관을 맡은 적이 있었고, 독판교섭통상사무로서 일본에 망명중인 김옥균의 소환을 요구하기도 하였다. 경상감사로서 일본을 상대하는 것이 낯설지는 않았지만 침략군으로 들어온 일본군을 대처하는 임무는 곤욕스러운 일이었다.

히로시마 대본영은 제5사단 후속부대로 사단본부와 2개 연대 주력을 경상도를 거쳐 북상시키기로 결정하였다. 그에 앞서 공병부대와 전선가설대를 보내 행군로 정비와 전신소 설치를 서둘렀다. 동래와 대구 그리고 문경을 북상하는 교통로는 일본군 행군로가 되었다.[39]

> 일본군 참모본부가 군대를 파견하면서 가장 먼저 추진한 일이 전신망 가설이었다. 이에 따라 2개조의 가설지대가 파견되었다. 선발사단 지휘관인 제5사단장이 책임을 지고 가설지대를 지휘해서 설치하도록 하였다. 대본영에서 직접 보낸 제1지대는 부산에서 시작하여 대구를 거쳐 성주 추풍령 옥천을 지나 청주까지 전신가설을 책임지고, 제5사단에서 편성해서 파견하도록 한 제2지대는 서울에서 시작하여 청주까지 가설을 맡도록 했다.
>
> 제1지대는 긴급성 때문에 대본영에서 직접 요시미 세이(吉見精) 공병소좌를 사령관으로 선발해서 보냈다. 제2지대는 7월 2일 제5사단장이 바바 마사오(馬場正雄) 공병소좌를 임명하였다. 전선가설대의 인원수는 적지 않았다. 제1가설지대는 장교 5명에 하사와 병 142명 그리고 기수(技手) 9명과 공장운반부 160명 등을 합해 345명이나 되었다. 제2가설지대는 장교 4명에 하사와 병 126명 그리고 기수 10명과 인부 150명을 합해 449명이었다.

조선 정부는 일본군의 군용전신 가설 요청을 완강히 거부하였다. 그렇지만 허가를 받지 않고 강제로 가설을 해나갔다. 오토리 게이스케(大鳥圭介) 일본공사가 혼성제9여단장 오시마 요시마사(大鳥義昌)에게 지시한 내용은 수단

방법을 가리지 말라는 것이었다.[40] 심지어 "조선 관민이 폭력으로 방해하면 임기응변으로 처치하라고 하였다. 이런 상황 속에서 경상감사 조병호가 대응할 방도는 없었다.[41]

경복궁 기습점령과 조일동맹 강요 이후에는 공공연히 협조를 요청하였다. 그것도 일본공사의 요구에 따라 정부에서 공문을 보내 협력해주는 것을 공식화하였다. 일본군 제5사단장 노즈 미치츠라(野津道貫) 중장이 대구를 거쳐 올라갈 때 감영을 방문해서 직접 협조를 요청하였다.[42] 이에 따라 경상감사 조병호는 협력할 수밖에 없었다.

선발대로 온 일본군 장교들이 협력 요청을 받아왔기 때문에 노즈 중장의 감영 방문은 커다란 압박이 되었다. 노즈 중장이 구체적으로 요청한 것은 군량과 말먹이 그리고 인부 징집이었다. 이와 함께 조선 화폐 교환도 요구하였다. 대규모 부대의 이동과 군사 작전에 필요한 지원을 감사에게 강요한 것이었다. 당장 군대 이동에 필요한 조선 화폐는 대구 부근의 재산가들이 갖고 있는 돈을 교환하는 방법까지 제시하며 요구하였다.

대구에는 일본군 5사단 병력이 대대와 중대 단위로 연이어 들어오고 있었다. 그 와중에 경상감사 조병호는 일본군의 요구를 진력 협조하겠다고 했지만 즉각 처리할 수 없었다. 그러자 정탐군들이 미리 조사해둔 부호를 지명해서 돈을 바꾸도록 했다. 그 결과 이틀에 걸쳐 3백 관과 2백 관 모두 5백 관을 교환하였고, 나머지는 대구병참부에 전달하도록 하였다.

제5사단장 노즈 중장은 오토리 공사에게 전보를 보내 지방관의 협력을 강요하라고 요구하였다. 조선정부에서 경상도 전 군현에 공문을 보내서 일본군대의 행군 대열이 이르는 곳마다 협조하도록 한 것이다.

이런 사태가 벌어진 이후 일본군 전선가설은 순조롭게 진행되었다. 경상도 내륙 곳곳에서 일본군 공병대와 인부들 수백 명이 병사들의 호위 속에서 전신주를 설치해서 전신선을 연결하는 공사를 벌였다. 요지에 설치한 병참부마다 일본군 병사들이 숙박할 수 있도록 막사도 세웠다. 막사는 작지 않은 규모였다.[43]

> 밀양부터 지나며 40리마다 병참 하나를 설치한 것을 보았다. 길 양쪽에 새로 가설한 집이 4~50칸이나 혹 7~80칸이라 하는데 일병이 유숙하는 곳이었다.

병참부는 부산--삼랑진--물금--밀양--대구--청도--다부원--낙동--해평--태봉--문경--안보 순으로 설치해서 충청도로 올라갔다.[44] 병참부의 지역 근거지는 부산·삼랑진·대구·낙동·문경에 두고 인근 병참부를 관장하였다.

경상감사는 일본군 접대로 곤욕을 치렀다. 고성부사 오횡묵의 『고성총쇄록』에 그와 같은 사실을 소개하였다.

> 일본인 천여 명이 미산(眉山)에 주둔해서 소와 말로 군량과 말먹이 그리고 기계를 운반하는데 그 수가 7~8백 필이라고 합니다. 그로 인해 감영 인심이 소란하고 흩어져 피난하는 사람이 서로 이어집니다. 감사는 매일 소를 잡고 술을 장만해서 위로하고 먹이며 침략의 폐해가 이르지 않도록 하고 있는데 그들이 하는 일은 전선(電線)을 설치하는 일입니다.[45]

'매일 소를 잡고 술을 장만해서 위로하고 먹이며' 접대하고 있었지만 일본군은 경상감사 조병호를 신뢰하지 않았다. 부산 일본총영사관에서 정탐한 바에 의하면 조병호는 완고한 대원군파였다.[46]

감사 조병호는 이와 반대로 완고한 대원군당의 한 사람이고 또 그 근친이라 하며(秉鎬의 妻는 대원군의 딸이라고 합니다) 평소 우리군대에 대하여 극히 냉담하였다는 것입니다.

4) 동학 조직의 확대와 관치질서 붕괴

경상감사 조병호는 부임 초부터 동학을 금지시키려고 시도했으나 실패하였다. 이미 충청감사 재임시부터 동학도들의 집단 시위와 무장봉기를 겪었고 이를 제어하기가 어렵다는 것은 잘 알고 있었다. 부임 초 각 군현에 공문을 보낸 공문에서 다음과 같이 동학 금지의 의지를 밝혔다.[47]

> 동학 두 글자는 비록 사술(邪術)이지만, 이미 '학'(學)이란 한 자를 칭하고 또 '도'(道)란 한 자를 칭하고 있다. 학(學)이라 하고 도(道)라 하는 것이 이런 것을 말하는가? 저들의 학은 본 무리 중 반드시 거치나마 문자를 알고, 조금이나마 사리를 아는 자가 있을 것이다. 지금 이들 무리는 다만 동학의 이름을 빌려 집을 부수고 겁탈하며 재물을 가로채고 사람을 속이는 한 무리의 화적이니, 우리 유학의 도를 해칠 뿐만 아니라, 또한 저들 학의 부끄러움이기도 하다.

이러한 논리는 1893년의 보은집회에 대처했던 정부의 시각과 동일한 것이었다.[48] 동학은 정학인 유교와 비교할 수 없는 사교라는 것이고, 화적과 같은 활동을 하는 것은 용납할 수 없다는 것이다. 갑오년 전국에서 벌어졌던 동학의 세력 확대와 동학농민군의 봉기 그리고 향리와 양반까지 참여한 실상이 봉기의 목적과 함께 상세히 파악되어 있다.

> 읍촌을 가리지 않고 이 무리가 한번 지나가면 도당이 날로 성한다. 거개 자

원하여 입당하는데 재해를 당한 기민들과 비적 무뢰배까지 들어가지 않음이 없다. 이것도 오히려 부족하다고 말할 수 있으니, 심지어 대대로 향리의 역을 맡아온 사람이나, 이름이 있는 거족 집안 또한 그들의 기세가 두렵고 화를 면하기 위하여 종종 저들 무리에 이름을 올린다. --- "너희들은 이미 '백성과 읍치를 돕고 죄를 다스린다'고 주장하였다. 백성을 괴롭히는 폐단 가운데 고칠 것은 지금 조정에서 따로 의안을 내려 확정 보고했으며, 또 감영에서 이제 차례로 조사하여 결가와 호포의 같은 것은 양을 줄여준 다음 임금에게 보고하여 바로잡을 생각이다. 또 수령 중 탐오한 자와 토호 중 무단하는 자는 감영에서 또 철저히 염탐할 것이다. --- 너희들이 만일 여러 원망을 모아 감영에 고할 일이지, 징치할 것이 있다고 해서 어찌 너희들 마음대로 행하고 다스리고자 하는가?

경상도의 동학 조직은 북접 계통에 속한다. 남접과는 직접 연결되지 않았다. 따라서 1차 봉기에 경상도의 동학도들은 가세하지 않았다. 그러나 전라도에서 전해진 동학농민군의 봉기와 전주성 점령 소식은 동학 조직을 고무시켰다. 각 군현 관아의 기찰을 몰래 피해오던 동학도들이 공공연히 활동하면서 수많은 사람들을 동학에 입도시켰다.

동학에 들어간 사람들은 떼를 지어 이전에는 감히 할 수 없었던 여러 활동을 해나갔다. 수탈을 자행하던 관리들을 징치하고 불량 양반에게 보복하는 것과 함께 과거의 원한을 풀려고 했던 것이다. 그러한 사정은 동학 조직이 퍼져나갔던 전국에서 유사하였다. 동학지도자 권병덕(權秉悳)은 이를 다음과 같이 간략히 정리하고 있다.[49]

朝鮮八道에 咸鏡道 以外에 어느 곳 할 것 업시 東學에 世上이 되엿다. 이와

갓치 四方에 벌떼갓치 이러나니 官吏의 惡政과 兩班의 壓迫을 밧든 平民들은 勿論이오 京鄉間에 挾雜輩와 殺人 强盜者까지라도 東學에 投入하야 것침업시 勢力을 불럿스니 그때 現像이야 推側할 수 잇슬 것이다 官吏를 擊懲하는 同時에 兩班을 打倒함에 그 兩班을 打倒하던 現狀이야 참으로 奇怪한 事件까지 잇섯다.

동학의 세상이 되자 관리의 악정과 양반의 압박을 받던 평민들이 관리와 양반들에게 공세를 취하는 사태가 벌어졌다. 여기에 협잡배와 범법자까지 들어와서 가세하였다고 하였다. 더 큰 문제는 여러 군현에서 관아가 기능을 하지 못하게 된 것이다. 겨우 읍내 안에서만 관리들이 머물렀고 면리에는 출입을 하지 못했다.[50]

6월에서 7월 사이에 그 세력이 매우 커져서 마을을 횡행하며 포덕이라고 속여 꾀어내고 협박하니 여기에 가담하는 자들이 날마다 수천을 헤아렸다. 이에 접소(接所)를 분설하여 각 면 방곡에 접소가 없는 곳이 없었으나 서북의 외지가 특히 심하였다. 대접(大接)은 만여 명이나 되었으며, 소접(小接)은 수십, 수백 명이었다. 시정(市井)의 동혼(童昏)·평민·노비·머슴 등의 무리들은 자신들이 득세한 때라고 생각하였다. 그리하여 관장(官長)을 능욕하고, 사대부를 욕보이고, 마을을 겁략하고, 재물을 약탈하고, 무기를 훔치고, 남의 나귀와 말을 몰고 가고, 남의 무덤을 파헤쳤다. 개인적인 원한을 갚기 위하여 묶어놓고 구타하였으며 종종 살인까지 저질렀다. 그러니 인심이 흉흉하여 아침에 저녁 일을 헤아리지 못하였다. 경내의 사대부들 중 혹 먼저 욕을 당하였으나 나중에는 물든 자도 있었다. 그리하여 같이 나쁜 짓을 하는 무리들은 서로 끌어당겨서 무리를 믿고 행패를 부렸다. 수백 명이 사는 촌락이더라도 한두 명

동인(東人)이 나타나면 황급히 달아나 숨어버렸다. 그래서 마을이 텅 비어서 저들이 마음대로 분탕질을 하도록 내버려두었으며 금지할 수가 없었다.

일본군이 경복궁을 기습해서 나라에 위기가 조성되자 동학에 들어가는 사람들은 더욱 많아졌다. 동학도들의 명분은 일본을 물리친다는 척왜(斥倭)였다. 경상도의 동학도들에게는 눈앞에서 횡행하는 일본군이 세력 확장의 명분을 주었다.

이런 분위기 속에서 농민들은 관아보다 동학 조직을 의지하게 되었다. 관아에 호소하는 것이 아니라 소송까지 동학 조직에 가서 할 정도였다.[51]

사송은 모두 소야의 접소로 몰렸으며 관부는 적막하였다. 또 동도 검찰관(檢察官) 장극원(張克元)이란 자가 있었는데 그는 각 읍을 돌아다니며 포악한 자들을 금지한다고 떠들면서 도리어 탐욕스런 행동을 자행하였는데 그 행장과 수행원의 규모가 도백(道伯), 관찰사에 비견되었다. 그가 이르는 곳에서는 그 위세가 호랑이와 같았으며 송사를 처결해 달라고 온 자들이 시장처럼 몰려들었다.

여러 군현에서 동학 조직이 농민들을 실제로 지배하는 현상이 나타났고, 검찰관이라고 부르는 인물이 수행원들과 함께 순회하였다. 관아에서는 이를 막을 힘이 없었다. 각 군현에서 빈발하는 동학과 관련한 사건에 대해 감영에서도 제어하지 못하였다. 갖가지 보고가 군현에서 올라오면 그 처리에 대해 의견을 말할 뿐이었다.

10월 초에 경상감사 조병호는 경상도의 상황을 언급하면서 60여 곳에서 민요가 있다고 하였다.[52]

근래 서울소식을 들었더니 시국이 일변하고 상황이 흉흉해서 차라리 말하고 싶지 않습니다. 또한 이 도내에도 민요가 있는 고을이 거의 60여 곳이나 됩니다. ― 그 밖의 다른 고을은 모두가 어긋나고 무너져서 보고를 받으면 답답하고 고민이 됩니다. 거듭 동도가 사방에서 일어나 없는 곳이 없으며 그중 용궁 · 예천 · 상주 · 선산 · 김산 · 성주 등의 고을이 더욱 심합니다.

경상도 71개 군현 중에 60여 군현에서 민요가 일어났다면 관치질서가 거의 무너진 사실을 보여준다. 동학 조직 활동해서 기포한 지역과 지방관의 학정에 저항한 농민항쟁이 벌어진 지역을 합하면 거의 모든 군현이 격동했던 것이다.

4. 경상도 북서부 군현의 동학농민군과 진압 상황

1) 경상감영의 친군남영

갑오년에 경상감영은 신식무기로 무장한 군사력을 보유하고 있었다. 동학농민군이 관아를 점거한 군현이 있을 때 감영의 군대를 보내면 수가 많은 동학농민군도 막아내기가 쉽지 않은 무기도 갖췄다.

경상감영에 종전의 화승총이나 천보총 또는 활이나 칼로 무장했던 병대와 다른 신식무기를 갖춘 군대를 배치한 것은 임오군란 이후 추진된 일련의 군영 개혁에 따른 것이었다. 1884년에 신건친군영(新建親軍營)을 만들어 경군을 청국식으로 재편했을 때 지방군도 친군영체제에 따라 개편하였다. 신설 내무부가 '국가의 기무를 총찰'하면서 제도개혁을 추진했을 때 핵심 사업이 군사력 강화였다.[53] 이때 내무독판에 김기석과 신정희, 그리고 협판에 이교헌 · 이규석 · 임상준 · 정낙용 · 신환 · 이종건 · 한규설 · 이경우 등 무관들

이 개편에 참여하였다.[54]

지방군은 첫 번째로 1885년 평양에 친군서영(親軍西營)을 설치하였다.[55] 경군의 규례와 같이 하되 평양감사가 관할하도록 하였다. 지휘관과 장교들은 '정영관(正領官) 1원, 부영관 2원, 천총(千摠) 2원, 파총(把摠) 4원, 초관(哨官) 11인'을 임명하였다.

다음에는 2년 뒤인 1887년 경상감사 이호준(李鎬俊)이 병정을 모집한 다음 장계를 올려 영호(營號)를 청하자 내무부에서 병방(兵房) 1원, 영관 1원, 초관 6인을 임명하고 친군남영(親軍南營)으로 정하자는 안을 국왕에게 올린다.[56] 선례는 평양감영의 친군서영이었다. 이에 따라 남영이 설치되었고, 경상감사는 경상도관찰사 겸 친군남영외사(慶尙道觀察使兼親軍南營外使)라는 직함을 갖게 되었다.[57]

친군남영의 병정들에게는 외국에서 신식무기를 구입해서 지급하였다. 무기 구입 자료를 보면 1886년 8월에 사들인 양총(洋銃) 140정과 탄환 14,000개는 친군서영이나 경군에게 지급한 것 같고,[58] 1888년에 사들인 전문총(前門槍) 600정은, 부산해관 세무사에 보낸 다음 공문을 보면, 친군남영에 지급할 것이었다.[59]

이런 무기는 부산의 일본총영사관에서 상세히 파악하고 있었다.[60] 정부에서 사들이는 무기는 주로 세창양행(世昌洋行)을 통해 서구에서 수입하였다. 그렇지만 친군남영의 신식무기 600정은 부산의 일본 상인을 통해 일본 도쿄의 오쿠라구미(大倉組)에서 사왔다. 오쿠라구미는 현 일본 오쿠라재벌의 설립자인 오쿠라 기하치로(大倉喜八郎)이 세운 무역회사였다.[61] 친군남영은 신식무기로 조련을 잘했던 까닭에 1888년에는 병방 권용철(權用哲)과 영관 등 여러 장교들이 특진하는 등 상을 받기도 하였다.[62]

친군남영의 병력 규모는 잘 알 수 없다. 친군무남영의 병력이 400명인 것을 보면[63] 그 전후로 예상된다. 8월 말부터 12월 하순까지 친군남영병이 전라도와 충청도 접경 군현에 9차에 걸쳐 파견되는 것을 분석하면 그 규모를 알 수 있다. 병방과 영관 그리고 초관이 각기 다른 지역으로 파견되었는데 동시에 가장 많이 출병한 병력이 220명이었다. 대구의 감영과 부내를 방어하는 병력을 배치하고 있었다고 하면 전라도와 같이 400명 병력이 있었을 것으로 생각된다.

또한 친군남영병과 같은 시기에 토포사 지석영(池錫永)이 병력을 이끌고 남부 연해 군현을 순회하였다. 지석영은 토포사로서 진주병영 소속 병정 208명을 이끌고 출전을 했는데 통영에 가서 출진이 가능했던 통영병 100명과 동행하였다. 이런 동원 규모가 경상감영과 진주병영 그리고 수군통제영의 병력이었다.

이와 함께 경상감영이 통제할 수 있는 군대가 각 군현과 진영의 별포군이었다. 1892년 경상도 암행어사 김사철(金思轍)의 별단에 그 실정이 나타난다.[64]

> 각 읍과 진영(鎭營)의 별포군(別砲軍)과 경상감영에 새로 설치한 군사를 진실로 평소에 양성한다면 외적 방어에 충분할 것입니다. 그러나 근래에 수령들이 대부분 살피지 않고 심지어 본래의 정원수를 줄여서 급료로 줄 돈을 유용하는 폐단이 있기까지 합니다. 도신(道臣)과 수신(帥臣)에게 행회(行會)하여 열읍과 진영을 단속하게 하고 각별히 규찰하여 정원수가 모자라는 일이 없게 해야 할 것입니다.

각 군현의 별포군과 대구 · 상주 · 진주에 설치된 진영의 별포군만 양성한다면 외적 방어에 충분하지만 폐단 때문에 문제라는 것이다. 더구나 "근래에 고을의 수령과 진영의 장수들이 편안히 지내는 버릇이 되어 군사를 훈련시킬 방도를 알지 못하니, 참으로 한심하다"고 하였다. 화적 방비가 주요 임무인 진영이 역할을 못하는 실정은 일찍이 우려되던 문제였다.[65]

갑오년 봄부터 경상감영은 동학도들의 활동을 제어하기 위해 친군남영병의 훈련을 강화하였다.[66]

> 현재 대구도 경계를 매우 엄하게 하여 남자의 야간통행을 금하고 감영 소속 병사는 매일 조련을 한다. 4, 5년 전 이 항구에 있는 일본 상인의 손을 거쳐 東京大倉組에서 구입한 600정의 소총으로 30間 정도의 거리에 사방 1間 정도의 표적을 세우고, 첫날 여기에 명중시킨 병사 1명을 즉시 등용하여 선달 벼슬을 주어 다른 병사를 크게 고무시켰다고 한다. 이 소총 중에 총의 점화구가 녹슬어 발화되지 않는 것은 화승총으로 개조한 것도 적지 않다고 한다.

동학도들이 대구까지 들어오는 것을 막기 위해 야간통행을 금지하고 신식무기를 사격하는 훈련을 하고 있다고 하였다. 그런데 비싼 값을 주고 사온 신식 소총은 제대로 관리가 되지 않았다. 점화구가 녹이 슬어 발사되지 않는 총을 적지 않게 화승총으로 개조했다고 하였다.

2) 동학 조직의 봉기 준비와 일본군 군용전선 단절

일본군 혼성제9여단 병력이 경복궁을 기습한 사실은 즉각 경상도 전역에 알려졌다. 내용도 구체적으로 전달이 되었다.[67]

> 오늘 새벽 일본 장수가, 청나라 장수가 떠나가는 것을 보고, 병사 4천 8백명을 거느리고 각기 총검을 소지하고 에워싸서 광화문 밖에 이르러 일제히

소리를 지르며 일시에 총을 쏘니 천지가 진동하고 광화문의 문추리가 깨지자 곧장 대전으로 들어가 삼중사중으로 포위하였다. 대궐 안의 조정 신료들와 군사들이 바람과 우박처럼 흩어져 한 사람도 시위하는 자가 없었다. 상감(上監)의 삼대만이 나뉘어 포위 속에 있었다. 일본군이 대궐 안에 땔나무를 쌓고 그 가운데에 기름을 붓고 또 대오를 나누어 사대문을 지키고 또 각 아문과 종로거리를 포진하고 또 도성 밖의 높은 봉우리에 진을 치니, 한양의 인민들이 혼백이 달아날 지경이고 어찌 할 바를 모르고 통곡하며 동분서주하였다.

이미 7월 2일 일본군이 경상도에 들어온 것이 널리 전해졌다.[68] 경상감사 조병호에게는 동래부사 민영돈(閔泳敦)이 보낸 긴급보고들이 들어왔다.[69]

일본군들이 동래에서 수륙 양쪽으로 진격하여 인천 · 칠곡 · 상주 · 선산 · 대구 · 문경 등지에 가득 찼다. 좋은 곳을 엿보아 막사를 짓고, 달성과 낙동 같은 곳에 그대로 머물렀다. 해평(海平) 진사 최극삼(崔極三)의 집도 일본군이 빼앗아 거주하였다.

이런 보고를 받으면 즉각 대처해야 할 경상감사는 속수무책일 수밖에 없었다. 이에 적극 대응한 세력이 동학 조직이었다. 일본군을 직접 눈으로 보게 된 경상도의 동학도들은 의병을 계획하였다. 이 같은 움직임은 충청도 보은과 공주 등 여러 지역에서 동시에 일어나고 있었다. 아직 동학 교단에서 기포를 결정하지 않았지만 적극적인 대접주 조직에서 시작한 것이었다.

경상도에서 동학 조직이 무장 봉기를 준비하는 상황은 지역에 따라 다른 모습을 보이고 있다. 우선 상주 · 선산 · 김산 · 문경 · 예천 일대는 인접한 보은의 동학 교단과 밀접한 관계를 가지고 활동하는 것이 드러난다. 동학도들은 무장을 하고 각지를 다니면서 돈과 곡식을 거둬들였다. 명분은 일본과 전쟁을 해서 축출하겠다는 것이었다.

> 접주는 날마다 포덕을 일삼았는데, 각기 포솔(包率)이 있었다. 충청포(忠淸包)에 들어간 자는 충청포라고 칭하고, 상공포(尙公包)에 들어간 자는 상공포라고 칭하고, 선산포(善山包)에 들어간 자는 선산포라고 칭하고, 영동포(永同包)에 들어간 자는 영동포라고 칭하였다. 접주의 경우 안장을 갖춘 좋은 말을 타고 큰 깃발을 세우고 포명을 적었다. 포졸의 경우 모두 총과 창을 지니고 뒤를 따라 다녔다. 나가건 들어오건 간에 총을 마구 쏘았다. 만약 저녁에 들어올 경우에는 큰 소리로 성찰을 불러 마을마다 횃불을 들게 하니, 그 불빛이 하늘과 이어져, 기염이 사람으로 하여금 머리카락이 쭈뼛 설 지경이었다.

각 군현의 관아는 이런 분위기 속에서 속수무책이었다. 동학도들의 수는 갈수록 늘어나서 소수의 향리들이 제어할 수 없었다. 동학도들이 커다란 깃발을 날리며 말을 타고 마을을 출입하면서 총을 쏘는 것은 곧 무장봉기에 들어간다는 표시였다.

경상도 북서부 군현의 동학도들은 공세 대상이 명확했다. 선산 해평과 상주 낙동, 그리고 함창 태봉과 문경의 일본군 병참부와 군용전신소를 공격하는 것이었다. 이 병참노선에는 북상하는 일본군이 끊임없이 행군하고 있었다. 가장 쉬운 공격 방법은 군용전신선을 단절시키는 것이었다. 동학도들은 이제 군사조직을 갖추고 일본군 군용전신을 단절시키는 활동에 들어갔다.[70]

서울과 도쿄 · 히로시마 간 전신 두절은 전쟁 중인 일본군은 물론 일본 정부에서 가장 꺼려하는 문제였다. 일본 정부와 히로시마 대본영에서 조선 정부를 압박하거나 군사문제를 협의하는 통로가 끊어지기 때문이었다. 무츠 무네미츠 일본 외무대신이 오토리 공사에게 보낸 훈령을 보면 그 중요성을 알 수 있다.[71]

> 차후 형편 여하에 따라서는 서울과 日本 사이의 전신왕복의 길이 끊기는 일이 있을지도 모릅니다. 그럴 때에는 각하나 그곳에 출장중인 육군 총지휘관에게도 일일이 請訓할 형편이 되기 어려울 것입니다. 따라서 그와 같은 형세에 이르게 되면, 각하 스스로 모든 문제를 임의로 처리하셔야 할 사건이 많아질 것입니다. 특히 大島 육군소장과의 교섭 협의하는 일은 쌍방의 의견이 협동하시도록 주의하시고 만약 또 쌍방간에 의견이 일치하지 않는 경우가 있으시면 미리 파견된 福島 中佐 등으로 하여금 양측 사이에서 주선토록 하시기 바랍니다. 이 일은 참모본부 쪽에서도 출장중인 총지휘관에게 內訓하기로 되어 있는 만큼, 이점 양해하시고 만사를 그렇게 처리하시기 바랍니다. 또한 전술한 바와 같이 드디어 사건이 벌어졌을 경우에 이르러 그곳과 이쪽간의 전신이 불통되면 무슨 일이고 불편하게 될 것이므로 오늘 아침 전신으로 말씀드린 경부선 수리복구의 건은 충분히 진력하시기를 바랍니다.

8월 하순 부산의 일본 총영사가 일본공사에게 보낸 기밀전문에 동학농민군의 공격으로 군용전신이 단절된 구체적인 내용이 나온다.[72]

> 京釜 間 군용전선은 개통된지 겨우 1개월 반 밖에 안 되었어도 불통이 되는 일이 빈번하여 실로 다음과 같습니다.
>
> 8월 23일 長川 以西
>
> 同 25일 大邱 以西

同 29일 鳳凰台・陳安 間

9월 1일 大邸 以北

同 2일 同上

同 16일 洛東 以東

同 21일 洛東 以北

同 22일 洛東・長川 間

同 24일 洛東・長川 間

9회나 되는데, 그 중 한두 개는 자연재해에 의한 것이라 할지라도, 그 외는 모두 전선 또는 전주를 절단한 것으로 이들 불법의 무리는 대부분 조선인일 것입니다. 그 중에는 내지에 잠복하고 있는 청국 패잔병의 행위에서 나온 혐의도 적지 않습니다. 또 동학도도 각지에서 불온한 거동을 하여 이미 어제 문경병참부가 當港 병참감에게 도달한 정보에는 '동학도 1명을 잡았는바 자백은 안했지만 그 휴대품 중에, 조만간 청군 7,000명이 인접지역에 올 것이니 양식준비를 하여 놓으라는 예고 같은 서면이 있다.'고 하였습니다. 생각하건대 전선 절단도 주로 동학도 및 청국 패잔병의 행위일 것입니다.

상주 낙동과 선산 해평 주변이 가장 자주 전신선이 단절된 곳이었다. 전신선 단절의 원인을 동학도와 청국군의 활동으로 보고 있으나 청국군에 관한 근거는 나오지 않는다. 일본군이 대책으로 제시한 방안이 "낙동・문경・가흥 3개소에 수명의 순포(巡捕)・순사를 조선 관리에 붙여서 파견하여 우리 병참사령관과 협의하여 우리 군용전신을 보호하는 한편 동학도 등의 폭발을 예방"하는 것이었다. 이처럼 일본군이 군용전신선 보호를 둘러싸고 긴장하는 가운데 동학농민군이 관아와 양반・향리들과 충돌하는 사건이 벌어졌다.

3) 경상도 북부의 동학농민군과 일본군 · 민보군 · 친군남영병의 진압

동학농민군이 경상도 북서부 군현에서 봉기를 준비하는 과정은 교주 최시형이 기포령을 내린 9월 하순 이전과 이후가 구분된다. 이전은 동학의 말단 접에서 독자적으로 봉기를 준비하던 시기였고, 이후는 기포령에 따라 보은과 영동에 집결한 대규모 북접농민군이 경상도까지 몰려와서 군수미와 군수전을 거두던 시기였다.

경상도 북서부의 동학 조직은 기포령 이전에 무장봉기를 준비하는 과정에서 양반지주와 향리들의 반격을 받게 된다. 반일 봉기의 명분을 앞세웠지만 당장 돈과 곡식을 빼앗기거나 상민들이 보복하는 행위에 분노했던 것이다. 또 노비들이 스스로 해방하고 나가는 것도 참기 어려웠다.[73]

> 어느 곳을 따질 것 없이 사가(私家)의 노예들이 대부분 동학도에 들어가 그 상전인 자들이 값을 받지도 않고 속량하였다. 그렇지 않은 경우에는 망칙한 피해를 당하였기 때문에 우리 세 집안의 노비 역시 시세에 따라 방출하여 수하에 한 명도 없어서 근심스럽고 답답하였다.
>
> 사가(私家)의 노예들이 상전을 구타하고, 하인이나 하천민이 사대부를 매질하며, 작은 원한이라도 반드시 되갚고 예전의 은혜를 아랑곳하지 않았다. 사람들 중에 받아내기 어려운 빚이 있으면 반드시 받아내서 나누어 먹고, 파내기 어려운 무덤이 있으면 반드시 파내어 위세를 보였다.

8월에는 동학 조직에 농민들이 대거 들어가서 세력이 크게 확대되었다. 많은 마을에 접조직이 설치되고 접주가 나서서 포교를 확대하였다. 지례에서는 경내의 사정을 잘 모르는 신임 현감이 동학도를 체포해서 감옥에 가두었다가 보복을 당하는 사건이 벌어졌다.[74] 이런 사정은 지례만이 아니었다.

성주의 유생이 남긴 기록은 경상도의 여러 군현의 실상을 보여준다.[75]

> 이른바 동학 무리가 곳곳에서 들고 일어나니 이런 난리가 없다. 가까운 읍으로 말하자면, 김산 · 개령 · 선산 · 인동 · 지례 등의 읍이 소요의 피해를 입지 않은 곳이 없었다. 8월 23일 성주 경내에 들어와 여기저기 옮겨 다니면서 침학하였고, 27일에는 읍에 들어와 소요를 일으켰다.

그러나 경상도에서는 처음으로 예천의 향리들이 동학도들의 활동을 막기 위해 민보군 조직을 결성하였다.[76] 7월 26일 예천 읍내와 읍근 동리의 향리와 유생 70여 명이 객관에 모여 만든 집강소는 관아의 무기를 지급받아 부병을 무장시켰다. 그리고 양반지주와 부농, 그리고 향리들에게 돈과 곡식을 탈취하거나 과거의 원한에 대해 보복활동을 하는 동학도들을 체포해서 처벌하였다.

8월 10일 집강소의 민보군이 돈과 곡식을 빼앗으며 다니던 동학도 11명을 체포해서 한천 모래사장에 생매장해서 죽인 후에 동학도들과 대치하는 형국이 벌어졌다. 동학도들은 읍내로 들어가는 사방의 길을 막아 한 달 가까이 읍내로 양곡과 땔감이 들어가는 것을 막자 관아에서도 10여 일을 흰죽만 먹는 지경까지 왔다. 경상감영을 비롯한 인근 안동에 구원병 파견을 호소했으나 도움이 없었다.

사실상 이때 경상도 북부에 도회를 열었던 동학도들의 목표는 일본군 병참부와 군용전신소 공격이었다. 상주 산양에 경상도 상주 · 함창 · 용궁과 충청도 충주 동학도 '수천명'이 취회해서 함창과 문경의 일본군 병참부에 위협을 가하고 있었다. 예천 화지에 집결한 동학도들도 읍내 민보군에게 11명 생매장에 대한 책임도 물었지만 반왜(反倭)가 목표라는 것을 밝혔다.[77]

조선 사람이 조선 사람을 해치는 것은 같은 땅에 사는 사람들의 상정이 아닙니다. 500년 동안 왕정(王政)에 왜인(倭人)이 득세하여 억조창생이 덕화(德化)를 입지 못하고 있습니다. 천리의 나라가 어떤 지경에 이르렀습니까? 도탄에 빠진 백성들이 어떻게 편안하게 살 수 있겠습니까? 지금 도중(道中)의 본뜻은 왜를 물리치는 것입니다. 예천의 일은 읍인들이 도인들의 집회를 의심하고 도인들은 읍인들의 군대 편성을 의심한 데서 비롯되었습니다.

그러나 외부 통로가 차단된 민보군은 이를 믿지 않았다. 읍내의 위기를 벗어나는 방법은 일전을 치러 승패를 결정하는 것뿐이라고 판단하였다. 그래서 동학도들이 집결한 화지에 선제 공세를 취하자 화지 도회에서 관동대접(關東大接)과 상북(商北)·용궁·충경(忠慶)·예천·안동·풍기·영천·상주·함창·문경·단양·청풍 등 13명의 접주가 회합을 하고, 마침내 읍내 공격을 결정하였다.

8월 27일 화지와 금당실에서 동학농민군 4~5천 명이 읍내를 공격했으나 실패하였다. 오랜 봉쇄로 적개심을 갖게 된 1천 5백여 명의 민보군이 결속해서 완강히 방어를 했기 때문이었다.[78]

예천전투는 매우 큰 사건이었다. 전라도나 충청도에서 재봉기가 결정된 시기는 9월 하순이었다. 한 달 정도나 이전에 대규모 집결과 대치 그리고 충돌과 전투가 벌어졌다. 정부에 보고된 수를 보면 2차에 걸쳐 쌍방 5천 5백 명에서 6천 5백 명이 일대 공방전을 벌인 것이었다. 이 전투에서 외부의 지원을 받지 않은 민보군이 승리하였다.

이 전투 직전인 8월 25일에 또 다른 커다란 사건이 벌어졌다. 일본군 태봉병참부의 부관인 다케노우치 모리마사(竹內盛雅) 대위가 동학도들의 집결지에서 정탐을 하던 중 발각되어 죽은 것이다. 산양은 문경에서 예천 방향으로 가면 용궁현 전에 나오는 상주목 경내였다.

여기에 집결한 수천의 동학도가 예천 읍내 공격을 위해 먼저 용궁 관아의 무기를 탈취하였다. 그러한 정보를 알게 된 태봉병참부가 정탐병을 보냈다가 다케노우치 대위가 죽은 것인데 이 보고는 병참망과 군용전신망을 관할하던 일본군이 처음 맞은 큰 사건이었다.[79]

東學黨 3,000명 정도가 安東에 모여 台封에 있는 우리 兵站部를 습격하려 한다고 하여 정찰을 위해 同部로부터 출장시킨 副官은 그들에게 살해당한 것 같다. 그래서 當港 監理를 거쳐서 慶尙道 감사에게 이 鎭撫를 요청하였지만, 특별히 京城의 당국에서 직접 감사에게 엄명을 내려 朝鮮 군대를 파견하여 빨리 진압하고 그 괴수를 체포하도록 조치하기 바란다. 그렇지 않는다면 각지 병참부의 우리 군대를 모아 이들을 격파시키게 될지도 모름."

"聞慶에서 50리 내지 240~250리 떨어진 菖平 · 赤城 · 淸風 · 龍宮 · 醴泉 및 草谷 등에 많은 동학당이 모이고 報恩은 그 소굴이다. 이곳의 지방관은 날마다 凶徒를 포박하여 鎭撫에 힘을 쓰고 있지만 그 효과를 보지 못하고 있다. 흉도가 우리 兵站部를 습격하려는 태도가 보인다(聞慶 병참사령관의 보고) — 이처럼 불온한 정세가 점차 높아져 지방관은 진압할 실력이 없습니다. 그러므로 별 수 없이 當港 兵站監은 문경 · 태봉 등의 병참부에 진격 명령을 전하고 이곳에서도 1개 소대를 파견하였습니다. 이 병참부가 최후의 수단을 취하게 된 것은 실로 하루도 미루기 힘든 위급한 형편으로 생각되므로, 귀관께서 이 뜻을 승인하셔서 조선 정부에 사정을 설명해 주시기 바랍니다. 또한 조선 정부도 이번에 慶尙監司에게 전보로 명령하여 그 병사를 파견해서 우리 군대와 협동으로 폭도의 진압에 힘을 쓰도록, 또 한편으로는 당초부터 우리의 출병 이유를 보다 더 지방인민에게 양해시킬 수 있도록 적당한 수단을 취하시기 바랍니다.

다케노우치 모리마사 대위 사건은 널리 알려져서 일본 충혼 관련 기록에 올라가는데[80] 이 사건 때문에 갑오년 처음 동학농민군이 일본군과 전투를 벌이게 된다. 충주에 있던 공병 소대가 파견되어 석문(石門)전투[81]가 벌어졌고, 일본신문에 보도되어 널리 알려졌다.[82]

> 양력 9월 29일 聞慶에 주둔한 우리 兵站司令官의 첩보에는 대략 工兵少尉 後藤이 공병 25명과 본국의 役夫 12명을 인솔하고 龍宮에서 聞慶으로 전진하여 9월 28일 상오 9시에 聞慶 동쪽 50리 지점인 石門 지방에 도착하였을 때, 우연히 東匪를 만났고, 그들의 수는 약 600명으로 좁은 요충지를 점거하여 엄한 수비를 하고 있었기 때문에 진격을 하려 해도 쉽지 않아 척후병을 파견, 좌우를 탐지한 다음, 중앙의 깊숙한 길로 진격해 들어갔다. 그들은 창을 던지며 강력히 항쟁하였으나 우리의 저항에 견디지 못하여 병기를 버리고 모두 도주하였다. 그들이 도주한 방향은 한결같지 않아 사라지는 곳을 잘 알 수는 없으나 아마 醴泉·蘇野 등지로 도주했으리라고 생각된다. 그러나 우리 병사는 단 한명도 사상자가 없었고, 비도는 사망자가 2명이며 부상자는 아직 자세히 알 수 없다. 그 匪徒들이 살고 있는 屋舍 11칸은 다 불에 태웠고 그때 죽은 시신 중에는 戰袍를 입은 자들이 있어 매우 장관이었다. 탈취한 물건을 보면 조총 103개, 칼 4자루, 창 3개, 말 2필, 동전 9貫文 등

이 사건 때문에 경상감사 조병호는 친군남영병을 파견하지 않을 수 없게 되었다. 병방 신태휴(申泰休)가 지휘하는 병력 124명이 8월 28일 대구를 출발해서 9월 14일까지 인동·선산·상주·함창·용궁·예천 등지를 순회하였

다.[83] 친군남영병은 동학농민군과 전투를 벌이지 않았다. 예천에서는 동학농민군이 해산한 상태였고, 문경과 용궁 일대의 동학농민군도 일본군의 공격을 받아 집단행동을 하지 못하였다.

그러나 민보군이 동학 근거지를 제압한 위에 일본군과 남영병이 경상도 북서부를 순회하자 동학농민군도 전과 같이 활동하지 못하였다. 남영병은 용궁의 동학지도자들을 체포하여 처형하였고, 예천 일대에서 조직적인 동학농민군의 활동을 사라졌다.

4) 경상도 서부 안의 거창과 지례 성주의 사정

경상도 서부의 여러 군현은 지방관이 경내의 주민을 결속시켜서 동학농민군의 읍내 점거를 막아낸 지역과 동학농민군 세력이 강하거나 지방관이 피신해서 읍내가 점거된 지역으로 구분된다. 일부 군현은 전라도의 동학 조직이 직접 세력 확대를 시도한 지역이었다.

전라도의 남접농민군은 1차 봉기 후 경상도지역의 동학 조직에 통지하여 무장봉기에 동참하기를 촉구하였다. 남원에 거점을 둔 대접주 김개남(金開南)이 가장 적극적이었다. 김개남의 영향 아래 있었던 전라도 동북부 순창·용담·금산·장수의 동학 조직을 통해 도계를 넘어 경상도 함양과 안의까지 세력권을 넓히려고 하였다.[84] 그러나 경상도 군현의 세력 확대는 불가능했다. 안의와 거창에서는 지방관이 중심이 되어 민보군을 결성하고 이들을 물리쳤다.[85]

> 남원(南原) 적이 안의를 침범하자 현감 조원식(趙元植)이 이들을 섬멸하였다. 남원에는 동학의 교도가 많았는데 5월 이후로 간사한 백성들까지 이들을 추종하여 그 숫자가 수천 명에 이르게 되었다. 이들은 때를 만나 무리를 지어

인근의 7~8개 읍을 약탈하였고, 계속하여 함양으로 들어가 개평 정씨 집을 약탈한 다음, 안의로 들어왔다. 이때 안의의 아전과 백성들은 흩어지지 않았고 원식은 민심을 얻고 있었으므로 적이 온다는 소식을 듣고 아전 및 백성들과 은밀히 서로 약속하여 대책을 세웠다.

안의에서는 읍내에 들어온 동학농민군을 기습해서 쫓아내고 민보군 약조를 만들었다. 경내의 모든 마을에 파수막을 설치하는 것이었다. 서로 소리가 들리고 호응할 수 있는 거리에 파수막을 지키면서 동학도들이 몰려오면 크게 소리쳐서 알리게 하였다. 어느 한 곳에서라도 소리가 들리면 일시에 모두 나가서 체포하거나 쫓아내거나 죽인다고 하였다.[86]

거창부사 정관섭(丁觀燮)도 민보군 결성을 주도하였다. 양반과 향리를 결속하고 동학농민군의 활동과 읍내 점거를 막는 약조를 만들고, 필요한 경비는 양반과 향리들에게 돈과 곡식을 거둬서 대기로 하였다.[87]

안의와 거창 같은 경우는 선정을 편 지방관이 중심을 잡고, 향리들이 결속을 해서 읍내에서 동학농민군이 활동하지 못하도록 제어한 곳이었다. 그러나 다른 군현은 그렇게 할 수 없었다. 오히려 지방관이 겁을 내서 시도조차 못하는 경우가 있었고, 오히려 동학을 비호한다는 평을 듣기도 하였다.

지례 현감 이재하(李宰夏)는 동학도들을 제어하려고 관령을 내려 민정(民丁)을 초모하려고 했지만 전혀 시행이 되지 않았다. 오히려 동헌까지 몰려온 수많은 동학도들에게 곤욕을 치르는 사건까지 벌어졌다.[88]

지례 현감 이재하(李宰夏) 씨가 비류(匪類)를 금지하고자 하여 몇 사람을 결박해서 형틀을 채우고 엄히 가두었다. 그 때문에 저 비류들이 사방에서 모여 곧장 지례 동헌(東軒)으로 쳐들어가, 본관(本官)을 둘러싸고 때려 거의 머리가 부서질 지경에 이르렀으니, 그 변괴가 극도에 달하였다.

9월 6일 읍내 관아가 점거된 성주는 경상감영과 인근 양반들에게 충격을 가져왔다. 이때까지 경상도의 큰 군현은 읍내가 점거되는 일이 없었다. 그렇지만 성주와 같은 커다란 군현이 점거되자 놀라게 된 것이다. 경상감사 조병호가 정부에 전문으로 보고한 내용은 여러 군현에 전파되었다.[89]

> 경상감사 조병호(趙秉鎬)의 전보를 보니, 동학도 수백 명이 성주(星州)로 들어가자 해당 수령이 밤을 틈타 몰래 피신하여 마침내 본직을 상실하는 지경에 이르렀습니다. 지방을 지키는 수령은 의당 몸을 바쳐야 하는데 도리어 어려운 때에 임하여 구차히 피신하였으니, 죄를 용서할 수 없습니다. 성주목사 오석영(吳錫泳)을 우선 파출하고 속히 의금부로 하여금 붙잡아 심문하여 엄히 죄를 다스리게 하소서

성주목사 오석영은 감영으로 가서 감사에게 호소하려고 하였으나 감사 조병호는 만나주지도 않았다.[90]

5. 맺는 말

갑오년 동학농민군이 봉기한 이후 전국은 격동하게 된다. 조선왕조가 이 같은 격동기를 맞는 것은 임진왜란과 병자호란 이후 처음이었다. 무신란도 일부지역에서 일어난 사건이었고, 홍경래군의 활동지역도 서북지역에 한정되었다. 고종 즉위 이후 가장 심각한 위기로 보았던 병인양요도 강화도에서만 전투가 벌어졌다. 그렇지만 동학농민혁명은 전국성을 띠고 있다는 점

에서 이러한 병란들과 차이가 난다.

동학농민군의 봉기는 전라도와 충청도를 중심으로 경상도 경기도 강원도 황해도에서 격렬하게 전개되었다. 우선 지역면에서 이런 광대한 지역에서 벌어진 농민항쟁은 전례가 없었다. 서울 도성에서 본다면 한강을 인접한 지역까지 동학도들이 세력을 규합하고 있었고, 경기도 주요 군현의 읍내까지 들어가서 관아를 점거하였다.

갑오년의 봉기는 각 지역에서 비슷한 과정을 거치면서 확대되었다. 또한 이에 대응한 각 군현의 관아와 감영, 그리고 양반과 향리들의 활동도 각기 비슷하면서 차이가 있었다. 경군과 일본군도 다르게 대처하였다. 따라서 도 단위로 전개된 과정을 정리해보면 일정한 특색을 찾을 수 있게 된다.

경상도의 동학 조직은 1차 봉기에 가세하지 않았다. 그러나 전라도에서 벌어진 동학농민군의 봉기에 고무되어 3월부터 동학도들이 공공연하게 활동하기 시작한다. 전과 같이 사교로 탄압받기 때문에 숨어서 활동하던 모습은 사라졌다. 전라도에서 들려오는 소식은 경상도에 커다란 영향을 주었다. 동학농민군이 황토현에서 감영에서 파견한 무남영 군에게 승리하고, 장성 황룡촌에서 경군을 물리치고, 전라도의 수부인 전주성을 점거한 소식은 즉시 전해졌다. 경상도 각 군현의 동학 조직은 이런 소식을 들으면서 공개적으로 포교하며 세력을 확대해갔다.

경상감사는 1894년 4월 말에 교체된다. 신임감사는 역량이 있고 배경이 막강했던 인물인 조병호였다. 그의 형은 흥선대원군의 맏사위였다. 고종의 매부로서 한성판윤과 형조판서 예조판서 등을 역임하고 갑오년에 판의금부사로 임명되는 조경호가 친형이었던 것이다. 조병호의 경력도 형보다 떨어지지 않았다. 승지로 고종 측근에서 보좌하던 경험이 있었고, 안동부사 강화유수 한성판윤 예조판서 우참찬 내무협판 등을 역임했던 고위관리였다. 더구나 보은 장내리의 동학집회로 정국이 소란했던 1893년 3월 충청감사로 부임해서 사태를 수습하였고, 충청감사로서 갑오년 봄의 격동을 직접 충청도에서 겪기도 했다.

조병호가 경상감사로 선임된 것은 여러 긴급 현안을 처리할 적임자였기 때문이었다. 무엇보다 전임감사 이용직과 전통제사 민형식의 부패로 인해 동요된 인심을 안정시켜야 했다. 경상도 위무사 이중하가 동학농민군의 봉기를 진압하는 과정에 밝혀낸 이용직의 범죄사실을 보면 무려 46만 6천 여량을 착복하였고, 민형식은 72만 1천 여량을 착복하여 도내 모든 사람에게 그 피해가 미칠 정도였다.

더구나 전라도의 동학농민군 봉기로 나라가 어수선하던 3월 29일(양 4월 29일) 김해에서 지방관을 경내 밖으로 쫓아내는 농민항쟁이 일어났다. 아직 경상도는 군현 내부에서 농민항쟁이 벌어지고 종료되는 단계에 머물러 있었다. 동학 조직이 여러 군현의 농민들을 연계하기 전에 항쟁의 원인을 제거해야 했다.

경상도에서 탐관오리의 조사와 처벌은 과감하게 추진되었다. 감사에서 찰방에 이르기까지 23명의 관리를 조사해서 착복한 금전과 공금 유용 등 비리를 밝혀내고 처벌한 것은 전례가 없는 조치였다. 외척 세도가에 속한 사람까지 책임을 물은 것은 민심 수습이 그만큼 긴급한 시기였기도 했지만 판서를 역임했던 경상감사 조병호가 거듭 탐관을 보고하고 엄격한 처벌을 요청했기 때문에 이루어진 일이었다.

정부는 경상도의 폐정개혁과 관련한 논의에서 심각한 흉년을 거론하고 있었다. 당시 연이은 흉년으로 인해 많은 농민들이 기근에 시달렸다. 경상도에서 벌어진 농민항쟁은 자연재해 속에서도 농민들을 수탈하는 지방관에 대한 항거로 나타났다. 그리고 정부의 지나친 세금 수취에 불만으로 폭발하게 된 것이었다. 경상감사 조병호는 탐관에 대한 징치와 조세를 둘러싼 폐단 시정으로 항쟁을 수습하려고 했다.

경상감사 조병호는 탐관오리의 징치나 농민항쟁 수습 등 내정에는 감사의 권한을 행사할 수 있었지만 일본군과 관련된 문제에는 대책이 없었다. 일본군 혼성제9여단이 경복궁을 기습점령해서 벌어진 비상사태는 잘 알고 있었지만 정부가 무너진 것은 아니었다. 국왕은 인질 상태에 있었으나 위해를 당한 것도 아니었다. 내정간섭에 대한 소식은 속속 들어왔지만 정부는 전과 같이 경상감영의 보고를 받고 지시를 내리고 있었다.

더구나 동맹조약을 강제로 맺은 뒤에는 일본군에 협조하라는 지시가 내려왔다. 일본군 제5사단장 노즈 미치츠라 중장은 서울로 올라가면서 감영을 방문하여 직접 협조를 요청하기도 하였다. 이런 상황 속에서 경상감영은 군량과 말먹이 제공, 인부 모집, 조선화폐 교환 등 일본군의 요구에 응해야 했다. 매일 소를 잡고 술을 장만해서 일본군을 접대했지만 부산의 일본총영사관은 조병호가 대원군 당에 속해 있고 일본군에 냉담하다면서 부정적인 평가를 하고 있었다.

나라가 위기에 직면하자 동학 조직이 가장 먼저 일본세력을 축출하려고 시도하였다. 무력을 통한 축출을 목표로 전쟁 준비를 시작한 것이다. 여러 군현에서 봉기를 준비하면서 이들은 스스로를 의병이라고 생각하였다. 동학도들의 첫 번째 공세 대상은 경상도지역에 설치된 일본군 병참부와 군용 전신소였다. 전신주를 쓰러뜨리거나 전선은 단절하는 것은 직접 일본군과 마주치지 않고 공세를 취하는 방법이었다.

동학도들은 많은 사람들을 입도 형식으로 결속시키고 군량과 군수전으로 사용할 곡식과 돈을 양반지주들과 부농에게 강제로 헌납받았다. 그런 과정에서 충돌이 벌어졌다. 예천에서는 향리들이 민보군을 결성하여 경내에서 동학도들이 활동하는 것을 막았으나 야간에 동학도 11명이 재물을 탈취하는 것을 뒤쫓아 체포해서 처형해버렸다. 이 때문에 8월 28일 동학농민군이 읍내를 공격하여 쌍방 4~5천 명이 동원된 대규모 전투가 벌어졌다. 이런 사태에 경상감사 조병호는 전혀 대처하지 못하였다.

이때 예천 인근 산양에 집결한 동학농민군을 정탐하던 태봉병참부의 일본군 대위가 발각되어 죽은 사건이 일어났다. 이 사건으로 군용통신망과 병참망 단절을 우려한 일본 히로시마대본영이 진압군 증파를 결정하게 된다. 일본공사는 외부대신 김윤식에게 경상감영의 친군남영병 파견을 강요시켰다. 이에 따라 경상감사 조병호는 남영병 파견을 서두를 수밖에 없었다.

또 일본군 남부병참감은 충주에 있던 일본군 공병대를 예천으로 직행하도록 하였다. 이 공병대는 석문 일대를 수비하던 동학농민군과 전투를 벌여서 물리친 후 예천동학의 근거지인 소야를 들이쳐 각종 무기와 군량 그리고 군수전을 탈취해갔다.

2차 봉기 이전의 갑오년 상황을 보면, 경상도의 동학농민군은 전라도의 2차 봉기와 충청도의 기포령 이전에 봉기를 시작하였다. 예천 공방전을 전후한 여러 사건이 봉기상황을 잘 전해준다. 또한 민보군도 일찍 결성해서 동학농민군을 제어하였다. 일본군도 가장 먼저 경상도지역을 순회하며 동학농민군과 전투를 벌였다.[91]

동학과 자유-자치-자연

- 유교적 유토피아 사상과 운동으로서의 동학에 대한 비판적 재검토

박홍규_ 영남대학교 교수

1. 서설: 한국사상사 속의 동학 논의에 대한 의문

다른 분야의 모든 연구와 마찬가지로 동학에 대한 연구도 다양한 분야, 다양한 각도에서 이루어지는 것이 바람직할 것이다. 이 글은 사상사 내지 철학사의 차원에서, 특히 자유-자치-자연이라는 입장에서 동학을 검토하려는 것이다. 자유-자치-자연의 입장이라고 함은 인간-사회-자연의 관계를 '자유로운 인간이 자치하는 사회를 자연과 조화롭게 이룬다'고 생각하는 하나의 틀이다.[1] 나는 그렇게 사는 세상을 하나의 목표 내지 이상으로 생각하지만, 지금의 우리 사회는 반드시 그렇지 못하다고 본다. 만일 그런 목표에 이른 시기가 우리의 과거에 있었다면 그것은 중요한 참고가 될 것이다.

동학은 그런 목표에 완전하게 이른 것은 아니지만, 그런 목표에 이르고자 한 최초의 시도였다. 즉 150여 년 전부터의 그러한 시도는 그 당시 조선 사회의 유교적 이념에 기초한 것으로서 분명히 한계가 있는 것이었으나, 자유-자치-자연의 사상과 운동을 보여주는 최초의 시도로서 대단히 중요한 사상사적 전기를 이룩한 것이었다. 그럼에도 동학이 그 한계인 유교적 이념에서 철저히 벗어나지 못해 자유-자치-자연의 입장에 충실할 수 없었다고 생각하여 이 글을 쓴다.[2] 즉 사상사 차원에서 동학에 대한 검토가 충분히 이루어지지 못하고 있다는 문제의식에서 이 글을 쓴다.[3] 가령 '한국사상사'라는 제목으로 나온 저서의 하나인 『한국사상사』(2004)에서 이수윤은 다음과 같이 말한다.

> 오늘의 한국사회가 올바로 정립해 나가야 할 사상적 방향은 때로는 자각적 · 의식적으로, 때로는 무의식적 · 무자각적으로 한국현대사 100여 년을 이끌어온 귀족주의적 · 보수주의적 · 제국주의적 도전에 대한 평민주의적 · 평등주의적 · 민주주의적 · 민족주의적 응전인 동학농민군 혁명운동 과정에서 제시된 실질적 만인 자유 이념과 민족주의를 그 기본적 내용으로 삼는 것이어야 한다.[4]

위 언급에서 "자유 이념과 민족주의"를 내용으로 하는 동학이 현대 한국사회의 비전이라고 할 만큼 한국사상사에서 동학이 차지하는 비중이 컸다면 당연히 동학에 대해서 충분히 설명해야 한다고 생각되는 데도 900쪽이 넘는 그 책에서 동학에 대한 언급은 위 한 문장밖에 없어서 놀랍다. 따라서 위 문장에서 동학을 평민주의, 평등주의, 민주주의, 민족주의와 관련시키는 이유나, 동학이 제시했다는 '실질적 만인 자유 이념'이나 '민족주의'란 무엇인지 정확하게 알 수 없다('만인'이라는 개념도 모호하다. 만인이라는 개념이 꼭 필요한 것인가?). 또 평민주의(이를 영어로 번역하는 경우 democracy이다)와 민주주의는 어떻게 다른 것인가? 처음부터 끝까지 국왕을 숭배했고, 척왜나 척양은 외쳤지만 척화(斥華)는 외치지 않았으며 중국에 대한 사대는 지배계급과 마찬가지로 그대로 유지한[5] 동학을 과연 민주주의나 민족주의라고 할 수 있는가? 민주주의나 민족주의라고 한다고 해도 분명히 한계가 있는 것으로 보아야 할 것이다.

또 '실질적 만인 자유 이념'을 개화사상의 '형식적 만인 자유 이념'과 대립하는 것이라고도 하지만 그 내용은 불명하다. '실질적 만인 자유 이념'이 구현되기 위한 전제가 "한국사회적인 프랑스혁명적 민주주의 · 민주사회주의 혁명이 추진되"는 것이라고 하지만[6] 역시 그 구체적 내용은 알 수 없다. 상식적으로는 자유권을 중심으로 한 '형식적 자유'와 구별되는 평등한 '생존권' 중심의 '실질적 자유'를 말하는 것으로 이해할 수도 있겠지만, 저자의 생각이 반드시 그러한지는 알 수 없다. 물론 저자의 생각과 관계없이 동학에서 '실질적 만인 자유 이념'을 찾을 수 있는지가 더욱 중요한 문제다. 동학의 제한된 평균주의와 평등주의를 그렇게 볼 수도 있지만, 그것은 조선시대에도 주장된 내용의 균전제 등과 같은 것이지, 현대의 사회국가 헌법에서 말하는 '실질적 자유'와는 다른 것이 아닐까?

한편 하기락은 『조선철학사』[7](1992)에서 1910년까지의 사상사를 개관하면서 최치원-서경덕-정약용-최제우-동학-신채호의 기(氣) 중심 유물론의 전통을 강조한다. 이러한 "전통의 주체는 기층민이고 그 주된 사상은 기 중심의 사상"으로 "하기락은 지배 집단에 대항하는 힘과 전통이 우리 고유의 전통사상과 맥을 같이 하고 있다고 본 것"이라는 견해가 있으나, 적어도[8] 최치원-서경덕-정약용을 기층민이라고 보기는 어렵고, 최치원과 정약용을 기사상가 내지 유물론자로 보기도 어려우며, 무엇보다도 동학을 유물론이라고 할 수 있는지 의문이다. 설령 유물론으로 볼 수 있다고 해도 그것이 어떤 의미를 갖는 것인지, 특히 북한이나 사회주의자들이 말하는 유물론과[9] 어떻게 관련되는 것인지 저자는 분명히 밝히고 있지도 않다. 동학이 어디까지나 종교로서 그 구제의 길을 인간의 심적 상황에서 구한 것은 유물론과는 반대되는 관념론이나 유심론으로서 관념적이고 공상적이며 환상적인 것으로 보아야 하지 않을까? 도리어 자연 너머 신을 인정하지 않는 유교가 유물론적이고 동학은 그 반대이기 때문에 유교에 의해 서학으로 몰리지 않았는가?

위 두 책보다 먼저 나온 『한국민족운동사』(1964)와 『한국문화사서설』(1964)에서 조지훈은 동학사상의 '기본인자'로 일곱 가지를 들었는데 이는 최제우에 관한 것과 시대배경으로 나눌 수 있다. 먼저 최제우에 관한 것으로는 그가 몰락 양반의 후예여서 사상의 '지적 면'이 유교라는 점, 멸시받는 서자여서 인간중심주의와 인간평등주의를 실천한 점, 경주 출신이어서 화랑 등 고유 종교와 선도와 무교, 검술과 풍수 등을 계승한 점을 들었다. 이어 시대배경으로는 정치부패와 민생 파탄, 천주교 박해, 천주교 전래를 비롯한 외세 침입의 우려, 질병의 유행으로 인한 미신의 매력을 들었다.[10]

위 일곱 가지에 대해서도 여러 가지 검토가 가능하다. 가령 몰락 양반이기 때문에 반드시 유교에 충실했다고 볼 수는 없고, 유교적이라고 하려면 그의 사상에 대한 분석을 통해 유교적이라는 점이 증명되어야 하지 않을까? 또한 최제우 스스로 말했듯이 유불선은 물론 기독교(천주교)까지 종합하거나 포괄하는 것이라고 볼 수 있지 않을까? 게다가 이러한 종합은 화랑도의 경우와 같이 한국사상사의 구조적 성격이자 모든 사상사의 공통된 구조적 성격이 아닐까? 최치원의 풍류도나 화랑도 등에서 보듯이 그러한 종합의 태도가 고대부터 조선 전기까지 우리 사상의 구조적 성격을 형성해온 것을 보면, 조선 후기에 와서 주자학, 특히 성리학이 유일사상으로 존재한 것은 참으로 유일한 예외에 속하고, 동학은 그러한 단기간의 예외를 지양하여 다시 종합화의 전통을 회복한 것으로 보아야 하지 않을까? 조지훈이 당시 경주에 "화랑이래 고유 종교와 유속이 가장 많이 남아 있"다든가, 최제우가 천주교 순교자로부터 "피를 배웠"다든가 하는 점 등도 그런 종합의 요소들로 이해해야 하지 않을까? 그보다 더 중요한 점은 그가 인간평등주의를, 상제가 최제우에게 "내 마음이 네 마음"이라고 하는 말[11]로 설명한 점이다.[12] 조지훈이 시인이라는 점을 감안하여도 이러한 설명은 이해하기 쉽지 않은데 지금까지 많은 사람들이 그의 주장을 추종하고 있다. 이를 개인과 개인 사이, 집단과 집단 사이에 차별을 인정하지 않고 동등한 대우나 권리를 주장하는 평등주의의 설명이라고 보기에는 문제가 있다. 게다가 절대자인 국왕 중심의 군주제의 존재를 전제로 한 평등이라고 하는 것을 과연 평등이라고 할 수 있는 것인지는 앞에서도 지적한 바이다.

여하튼 조지훈은 최제우의 "인내천이 인간중심주의, 지상천국[13]의 현실중심주의는 민족적인 주체사상 및 민중적 생활 관념과 결부되어" "전형적인 한국사상, 첨단적인 근대사상으로 발전될 계기를 지녔다"고 하면서 이를 동학의 "민족적 민중적 의의와 현실적 사회성격"이라고 했다.[14] 그러나 인내천은 최제우의 사상이 아니고, "전형적인 한국사상, 첨단적인 근대사상"이 무엇인지도 알 수 없다. 도대체 한국사상이란 것이 과연 있을까? 그리고 '동학란'은 전봉준과 손병희의 "인간적 기질의 표현"인 반면 최시형은 소극적이었다고 조지훈이 평한 것도 이해하기 어렵다.[15]

조지훈보다 더 빨리 박종홍은 인내천 사상을 한국의 '고유사상'으로 보고,[16] 손병희가 백성이 나라의 근본이라고 한 것을 "평등사상이 민주적인 정치사상에까지 뚜렷하게 전개"된 것이라고 보았지만, 앞에서 지적한 대로 한국의 '고유사상'이란 것이 과연 있는지, 인내천은 동서고금의 전통 농경사회에서는 보편적으로 볼 수 있는 것이며, 손병희 사상을 평등과 민주라고 한 점에도 의문이 간다.[17] 박종홍은 율곡이나 퇴계보다 최제우를 높이 평가하면서 "동학이 한국사상에서 차지하는 위치와 의의는 천도교 신자가 아니더라도 한국 사람이면 누구나 짐작하는 바이어니와 그 기본정신은 우리의 전통적인 모든 사상의 진수가 하나로 엉기어 이루어진 결정체라고도 하겠다."[18]고 했다. 박종홍은 동학에 대해 더 이상 상세히 논의하지 않았으나 그 뒤 동학 논의에 하나의 일반적인 지침이 된 것은 분명하다. 그러나 과연 동학을 고유 사상이니 전통 사상이니 할 수 있는 것일까?

이처럼 단군신화 내지 화랑도로부터 동학의 연원을 찾는 견해 등은 조선시대의 국시였던 유교와 동학의 연관성을 부정하는 것이기도 했다. 그러나 유교가 지배한 조선시대 말기에 생긴 동학이 과연 유교와 무관한 것이었을까? 유교와 동학의 관련성을 부정하는 이러한 견해들은 유교에 대한 나름의 평가(대체로 부정적인 평가)에 근거한다. 특히 동학을 창시한 최제우를 비롯하여 수많은 동학교도가 유교를 공부한 사람들이었고 그 교리나 행동에도 유교적인 것이 너무나 많았다는 것을 보면 유교와의 관련성을 그렇게도 쉽게 부정할 수 있는 것인지 의문이다.[19]

2. 기독교적 입장의 동학 논의에 대한 의문

동학에 대한 이러한 긍정적인 평가와 상반되는 것이, 20세기에 나온 한국 책 중에서 가장 위대한 책으로 꼽힌다는 『뜻으로 본 한국 역사』에서 함석헌이 말한 것이다. 그는 우리나라에 고유한 종교가 있지만 "타락해버리고 말았다"고 하고 그래서 종교는 "다 남에게서 빌려온 종교지 우리에게서 나온 것이 아니다. 유교가 그렇고 불교가 그렇고 기독교도 그렇다"라고 비판하면서, 동학을 "우리에게서 나온 것"이라고 보기는커녕 도리어 "밖에서 들어온 남의 사상을 이리 따고 저리 따서 섞어 놓은 비빔밥이지 정말 우리의 고유한 것이 아니"라고 하고[20] 따라서 동학의 사상이나 교리에는 "새롭고 독특하다 할 만 한 것"이 없고 "그 안에 많은 미신적인 요소를 가지고 있던 것으로 인하여 진보적이라 할 수 없었다"고 했다.[21] 나아가 "유교도 저 할 일을 하려다가 채 못하였고, 불교도 저 할 일을 하려다가 채 못하였고, 기독교도 저 할 일을 하려다가 채 못"했다고 했다.[22] 함석헌이 유교나 불교가 더 이상 종교로서의 역할을 못한다고 보는 점에서는 최제우의 견해와 유사하지만, 함석헌의 경우 기독교에 대한 기대를 버리지 못한 반면 최제우는 동학을 창건한 것이 다른 점이었다.

『뜻으로 본 한국 역사』는 함석헌이 1934년부터 2년 정도 『성서조선』에 연재한 「성서적 입장에서 본 조선 역사」에서 비롯된 책이다. 그 뒤 그는 그 책을 몇 차례 수정했지만 1989년 88세로 세상을 떠나기까지 동학이나 우리의 종교를 비롯한 그의 견해는 바뀌지 않았다. 함석헌은 1901년에 태어났으니 동학을 직접 또는 간접으로 경험했거나 이야기를 들었을 것이다. 1903년에 태어나 함석헌과 같이 평양고등보통학교를 다닌 박종홍이 동학에 대해 호의적인 반면 함석헌이 동학에 대해 비판적인 이유를 가늠하기란 쉽지 않다. 더욱이 박정희 정권에서 대통령교육문화담당 특별보좌관 등을 역임하며 〈국민교육헌장〉의 기초위원으로 참여하여 유신체제를 이념적으로 정당화하는데도 기여했던 박종홍이 동학을 긍정적으로 본 반면 평생을 민주화운동에 적극 기여한 함석헌이 동학을 비판적으로 보았다는 점을 이해하기란 쉽지 않다. 게다가 함석헌은 박종홍을 비롯한 그 누구보다도 종교에 정통한 사람이었다.

함석헌은 불교에 대해서는 그다지 주목하지 않았지만 유교나 기독교는 물론 힌두교나 도교의 경전 등에 대해서도 평생 지대한 관심을 기울여 종교다원론자라는 평을 들어왔고, 특히 기독교는 그가 평생 믿은 종교로서 어떤 종교보다도 최소한 '진보적'이라고 생각했다. 그러니 그가 외래 종교를 배척하고 고유 종교만을 가치 있다고 생각한 것은 분명 아니었으나, 동학은 외래 사상을 섞은 것에 불과하여 고유한 것도 아니고 새롭고 독특한 점도 없으며 심지어 미신적이고 진보적이지도 않다고 비판하여 한 마디로 무시했다. 함석헌이 동학을 왜 그렇게 보았는지에 대해 몹시 궁금하지만 더 이상의 설명이 없기 때문에 그 이유를 알 수도 없다.

미루어 짐작하건데 함석헌은 동학에서 유불선을 종합한 점을 '비빔밥'이라고 하여 새롭지 않다고 보았으며 주문과 부적이 사용된 것을 미신으로 본 것 같다.[23] 그러나 '비빔밥'이 아닌 '고유한' 문화나 종교가 과연 있을 수 있을까? 유교나 불교나 기독교에도 '비빔밥'적 요소가 있는 것이 아닐까? 그 자신 세계의 여러 종교를 섭렵하면서 서로 통한다고 보았고 그것들을 종합하고자 시도한 입장에서 동학이 그런 종합을 시도한 점에 대해 왜 그렇게도 못마땅하게 생각했을까? 이는 식민지적 열등감의 반영 같은 것이 아니었을까? 게다가 미신이란 어느 종교에나 존재하는 요소가 아닐까? 특히 적어도 조선시대 말기에 미신이란 일반적인 것이었기 때문에 유독 동학의 문제점이라고만 볼 수 없다. 도리어 함석헌이 따랐다고 하는 간디처럼 모든 종교는 하나인데 나라나 시대에 따라 그 모습이 달라지는 것이라고 본다면, 유불선이 한국에 와서 변한 것도, 그것들의 문제점을 보고 동학이 나온 것도 종교로서 당연한 모습이 아니었을까?

동학이 유불선을 통합했다고 보는 것도 교과서류의 통설적인 견해이지만[24] 이는 최제우가 만년에 가서 동학의 의례와 의식에 다음과 같은 삼교의 형식이 있다고 한 말에서 비롯된 것에 불과한 점을 주의해야 한다.

> 붓을 들어 시문을 짓고 입으로 노래를 부르고 제를 올릴 때 양고기와 쇠고기를 쓰는 것은 유도식이다. 청결 도량하고 손에 염주를 쥐고 머리에는 백납을 쓰고 백미로 인등제를 올리는 것은 불도식이다. 용모 환태하고 의관과 복

색을 갖추고 폐백과 감주를 헌작하는 것은 선도식이다.[25]

동학은 형식의 차원에서 기독교의 영향을 받기도 했다. 특히 19세기에 제사와 수행을 위한 의례공동체였던 동학이 20세기에 와서는 기독교의 회중적 모임을 수용해갔다.[26] 이는 양 종교의 상호 이해 내지 접근이라고 보아도 좋을 것이다.

동학에 대한 함석헌의 관점은 당대 서양에서 온 외국인 선교사의 입장[27]과도 다른 오리엔탈리즘적이라는 비판을 면하기 어렵다. 당시 선교사들 일부가 동학에 특히 관심을 가졌던 이유는 여러 귀신을 상정하는 전통적 신관과 달리 동학에서는 천주(한울님)이라는 유일신을 섬긴다는 것이었는데, 그들은 이를 기독교(가톨릭)의 영향을 받아 생긴 것이라고 보았다. 가령 1900년에 나온 러시아대장성의 『한국지』에서는 동학이 "그리스도교의 직접적인 영향 밑에서 첫째로는 종교적인 성격을 띠고 다음으로는 사회적이고도 정치적인 색채를 띤 새로운 운동이 이 나라에서 발생하였다"[28]고 하면서, 최제우는 가톨릭 선교사업의 성공을 목격하고 그것에 관심을 가졌다가 병이 들어 어느 날 상제를 만나 가톨릭이 진실이냐고 물었더니 아니라는 말을 듣고 동학을 창시했다고 서술했다(이 부분의 설명에는 문제가 있다). 그리고 동학은 "유교에서 오륜 교리, 불교에서 마음의 청정 교리, 도교에서 도덕적 및 육체적 더러움을 깨끗이 하는 법칙을 빌려왔"[29]으나 "불교의 윤회사상을 거부하며 사후의 문제에 관해서는 언급하지 않고 있다. 우상의 대상도 갖고 있지 않으며 그들의 의식도 번거롭지 않고 단순하다"고 하고, "동학인의 운동 자체는 한국의 사회체제 속에 현존하는 권력의 남용에 반대하는 뉘앙스를 띠고 있다"고 했다.[30]

동학의 일신교적 요소는 전통적인 신관이나 유교적 신관의 변형에 불과하여 인내천에 이른 것으로서, 기독교에서와 같은 초자연적인 신이라고 보기 어려운 범신론적인 것이므로 선교사들이 자의적으로 해석한 것에 불과한 것이라고 볼 수 있다고 해도 동학을 비롯한 모든 전통 종교를 철저히 거부한 한국인 기독교 신자들보다는 포괄적인 태도였음을 주의할 필요가 있다. 특히 함석헌은 동학이 기독교와 마찬가지로 일신교적이었고, 민중의 주체와 평등을 실현하려고 한 종교라는 점을 간과했다. 함석헌이 그러했던 이유가 그가 장로의 아들로 태어난 기독교인이었던 탓인지, 다른 이유에서인지는 알 수 없지만 설령 동학 자체가 그러했다고 보았다 해도 함석헌 자신도 참여한 3·1운동에서 동학을 계승한 천도교의 지도자들이 다수 참여한 점을 비롯하여 동학과 천도교의 역할을 무시한 점은 이해하기 어렵다.

함석헌의 그런 견해에도 불구하고 그의 사상을 연구하는 사람들은 스승인 유영모와 마찬가지로 함석헌에게 동학에 대한 언급은 거의 없었지만, 사상적으로는 동학의 시천주, 사인여천, 인내천과 깊이 연관된다고 주장했다. 동학을 세계 사상사에서 가장 빛나는 독창적 사상이라고 하는 사람도 있고, 한국철학이 창조적이고 주체적으로 이미 존재했다고 하면서 그 시원을 동학으로 보고 함석헌, 유명모, 박동환 등이 그 뒤를 이었는데, 특히 함석헌이 말한 '뜻'을 동학의 '한울' '나와 전체의 만남'이라고 보는 사람도 있다. 그러나 앞에서 보았듯이 『뜻으로 본 한국 역사』가 「성서적 입장에서 본 조선 역사」에서 비롯된 것임을 알면 '뜻'은 '성경'을 말하는 것임을 부정하기도 어렵다. 여하튼 함석헌의 동학 평가는 적어도 1989년 그가 죽기까지는 한국에서 일반적인 것이었다고 보기 어렵지만, 지금도 기독교도를 포함한 일부 사람들이 그런 생각을 하고 있음도 부정할 수 없다.

3. 최제우의 유교 경험과 유교적 유토피아에 대한 재조명

한국사상사에서 동학을 유학의 범주에서 다루거나, 한국유학사에서 동학을 다루는 경우는 거의 없다. 따라서 강재언이 『선비의 나라 한국 유학 2000년』에서 비록 유학의 이단이라는 표현뿐이었지만[31] 동학에 대해 언급한 것은 극히 예외적이라고 할 수 있다. 그러나 강재언은 어떤 점에서 동학이 유교의 이단인지 설명하지 않는다. 게다가 강재언은 지배계급의 유학에 대해서만 언급했고 동학과 같은 민중적 유교에 대해서는 전혀 언급하지 않았다.

동학의 유교적 요소에 대해서는 그동안 충분히 설명되어 왔다. 그러나 모든 종교나 학파나 주의 등이 그러하듯이 동학에는 하나로 규정될 수 없는 다양한 사상이 존재한다. 창시자인 최제우로부터 최시형을 거쳐 전봉준이나 손병희 등에 이르기까지 그 사상은 변화무쌍하다. 따라서 누구의 사상인가로 명시될 필요가 있다.

최제우는 어려서부터 글과 무술을 공부했으나,[32] 독실하지 못해 벼슬할 뜻을 잃었음을 「수덕문」[33]이나 『대선생사적』[34] 등에서도 볼 수 있는데[35] 여기서 글이란 당연히 과거를 보기 위한 유학을 말한다. 그는 16세의 부친상 뒤에 유학을 다시 공부했으나, 만족하지 못해 도교, 불교, 기독교까지 공부했다.[36] 이어 21세에 장삿길로 나서 1844년부터 1854년까지의 10년 동안 전국을 다닌 뒤에 그는 31세가 된 1854년 "팔도구경 다 던지고 고향에나 돌아가서 백가 시서 외워 보세"라고 했다.[37] 최제우의 양녀 주씨는 그가 1927년 81세였을 때 최제우가 "언제 보아도 책을 펴고 있었다"[38]고 회상했다. 주씨는 1850년 3세 때, 최제우가 26세 때 그의 양녀가 되었으므로 그 뒤부터 최제우를 독서인으로 기억한 것이다. 최제우가 체포된 뒤 그를 심문한 경상감사가 임금에게 올린 장계에는 최제우의 직업이 훈학(訓學)으로 되어 있었으나,[39] 천도교 등의 기록에는 그가 서당의 훈장 등을 했다는 기록은 없다.

최제우가 읽은 책이 어떤 것들인지는 알려져 있지 않다. 대신 고대의 예수나 부처 등과 같은 교조들이 겪은 종교체험이 강조되어 왔다. 그런 종교체험을 부정할 수는 없겠지만 그 전후로 독서와 경험이 중요한 작용을 할 수 있었음을 부정할 수도 없다. 특히 그가 유불선은 물론 서학에까지도 통달하지 않았다면 그 모두를 통섭하는 새로운 종교를 창조할 수 없었을 것이다. 따라서 그가 그 모든 관련 문헌을 섭렵했을 것이라고 추측된다. 그리고 전국을 무대로 한 장돌뱅이 생활 10년 동안 그는 당대의 시사에 대한 충분한 견문을 했을 것이다. 그 중에는 1840년의 아편전쟁과 1851년에 시작된 태평천국의 난에 대한 것도 있었을 것이고,[40] 18세기부터 시작된 서학 전파와 그것에 대한 탄압에 대한 것도 있었을 것이다. 특히 기독교에 대한 여러 가지 지식을 얻었을 것이고, 그 창시자인 예수는 물론 이슬람교의 창시자인 마호메트가 자신처럼 장돌뱅이였다는 사실에 고무되었을 것이다.

나는 예수나 마호메트처럼 최제우가 하나의 지역에 정주하는 농민 출신이 아니라 여러 지역을 돌아다니는 장돌뱅이 출신이었다는 사실을 중시한다. 동학이 세상물정을 알 수 있었던 장돌뱅이의 경험 위에서 세워졌다고 생각하기 때문이다. 당시는 위기의 시대였다.[41] 특히 1856년에 터진 제2차 아편전쟁 이후 체결된 1858년의 텐진 조약과 1860년의 베이징 조약의 소식은 조선을 뒤흔들었다. 그러한 위기 상황을 날카롭게 느꼈을 최제우는 1857년부터 다시 철물점을 경영하다가 실패한 뒤 1859년 용담에 돌아왔다가 1860년 4월부터 종교체험을 했다. 그 종교 체험은 무교나 불교의 것이었고, 최초의 포교행위도 무교적인 것이었으며, 처음에는 서학의 혐의를 받았다는 점 등은 널리 알려져 있으나, 기독교적인 차원의 계시와도 유사했다는 점을 무시해서는 안 될 것이다. 특히 그는 당시 막강한 서양의 힘이 종교,

즉 기독교에서 비롯되었다고 보았다. 『동경대전』「논학문」에서 최제우는 당시의 국제 정세에 대해 다음과 같이 말했다.

> 서양 사람들은 도를 이루고 덕을 세워 그 조화의 힘으로 이루지 못하는 일이 없다고 하면서도, 한편으로는 강력한 무기로 공격하며 싸움을 하니, 참으로 그 무리 앞에는 당해낼 사람이 없다고 한다. 중국이 멸망하게 되면 어찌 우리나라도 머지않아 그 화가 미치지 않겠는가? …다른 연고가 아니니다. 이들은 도를 서도라 하고 학을 천주학이라고 하고 교를 성교라 하는데 이는 천시를 알고 천명을 받음이 아니랴.[42]

최제우 자신 1860년에 그런 천명을 받고 서학에 대항하고자 동학을 세웠다고 했다. 동학은 그 무엇보다도 유교적이었다. 이는 동학의 본주문이 "하느님[43]을 모시면(侍天主) 조화가 이루어지고 하느님을 영원히 잊지 않으면 만사를 깨닫는다"는 것이라고 한 점에서 단적으로 드러난다.[44] 최제우는 "시(侍)라는 것은 안에 신령이 있고 밖에 기화가 있어 세상 사람이 모두 이를 깨달아 바꾸지 않는 것이다"[45]라고 했다. 즉 시란 몸 안에 신령이 들어 밖으로 나타나는 지속적 현상이라는 것이다. 몸 안에 신이 들 때 신과 합일하는 '내 마음이 네 마음'(吾心卽汝心)이 이루어지고 그런 신인합일이 몸을 통해서는 심신합일로 나타나 몸의 질병이 치유되는 조화가 이루어지며 이러한 두 가지의 합일은 지속적으로 이루어진다는 것이다.

최제우는 동학과 유교가 "한 이치이고 대동소이하다"[46]고 했다. 그는 그 두 가지의 유사점을 구체적이고 체계적으로 말하지는 않았으나, 많은 문헌에서 유교적인 언어와 논리를 구사했다. 또 서학과의 관계에 대해서도 "그 운은 하나이고 도도 같은데 이가 다르다"[47]고 했다. 역시 그 구체적인 내용은 말하지 않았고, 관련 문헌에서 유교적인 것보다는 적지만 기독교적이라고 볼 수 있는 말들을 남겼다.

최제우를 비롯하여 여러 사람이 만든 동학의 핵심 사상 중의 핵심 사상인 인내천을 비롯한 천인합일사상은 유교적인 것으로 중국의 상고시대부터 존재했다. 사실 주희도 하늘과 사람은 하나(一物)라고 했다. 이런 점에서 하늘 내지 하느님은 범신론적인 신이었다. 또 동학의 강령주문은 "지극한 기운이 지금 이르도록 크게 내려달라"[48]는 것인데 이 '지극한 기운'(至氣)은 '만물을 생성하는 근원적인 기'(渾元之一氣)[49]로서 동양의 기철학에서 비롯된 것인 점에서 동학이 동아시아 전통 속에 있음을 보여준다.

한편 최제우는 1861년에 포덕에 나서 처음으로 지은 「포덕문」에서 상제라고 말하는 신선의 말을 들었다고 했다.[50] 이어 「교훈가」에서 자신을 믿지 말고 하느님을 믿으라고 했다.[51] 이처럼 일신교를 주장한 점에서 동학은 한국종교사는 물론 사상사에서 획기적인 변화를 초래한 것이었다. 물론 한국을 비롯한 동아시아 전통에 하늘(天)이나 신선에 대한 관념이 있었지만, 신이 종교의 절대적 유일자로 직접 등장한 것은 동학이 최초였다. 이처럼 하느님을 만물의 운명을 주관하는 주재자인 신앙의 대상으로 삼아[52] 그 "한울님을 공경하면 아동방(我東方) 3년 괴질 죽을 염려 있을쏘냐 … 한울님을 공경하면 자아시(自兒視)했던 신병(身病) 물약자효(勿藥自效) 아닐런가"[53]라고 하거나 "개같은 왜적놈을 한울님께 조화(造化)받아 일야(一夜)에 멸하고서"[54]라고 한 점에서는 유교와도 달랐다. 최제우가 유일신을 인정하고 그를 왕과 함께 위치시켰다는 점은 당연히 유학자들의 분노를 샀다.[55] 즉 부모처럼 공경하고 충성을 다해야 할 대상에 군주와 함께 한울님이 포함된다는 사실을 동학이 군주에 대한 충성심이 없는 집단이라는 명확한 증거라고 생각했다. 앞에서 보았듯이 선교사들은 동학이 최초의 일신교라고 환영했으나, 최제우는 그런 유일신 인정의 위험성을 알아 "서양 사람의 말에 차례가 없고 글에 분별이 없으며 도무지 한울님을 위하는 단서는 조금도 없고 오히려 제 몸만을 위해 빌 뿐이다"[56]라거나 "우습다 저 사람은 저의 부모 죽은 후에 신도 없다 이름하고 제사조차 안 지내며 오륜에서 벗어나서 유원속사[57] 무삼일고"[58]라거나 서양 사람들은 "천상의 상제님이 옥경대(玉京臺) 계시다고 보는 듯이 말을 하니 음양이치(陰陽理致) 고사(姑捨)하고 허무지설(虛無之說) 아닐런가"[59]라고 천주교의 신을 비판했다.[60] 그러나 그가 천주교의 신과 같은 유일 절대자로서의 신을 완전히 부정한 것은 아니라, 그런 신을 전제로 하여 최제우가 그 신의 말을 듣고 포덕을 한다는 것이 가능했다. 따라서 최제우에게 신은 둘이었다. 즉 유교 전통의 범신론적 신과 고유 전통의 절대자인 신이었다. 범신론적인 신은 최제우가 동학에 "입도한 세상사람 그날부터 군자 되어 무위이화될 것이니 지상 신선 네 아니냐"고 한 것에서 볼 수 있듯이 유교의 군자를 이상으로 삼는 것이었다. 이처럼 동학을 믿으면 신선이 됨과 동시에 군자가 된다는 동학 교리는 당시 역병에 시달리고, 양반에 대한 적개심과 함께 양반으로의 신분 상승을 꿈꾼 이중적 심성을 지닌 민중의 압도적 지지를 받았다. 누구나 신선과 군자가 될 수 있다는 그 교리만으로는 인간 평등을 선언한 변혁사상이어서 반상 계급의 철저한 구별을 전제로 하는 조선의 정통 유교에 대해서는 비판적이었고 따라서 유학자들의 반발을 샀지만, 최제우는 유교의 인의예지와 삼강오륜을 절대화하고 그것을 체현하면 군자가 된다고 한 점에서 유교적 인간상과 유토피아를 추구했다. 이처럼 군자가 되는 조건으로 최제우는 인의예지 외에 자신이 독창적으로 지어낸 수심정기(修心正氣, 守心正氣)를 요구했다.[61]

최제우가 인간 평등을 선언했으면서도 민중을 어리석다고 보고 어려운 마음공부를 거쳐야 군자=신선이 된다고 본 점도 유교적인 것이었다. 이는 그가 1859년 이름을 '어리석은 사람을 구제한다'는 라는 뜻인 '제우'라고 고친 점에 단적으로 나타났다.[62] 그는 동학의 생활규범으로 "의관을 정제하는 것은 군자의 행동이며, 노식수후(路食手後)하는 것은 천한 자들이 하는 짓이다"라고 했다.[63] 게다가 그는 신도들에게 자신에 이어 고관이 될 수 있다고 말했는데[64] 이는 당시 민중들의 소망을 반영한 것이었다.

지금까지 보았듯이 동학은 유교적 유토피아를 추구했다. 그래서 "주막집 아낙네도 산골 초동도 주문을 외지 않는 이가 없었다"[65]고 할 정도로 동학은 민중의 마음을 사로잡았으나, 최제우를 사형에 처한 근거인 장계에서는 그의 죄가 다음과 같이 태평한 세상을 어지럽히는 서양 요술이라고 했다.

> 복술(최제우의 본명-필자 보충)은 본래 요망한 종류로서, 감히 속임수를 품고서 위천주(천주를 위한다는 동학의 주문-필자 보충)라는 요언지설을 퍼뜨려 사람들을 부추겼으며, 서양의 요망한 종교를 배척한다며 도리어 그것을 따라 선전문을 꾸며 음으로 불순한 생각을 꾀하였다. 궁약을 비방이라고 하며 칼춤과 검가를 퍼뜨려 흉악한 노래로 태평한 세상에 나라를 걱정토록 하여 남몰래 무리를 지었다. 움직이면 귀신이 가르침을 내렸다하니 그 술책은 하내풍각이요 모두가 그에게 돈과 양곡을 바치니 후한(중국의 옛나라-필자 보충)의 쌀도적이요 엄한 법이 통하지 않으니 조금이라도 허용하기 어렵다.[66]

즉 민중은 민중적 유교인 동학에 심취했으나, 지배 유교인 성리학에 심취한 지배계급에 의해 살해된 것이었다. 종교의 자유는 전혀 인정되지 못했고 이단은 철저히 억압되었다. 게다가 지배계급은 그 난세를 태평의 세월이라고 하니 참으로 가관이라고 하지 않을 수 없었다.

4. 최시형과 전봉준의 유교 경험과 유교적 유토피아에 대한 재조명

최제우 사후 1875년부터 최시형이 동학의 정통 사상을 형성하면서 신관은 천주교적인 것을 전면 부정하고 오로지 범신론적인 것으로 굳어진 점에서 더욱 유교적으로 기운 것이었다. 그러나 제사에서 공양물 같은 것을 없앤 점에서 유교와 달랐다. 이어 1865년 모든 귀천 차별을 없애고[67] 시천주의 개념을 사람만이 아니라 천지만물에까지 확대하는 범신론을 전개한 점도 유교와 역시 달랐다. 즉 "사람은 곧 하늘이며, 하늘은 곧 사람이다. 사람 외에 따로 하늘이 없고, 하늘 외에 따로 사람이 없다"고 하는 인내천(人乃天)을 주장했다.[68] 그래서 최시형은 어린이와 부녀자와 하인까지도 천주로 간주했다. 따라서 최시형은 천주와의 일체화에 대해 조건을 붙였던 최제우의 우민관을 극복했다. 해월에 의해 사인여천(事人如天)과 향아설위(向我設位)라는 개념으로 더욱 강화되었다. 내재적 절대자라는 개념이 사람은 누구나 하느님일 수 있다는 것이라면 불교의 부처 개념이나 유교의 성인 내지 군자 개념과 통할 수 있는 것이었다.

그러나 최시형이 모든 존재에 하늘이 깃들어 있으므로 타자에 대해 어떤 비판도 해서는 안 된다고 주장한 것은 부모에 대한 절대적 복종을 비롯하여 남존여비조차 비판해서는 안 된다는 철저한 유교적 체제 부화의 길로 나아가게 했다. 그래서 1891년 신도들에게 보낸 '통유 10조'(通諭 10條)에서 사농공상은 각자 그 직분에 철저하고 안분낙도하며 수신제가해야 한다고 지시했다.[69] 즉 인간을 선험적으로 상제와 동등한 존재로 상정하면서도 이는 반상차별에 의해 조선 말기 사회가 해체되고 있는 현실에 대해 철저히 눈을 감은 것이 아닐 수 없고, 그런 사회 문제는 유교 질서의 해체에 있다는 인식 하에 유교로의 회귀를 주장한 점에서 보수적 요소를 갖는 것이었다. 따라서 최제우의 우민관을 극복한 반면 최시형이 요구하는 조건은 더욱 엄격해졌다. 최시형의 '통유 10조'는 유교적인 것이어서 당시의 민중에게는 설득력이 있었다.

최시형은 1885년 "천은 아래로 내려와 민을 만들고 임금을 만들었다"라는 강서를 받고, "원래 상제를 돕는 데에 있어 임금은 예악교화(禮樂敎化)로써 만민을 교화하고 법령형륙(法令刑戮)으로써 만민을 다스리는 것이다"[70]라고 말하여 유교의 일군만민사상을 분명하게 보여주었다. 또한 죽기 직전에 기록한 「유훈」에서 "사농공상은 천이 명하여 정해진 것이다"라고 하는 점에서도 유교에 충실했다.

반면 전봉준을 비롯한 동학 남접에서는 최시형의 범신론과 달리 범신론적인 신 외에 최제우에게 있었던 상제=구세주로서의 신에 의탁하여 상제에 관한 주문을 외우면 바로 상제에 의해 구원을 받을 수 있다고 믿었다. 전봉준은 스스로 유학자인 선비(士)를 자처했으나[71] 판결문에서는 '농업 평민'이라고 했다.[72] 그가 선비를 자처한 것은 당시의 향촌사회가 여전히 선비의 덕망을 기대하였기 때문이었다. 따라서 그가 1894년 3월, 제1차 농민혁명을 시작하면서 쓴 포고문에서 왕에 대한 충성에 근거한 왕조의 존립을 지키면서 신하들의 부패타락을 철저히 비판한 것은[73] 지극히 당연했다. 즉 부패하고 타락한 신하들 없이 왕이 백성의 사정을 알도록 쉽게 전달되어 왕의 은혜가 백성에게 쉽게 미치는 사회를 유교적 유토피아로 꿈꾸었다.

이러한 최고지도자에 대한 환상은 전통적인 농경사회는 물론 현대사회에서도 볼 수 있는 현상이지만 전통 농경사회에서도 역성혁명에 대한 기대도 높았다. 정감록 신앙이 널리 퍼졌던 조선 후기에는 역성혁명에 대한 기대가 높았고 수많은 변란도 이어졌다. 그러나 1880년대 이후에는 변란 보다 왕에 대한 무력적인 청원으로서의 민란이 자주 생겼고 개항을 전후하여 대외적 위기에 대응하는 척왜와 척양의 구호가 나타나면서 국왕에 대한 구심력은 더욱 강화되어 국왕 환상을 낳았다. 농민군은 충효를 비롯하여 유교 도덕에 철저했고 지극히 자기 규율적이었다. 그리고 반란 이후에는 조선 역사상 찾아보기 어려운 민중 자치 사례인 도소가 나타나 동학에 대거 입도하기도 했다.

이와 함께 평균주의와 평등주의, 특히 신분해방의 요구는 분명하게 나타났다. 이처럼 정약용 등의 실학사상에서부터 나타나는 균전사상은 동학농민군에게 이어졌으나 농민군 도소는 평균주의의 표상인 평균분작을 실천하지는 못했다. 반면 평등주의 차원의 천민 등의 신분 해방은 비교적 완전하게, 심지어 폭력적으로 이루어졌고 여성 해방[74]도 이루어졌음을 당시의 여러 기록으로부터 읽을 수 있다. 그런데 평등주의는 신분상승, 즉 양반화를 뜻하는 것이기도 하여 완전한 신분의 폐지는 이루어지지 못했다.

이처럼 비록 한계가 있는 것이었지만 남접은 평균주의와 평등주의에 충실했고 마찬가지로 왕조의 보존에도 충실했다. 외세 배격에서도 척왜나 척양에 그쳤고 유교적 전통이었던 중국 배척에는 전혀 움직이지 못한 소중화주의의 한계를 드러냈다. 남접에 이르기까지의 동학은 민중을 정치적 주체로 자각하지 못하고, 소농사회로 회귀하는 반근대화 세력으로 후퇴했다. 이는 평균주의와 평등주의가 이루어질 수 있는 곳이 소농 공동체였기 때문이었다.

국왕환상은 일제 이후 3.1운동이나 6.10만세운동이 각각 고종의 퇴위와 순종의 장례에 의해 터진 것처럼 민족주의 운동에도 나타났고, 일제가 끝난 뒤에도 북한의 사회주의 정권이나 남한의 권위주의 정권에도 나타났다. 이처럼 유교의 인군만민 사상과 덕망가적 질서관은 민중의 변혁과 저항 논리로 기능했지만 그 역사적 사명은 이미 끝났다. 우민관을 극복하고 국가주의와 결별한 신채호가 지금 우리에게는 절실하다.

5. 동학과 자유-자치-자연

동학을 잇는 주류 종교인 천도교 측에서는 3·1운동 당시 천도교가 기독교 불교와 함께 3대 종교였다고 하지만 그 뒤로 교세가 현저히 약화되어 현재 천도교의 신도 수는 5만 명 정도에 불과하다. 동학의 가치를 부정하는 사람들이 비빔밥 운운하는 점 때문에 과거보다 동학의 신도가 적어졌다고 보기는 어려울 것이다. 종교든 무엇이든 간에, 인류의 문화적인 현상을 두고서 그것이 고유한 것인가 외래의 것인가를 따지는 것은, 그것이 얼마나 의미를 갖는가 이상으로 중요한 것이 아니다. 도리어 문화는 본래 비빔밥이며, 그 비빔 자체가 아니라 그 맛, 그 영양분이 문제다. 다른 종교와 달리 유독 동학에 특별히 심오한 교리가 있다고 생각하지 않고, 그런 것이 있을 필요도, 있을 수도 없으며, 세상의 어떤 종교라도 종교로서의 보편성을 가지는 것으로 충분하다.[75] 민족종교라고 해도 특별한 의미를 부여할 필요가 없다. 특히 포스트모던 운운할 필요도 없다. 모던을 자본주의라고 본다면 모든 종교는 포스트모던일 수밖에 없다.

앞에서 보았듯이 동학농민군이 추구한 유토피아는 조선이 기초한 유교의 유토피아였다. 가령 체포된 전봉준이 밝힌 정국 구상은 왕을 돕는 '몇 명의 훌륭한 사대부'들의 합의제[76]로 운영되는 군주제였다. 따라서 이를 과연 '민주주의적'이라고 할 수 있는지 의문이다. 동학농민군이 자신들의 집회를 여러 나라의 민회와 같은 것이라고 주장하며[77] 정부가 자신들을 '비류'(匪類)라고 하는 점을 비판하지만 그러한 민회의 제도화나 일반적인 집회의 자유를 주장한 것은 아니었다. 또한 동학교도들이 종교 활동의 자유를 요구했지만, 정확하게 말해 이는 동학의 종교 활동을 뜻한 것이지 기독교를 포함한 종교 일반의 자유를 요구한 것은 아니었다.

동학이 자유를 이념으로 한다는 주장도 있지만 이미 1985년에 박찬승이 동학의 지향이 "근대적 인간으로서 자유 · 자립을 획득하는 것"이 아니었다고 주장한 바 있다.[78] 또 오문환은 2006년, 동학에서는 "개체를 실체로 보지 않고 개체성이란 원래 없다고 보았다"라고 했다.[79] 이에 대해 권진관은 김용옥이 동학운동을 프랑스나 미국의 혁명에 비교한 것을 들어 동학운동이 자유운동이라고 주장한다.[80] 그러나 동학이 신분이나 연령에 따른 차별을 인정하지 않았고, 내 것과 네 것의 구분 없이 서로 돈과 곡식을 나누어주었으며, 가진 자와 없는 자 간에 서로 도와준다는 의미의 유무상자를 중요한 덕목으로 강조했지만[81] 계급철폐나 평등사회를 주장하지는 않았다.

동학의 자유나 평등 추구가 제한적이었고, 그것이 궁극적으로 유교적 유토피아였다고 해도 이는 당시의 계급사회에서는 체제 도전적인 것으로 받아들여졌음을 당시 농민군에 반대하여 일어난 유생들의 태도를 통해 알 수 있다. 유생들은 특히 평등의 요소에 반발했다. 동학농민군에서도 민중을 정치주체로 파악하고 그들의 일상적인 정치참여를 통해 국가를 운영해야 한다는 생각은 없었고, 유교적 차원의 정치적 지배 객체로 상정된 민중상은 전혀 변하지 않았고 최제우부터 손병희에 이르기까지 그 누구도 그러한 유교적 민중상을 혁파하려고 하지 않았으나, 새로운 민중상의 선구적 시도였음은 인정해야 한다.

동학에서 자유는 만인의 유교적 덕망가인 양반으로의 입신출세에 의한 제한된 신분 해방을 추구한 것으로 당연히 현실적인 계급 해방으로는 나아가지 못했다. 즉 만인의 완전한 신분과 계급의 탈피에 의한 인간화로서의 자유와 평등이 확보되지 못하고, 유교적 유토피아의 조건으로서의 만인 양반화가 추구되어 관존민비를 핵심으로 하는 봉건적 관료 우월의 유습이 그대로 남아 있었다. 그것이 당시의 불가피한 포교 방법이라고 이해한다고 해도 그것을 전혀 비판하지 않고 동학의 이념으로 받아들여서는 안 된다. 특히 그러한 만인의 양반화와 관존민비가 출세 욕망의 분출과 함께 지금까지도 그대로 남아 있는 한반도에서는 철저히 비판되어야 한다.

그리고 동학의 자치는 그러한 도덕적 자율인의 자치를 추구한 것이었으나 유교적 왕정을 전제로 한 권위주의적인 요소를 갖는 것이었고 민중의 정치참여를 배제한 명망가 계급에 의한 지역 통치 형태라는 한계를 갖는 것이었다. 그럼에도 동학의 도소 등은 종래 유교국가의 중앙집권적 체질을 변화시킬 수 있는 가능성을 갖는 것이었으나 민중의 직접민주주의적인 요소를 제도화하지 못한 채 실패로 끝났다.

나아가 동학의 자연은 산업화에 의한 자연파괴를 예상하지 못한 차원에서 자연 생태에 대한 존중을 중시한 것이었으나 제국주의 문명에 대한 근본적인 비판이지는 못했다. 최시형에서 볼 수 있듯이 동학은 만물에 대한 사랑을 가르친 점에서 생태주의적으로 선구이기도 했으나, 소농사회에서의 자연파괴에 대한 비판과 같은 실천을 보여주지는 못하여 자연보호의 가능성이 좌절되었다.

그러한 유교적 유토피아 추구라는 한계에도 불구하고 자유-자치-자연의 최초 시도라는 점에서 그 역사적 의의는 결코 무시할 수 없다. 동학이 추구한 평등의 주장 속에는 자유에 대한 열망이 숨어 있었고, 학정으로부터 자치에 대한 열망도 있었으며 이는 한국의 코뮌이라고 할 수 있는 동학농민혁명의 집강소나 도소 등을 통하여 훌륭하게 실천되었다. 프랑스의 코뮌이 1871년이었다. 동학은 1861년에 시작되어 1893년에 혁명전쟁으로 불타올랐다. 그것은 국왕 환상, 소농공동체 환상, 양반으로의 신분 상승 환상 등의 유교적인 잔재를 가진 것이었지만 당시로서는 가장 진보적이고 민중적인 것이었다. 그러나 그런 환상이 있는 한 그 자체가 지금 우리의 자유-자치-자연일 수는 없다. 따라서 그 유교적 유토피아의 환상은 극복되어야 한다. 즉 동학에 대한 무조건적인 찬양보다는 그 한계의 인식과 비판이 필요하고 특히 자국 폐쇄적인 관점보다는 세계적인 관점이 필요하다.

경상도 북부지역 동학농민혁명 관련 자료와 그 성격

이병규_ 동학농민혁명기념재단 연구조사부장

1. 머리말

1894년 동학농민혁명 과정에서 경상도 북부지역, 즉 현재의 경상북도 지역에서 동학농민군의 활동이 매우 활발하게 전개되었다. 경상도 북부지역의 경우, 전봉준이 이끄는 동학농민군 주력과 별개로 각 군현에서 자발적으로 활발한 활동을 전개하였다. 동학농민혁명의 올바른 이해를 위해서는 이러한 각 지역적 관점을 견지하고 연구가 이루어져야 하는 시점이 되었다. 지역적 관점을 견지하고 연구를 진행하는 데 중요한 점이 바로 동학농민혁명 관련 자료를 잘 살펴보는 것이다. 이에 따라 먼저 경상도 북부지역과 관련된 동학농민혁명 자료 현황을 검토해 보고, 다음으로 경상도 북부지역 동학농민혁명 관련 자료의 성격을 살펴보고자 한다.[1]

2. 경상도 북부지역 동학농민혁명 관련 자료 현황

지금까지 알려진 경상도 북부지역의 동학농민혁명 관련 자료는 『소모사실(召募事實)』, 『소모일기(召募日記)』, 『경상도소모영전곡입하실수성책(慶尙道召

募營錢穀入下實數成册)』, 『교남수록(嶠南隨錄)』, 『토비대략(討匪大略)』, 『(김산)소모사실(召募事實)』, 『갑오척사록(甲午斥邪錄)』, 『창계실기(蒼溪實記)』, 『남헌유집(楠軒遺集)』, 『세장년록(歲藏年錄)』, 『나암수록(羅巖隨錄)』, 『동요일기(東擾日記)』, 「척동비문(斥東匪文)」, 「여의흥쉬채후(與義興倅蔡侯)」, 『학초전(鶴樵傳)』 등이 있다. 이들 자료들의 성격을 제대로 파악하기 위해서는 무엇보다도 자료의 작성주체가 누구인가를 파악하는 것이 중요하다. 따라서 여기서는 관련자료를 작성 주체별로 분류해서 정리해보고자 한다. 작성주체에 따라 토벌군 자료, 민보군 자료, 유생자료, 동학농민군자료 등으로 구분하여 각 자료의 작성자, 주요 내용, 분량, 대상, 시기, 자료의 특성 등을 살펴보고자 한다.

1) 토벌군 자료

토벌군 자료에는 『소모사실(召募事實)』, 『소모일기(召募日記)』, 『경상도소모영전곡입하실수성책(慶尙道召募營錢穀入下實數成册)』, 『교남수록(嶠南隨錄)』, 『토비대략(討匪大略)』, 『(김산)소모사실(召募事實)』 등이 있다. 토비대략은 상주소모영에서 유격장으로 활동한 김석중이 기록한 자료이다. 김석중을 민보군이 아니라 토벌군으로 분류한 이유는 김석중이 상주소모영에서 유격장이라는 직책을 받고 실질적인 토벌활동을 전개했기 때문이다.

① 『소모사실(召募事實)』[2]

『소모사실』은 정의묵(鄭宜默)이 경상도 상주소모사로 임명된 후 1894년 10월 16일부터 1895년 1월 25일까지 경상도 상주소모영에서 각급 기관과 주고받은 문서를 날짜별로 정리해 놓은 공문서 자료이다. 수록된 총 공문서는 279건이며 건(乾) 100면, 곤(坤) 105면 2책으로 구성되어 있다. 상주소모영에서 문서를 주고받은 기관이나 수신처를 살펴보면 먼저 승선원(承宣院), 의 정부(議政府), 내무아문(內務衙門), 순무영(巡撫營), 경상감영(慶尙監營) 등 조선 중앙정부 기관들과 문서를 주고 받고 있다. 아울러 상주각면민인(尙州各面民人), 상주관하각읍(尙州管下各邑), 상주진(尙州鎭), 상주공형급수교(尙州公兄及首校), 상주집강소(尙州執綱所), 상주각면(尙州各面), 상주향교(尙州鄕校), 상주각면임급별관(尙州各面任及別官), 상주유학 김석중 등 상주와 관련된 모든 기관 및 개인들과 문서를 주고받고 있다. 동학농민군의 상주에서 활동이 활발하였고 동학농민군에 대한 대응이 필요하였기 때문에 수령부터 각 면리의 백성들에게까지 각종 공문서를 발송하고 있음을 확인할 수 있다. 그런데 눈여겨 볼 대목은 인동, 선산, 개령, 봉화, 예천 등 상주를 벗어나서 각 읍으로 문서를 보내고 있다는 것이다. 이는 상주소모영의 영향력이 각 읍에까지 미치고 있다는 의미이다. 이와 관련하여 정의묵의 『소모일기』에서 그 정확한 상황을 파악할 수 있다.

(11월 27일) 또 공문을 보니 과연 여러 고을을 나누어서 관장하도록 하였다. 상주(尙州)·함창(咸昌)·문경(聞慶)·의성(義城)·용궁(龍宮)·예천(醴泉)·예안(禮安)·안동(安東)·풍기(豊基)·봉화(奉化)·순흥(順興)·영천(榮川)·청송(靑松)·진보(眞寶)·영양(英陽)의 15개 고을은 상주소모사 정의묵이 관할하고, 대구(大邱)·경산(慶山)·자인(慈仁)·현풍(玄風)·하양(河陽)·신녕(新寧)·창녕(昌寧)·영천(永川)·청도(淸道)·영산(靈山)·초계(草溪)·경주의 12개 고을은 대구토포사(大邱討捕使) 지석영이 관할하고, 인동(仁同)·칠곡(漆谷)·선산(善山)·개령(開寧)·김산(金山)·군위(軍威), 비안(比安)·성주(星州)·고령(高靈)의 9개 고을은 인동토포사 조응현(趙應顯)이 관할하고, 거창(巨昌)·안의(安義)·함양(咸陽)·산청(山淸)·단성(丹城)·삼가(三嘉)·합천(陜川)·지례(知禮)·진주(晋州)·하동(河東)·의령(宜寧)·남해(南海)의 12개 고을은 거창소모사 정관섭(丁觀燮)이 관할하

고, 창원(昌原)・칠원(柒原)・함안(咸安)・웅천(熊川)・김해(金海)・밀양(密陽)・양산(梁山)・진해(鎭海)・고성(固城)・사천(泗川)・거제(巨濟)・울산(蔚山)의 12개 고을은 창원소모사 이종서가 관할하도록 하였다.[3]

이에 따르면, 경상도 전역을 10여 개 고을을 묶어서 5개 권역으로 나누어 관할하고 있다. 즉 경상도 북부지역은 상주소모사 정의묵, 경상도 동부지역은 대구토포사 지석영, 경상도 북서부지역은 인동토포사 조응현, 경상도 남서부지역은 거창소모사 정관섭, 경상도 남부지역은 창원소모사 이종서가 관할하고 있다. 상주소모영이 관할하는 지역은 상주, 함창, 문경, 의성(義城), 용궁, 예천(醴泉), 예안, 안동(安東), 풍기(豊基), 봉화(奉化), 순흥(順興), 영천(榮川), 청송(青松), 진보(眞寶), 영양(英陽) 등 15개 군현이다. 다음으로 인동초토사, 김천소모사, 대구 등 경상도 각 지역을 관할하고 있는 책임자와 양호도순무영과도 문서를 주고 받고 있음을 알 수 있다.

『소모사실』에는 소모영 막하파임기(召募營 幕下爬任記), 소모절목(召募節目), 군문규획(軍門規劃) 등의 내용이 포함되어 있는데, 이를 통해 상주소모영의 편제와 운영방법을 어느 정도 파악할 수 있다. 각종 공문서는 중앙정부, 경상감영 및 양호순무영 그리고 관하 15읍, 상주읍내의 수령에서 일반 백성에게까지 다양하게 문서를 주고받고 있다. 이는 상주지역의 동학농민군의 활동이 활발하였기 때문에 이를 방어하기 위해 상주민인들에게 방어책을 직접 하달한 것으로 보인다.

그런데 상주소모사 정의묵이 직접 동학농민군과의 전투에 참여한 것은 아닌 것으로 보인다. 직접적인 토벌활동은 유격장 김석중이 주도하였던 것으로 파악되고 있다. 때문에 이 『소모사실』에는 동학농민군 토벌의 직접적인 자료보다는 주변적인 상황을 알 수 있는 내용들이 많이 기록되어 있다.

이 자료는 동학농민혁명 과정에서 일정한 역할을 담당했던 소모영(召募營)의 실상을 공문서라는 1차 사료를 통해 명백히 보여준다는 점에서 가치를 찾을 수 있다. 다른 지역의 소모영 또는 토포영의 활동상은 일부 문집에 부분적으로 기록되어 있을 뿐이다. 반면에 『소모사실』은 군권을 부여받은 민보군 지도자가 기존 관아와 관군 조직 속에서 활동한 과정을 알려준다는 점에서 자료적 가치가 매우 높다.

② 『소모일기(召募日記)』[4]

『소모일기』는 전 승지 정의묵이 상주소모사로 임명된 후 1894년 10월 17일부터 1895년 1월 27일까지 자신이 상주소모사로서 활동을 전개한 내용을 매일매일 일기 형식으로 기록해 놓은 자료이다. 『소모사실』실이 공문서를 모아놓은 기록이라면, 『소모일기』는 상주소모사로서 활동을 개인적 상황에서 적어 놓은 기록으로 일기의 형식으로 쓰여졌다. 형식은 일기지만 내용상으로 보면 공문서적 성격을 가지고 있다고 할 수 있다. 『소모일기』는 총 79면으로 구성되어 있으며 1894년 10월 17일부터 1895년 1월 27일까지의 기간 동안 11월 9일, 10일, 11일, 12일과 11월 16일 등 5일을 제외하고 매일매일 상주소모사 정의묵이 자신의 활동을 정리해 놓고 있다.

『소모일기』 초입에 정의묵은 최제우가 동학을 창도하였다가 처형되었고, 이후 최시형이 이를 이어받았으며 이 무리 중에 전봉준 등이 등장하여 보은 장내를 근거로 삼고 전라도 고부에서 난을 일으켰다고 기록하고 있다. 이어서 동학도들이 술법과 부적을 통해 백성을 미혹하여 반역을 일으켰으며 이들이 부녀자를 겁탈하고 재물을 빼앗으며 사대부를 죽였다고 적고 있다. 또한 정당한 조세를 납부하지 않고 공공연히 패역을 자행하며 무기를 약탈하고 성을 함락시키고 임금이 임명한 관리를 해치고 임금의 군대에 항거하였다고 적고 있다. 말하자면 동학도들의 반란을 토벌해야하는 이유를 서술하고 있다. 이어서 동학의 난은 호서와 호남에서 시작하여 기전과 교남에까지 미쳤으며 이들 지역이 모두 사도들의 소굴이 되어 난리가 일어나게 되었다고 하면서, 고종(조선정부)이 장신 신정희를 도순무사로 임명하여 한성부에 순무영을 설치하고 이어서 초토사, 소모사, 소모관 등을 임명하여 나라의 안에 배치하여 병사를 징발하여 토벌을 하도록 했다고 기록하고 있다. 이러한 배경 하에서 자신이 상주소모사로 임명되어 10월 17일부터 상주소모사로서 임무를 수행했다고 묘사하고 있다. 또한 10월 17일조에 따르면 의정부에서 임금께 지금 순무영에서 병사를 징발하여 양호의 비류들을 토벌하고 있으니 원근의 선비와 백성들 중에 반드시 듣고 의병을 일으키는 자들이 많다고 하면서 나주목사 민종렬, 여산부사 유제관을 호남소모사로 임명하고, 홍주목사 조재곤, 진잠현감 이세경을 호서소모사로 임명하고 그들로 하여금 의병을 모집하여 소탕하도록 하였고, 영남은 창원부사 이종서와 전 승지 정의묵을 소모사로 임명하여 비도들을 방어하도록 보고하였고 이를 고종이 허락하였다고 기록해 놓았다.

삼남 요지에 임명된 소모사는[5] 모두 현직 지방관이었으나 상주소모사(尙州召募使)만 유일하게 전직관리인 전승지 정의묵이 선임되었다. 이미 9월 26일자로 자인현감 이만윤(李晩胤)을 이배(移拜)시켰지만 군권은 주지 않았다. 창원부사도 신차(新差)하여 소모사에 임명했으나 상주에서만 예외였다. 이는 당시 농민군에게 읍성이 함락되었던 상주의 실정을 반영한 것으로 보인다. 이 지역 거족대가(巨族大家)에서 소모사를 선임해야만 보수세력의 결속이 용이할 것이기 때문이었다.

이러한 내용을 통해 소모영의 설치과정, 상주 면(里) 지역의 민보군 조직, 낙동 일본군 병참부와의 관계, 호남·호서 농민군의 동정, 상주 방위망의 구축 등에 관하여 살펴볼 수 있다. 이 자료는 상주 소모영이 만들어지고 활동하던 생생한 사실을 소모사 정의묵 자신의 의견과 함께 전해주는 사료인 것이다.[6]

③『경상도소모영전곡입하실수성책(慶尙道召募營錢穀入下實數成冊)』[7]

『경상도소모영전곡입하실수성책』은 1894년 12월 경상도소모영(소모사 정의묵)에서 동학농민군 토벌을 위해 소요된 비용을 수입과 지출 항목으로 나누어 정리해 놓은 자료로 1책 6장으로 되어 있다. 현재 규장각에 보관중이다. 그중에서 중요한 내용을 살펴보면 다음과 같다.

수입	錢 8,510냥 5전 5푼
	米 1만 2,940승
수입 내역	錢 2,915냥 사람들이 원해서 납부
	錢 200냥 소모사 납부
	錢 500냥 상주목사 납부
	錢 928냥 5전 5푼 동학농민군 물품
	錢 1,353냥 서원과 사숙에서 납부
	錢 500냥 우산서원
	錢 2,114냥 각 문중에서 납부
	米 734승 사람들이 원해서 납부
	米 6,084승 각 문중에서 납부
	米 6,122승 초실면에서 납부
지출 내역	錢 392냥 7전 3푼 출전때 부군의 세와 당보의 노자
	錢 458냥 2전 4푼 출전한 병정의 전립 272개의 값

錢 1,562냥 8전 전복 340벌

錢 112냥 3전 짚신 120죽

錢 287냥 5전 3푼 일본인이 머물 때

그밖에 안동 병정 370명, 예천 병정 516명, 용궁 병정 21명, 함창 병정 20명, 대구 병정 50명의 지출비용도 함께 기록해 놓았다. 이 자료는 소모영이 조직되어 어떻게 그 비용을 충당했는지 그 실상을 알려준다는 점에서 의미 있는 자료이다. 이에 따르면 조선정부의 지원금은 전혀 없었으며 해당 지역의 문중과 서원 그리고 개인들이 갹출하여 부담하였음을 확인할 수 있다. 일종의 준조세적 성격을 가지는 것은 현재의 상황과 크게 다르지 않다.

④ 『교남수록(嶠南隨錄)』[8]

'교남'은 경상도의 다른 표현이다. 『교남수록』은 경상감영 소속 군관들이 1894년 8월부터 12월까지 동학농민군을 토벌하기 위해서 경상도 각 지역을 행군하면서 소요된 경비를 지출 내역별로 기록해 놓은 자료이다. 1책 144장으로 구성되어 있다. 그 내용을 보면 다음과 같다.

갑오년 8월 병방 신태휴가 행군할 때 쓴 비용

갑오년 9월 병방 박항래, 영관 최처규가 행군할 쓴 비용

갑오년 10월 영관 최처규가 행군할 때 쓴 비용

갑오년 10월 초관 장치혁이 김천에 유진할 때 쓴 비용

갑오년 11월 초관 이완근이 지례에 유진할 때 쓴 비용

갑오년 11월 병방 박항래가 행군할 때 쓴 비용

갑오년 11월 영관 최처규가 행군할 때 쓴 비용

갑오년 12월 영관 최처규가 행군할 때 쓴 비용

갑오년 12월 초관 김태인이 행군할 때 쓴 비용

주로 소요되는 경비는 밥값, 짚신, 말먹이, 담배, 여비, 종이, 성냥, 술값, 땔감 등으로 병사들이 이동하면서 소요되는 비용을 기록해 놓았다. 이 자료의 작성시기는 1894년 8월에서 12월까지로 시기적으로 경상감영에서 토벌군을 조직하고 활동을 전개한 것이 2차 봉기 이후에 집중적인 움직임이 있었음을 알려준다. 또한 동학농민군 토벌에 참여한 경상감영 소속 병사들의 소요내역을 확인할 수 있는 자료이다. 이 자료를 면밀히 검토한다면 1894년 당시 경상도지역에서의 물가변동 등을 파악할 수 있을 것이다.

⑤『토비대략(討匪大略)』[9]

『토비대략』은 경상도 상주의 유생 김석중이 1893년 4월부터 1895년 2월까지 기록해 놓은 자료이다. 1893년 4월, 1894년 4월 · 5월 · 6월 · 9월 · 10월까지는 월별로 기록되어 있고, 1894년 11월 11일~11월 28일까지는 날짜별로 기록되어 있다. 그리고 마지막에 1894년 2월(1895년 2월의 오기)은 다시 월만 표시되어 기록되어 있다. 월별로 기록되어 있는 내용은 동학농민군의 동향을 설명한 자료이고 날짜별로 기록되어 있는 내용은 김석중이 경상도 상주소모영의 유격장으로서 활동한 내용을 기록하고 있다.

경상도 상주지역은 경상도의 다른 지역보다 동학농민군의 활동이 활발한 지역이었다. 이에 따라 조선정부는 전 승지 정의묵을 상주소모사로 임명하였다. 상주소모사 정의묵은 명망이 있는 인사였지만 실제 군사를 조직하고 운영할 처지가 되지 못하였다. 정의묵은 상주지역에서 유생으로서 동학농민군의 동향을 주시하고 토벌을 역설해 온 김석중에게 유격장으로 실제적인 토벌활동을 해줄 것을 요청하였다. 김석중은 이 요청을 받아들여 상주 소모영의 실질적인 동학농민군 토벌을 주도하였다. 김석중의 활동은 크게 두 가지로 요약된다. 하나는 상주와 인근지역의 동학농민군을 색출하여 처결하는 것이었다. 이는 주로 1894년 10월에 이루어졌다.

그리고 다른 하나는 우금치 전투 이후 퇴각하였다가 소백산맥을 타고 북상하는 최시형과 손병희가 이끄는 북접농민군이 경상도 북부지역으로 들어오지 못하게 하는 것이었다. 1894년 11월에 이르면 경상도 북부지역의 동학농민군은 대부분 사라졌다고 할 수 있다. 이에 따라 김석중은 보은 북실에서 있었던 북실전투에서 북접농민군 공격에 주도적 역할을 하였다. 이러한 내용들이 바로 김석중이 일기 형식으로 정리한 『토비대략』에 매우 자세하게 서술되어 있다. 『토비대략』은 필사본 한 부가 국립중앙도서관에 소장되어 있다.

⑥ 『(김산)소모사실(召募事實)』[10]

『(김산)소모사실』은 김산소모사로 임명된 조시영[11]이 1894년 11월 21일부터 1895년 1월 22일까지 각급 기관과 주고받은 공문을 날짜별로 기록해 놓은 자료이다. 그동안 김산소모사가 임명되고 김산소모영이 설치되어 활동을 전개하였다는 사실은 확인되었으나 구체적으로 어떤 활동을 하였는지는 밝혀지지 못하였다. 그런데 최근 대구에서 『소모사실』이 발견되어 동학농민혁명기념재단이 자료를 확보하게 되었다. 이 자료의 표지에는 소모사실이라고 기록되어 있고, 말 세 마리가 있는 마패가 찍혀 있다. 이 자료는 총 132면으로 구성되어 있으며 갑오 십일월 이십일일부터 을미 정월 이십이일까지 라고 하여 김산소모영의 활동 기간을 확인할 수 있다.

문서의 내용은 김산소모영에서 생산한 문서와 각급기관이 김산소모영에 보낸 문서가 정리되어 있다. 문서를 주고받은 기관은 인동토포사, 김산조방장, 칠곡, 선산, 성주, 개령, 군위, 의흥, 비안, 고령 등의 군현과 상주소모사, 거창소모사, 안의조방장, 의정부, 내무아문, 군무아문, 양호도순무영, 순영, 외무아문 등이다. 또한 김산군 등 각급 군현과 면리에 보낸 공문 등을 날짜 순서대로 정리해 놓았다. 지금까지 경상도 북부지역 동학농민혁명은 상주소모사 정의묵의 『소모사실』, 『소모일기』 등 상주지역에서 작성된 기록을 중심으로 이해할 수 있었는데 김산에서 작성된 자료가 발굴됨으로서 보다 풍부한 경상도 북부지역의 상황을 자세하게 알 수 있다는 점에서 매우 큰 의미가 있다고 할 수 있다.

『소모사실』에 따르면 김산소모영이 설치된 가장 큰 이유는 북접농민군이 경상도 북부지역으로 들어가지 못하게 하기 위해서였다. 북접농민군이 경상도 북부지역으로 유입될 경우, 그 결과는 누구도 예측할 수 없을 만큼 혼란스러울 가능성이 많았다. 이 때문에 조선정부와 경상도 북부지역에서는 북접농민군이 경상도 북부지역으로 유입되지 않도록 필사적으로 노력하였다. 그러나 김산소모영은 상주소모영처럼 동학농민군을 공격하는데 적극적으로 나서지는 않았다. 아마도 김산소모영은 동학농민군을 공격하는 것보다는 북접농민군이 경상도북부지역에 들어오지 못하도록 하는데 초점을 맞추어 활동을 전개한 것으로 보인다. 김산소모영은 규율을 정하고 지역민들을 10가 작통을 통해 통제하고자 하였다. 이 점은 다른 지역에서도 실제 이와같이 지역민들을 통제하였다는 것을 짐작하게 한다. 그리고 마지막으로 김산소모영의 중요한 임무는 동학농민군의 토벌이었다. 김산소모영은 주로 김산지역에서 활동을 전개한 동학농민군을 토벌하였다. 김산지역의 지도자로 알려진 편사언 즉 편사흠을 처형한 사실이 이 『소모사실』을 통해 확인된다. 그리고 이러한 내용과 함께 이 지역 동학농민군이 전봉준 김개남과도 연계되어 있었다는 것을 알려주는 내용도 기록되어 있다. 앞으로 동학농민혁명을 새로운 차원에서 연구해야 한다는 과제를 우리에게 던져주고 있다.[12]

2) 민보군 자료

민보군 자료에는 『갑오척사록(甲午斥邪錄)』, 『창계실기(蒼溪實記)』, 『남헌유집』 등이 있다. 『갑오척사록』을 작성한 반재원은 유생으로서 예천 보수집강소의 양향도감의 직책을 맡았기 때문에 민보군 자료로 분류하였다.

① 『갑오척사록(甲午斥邪錄)』[13]

『갑오척사록』은 경상도 예천의 유학 반재원(1854~1921)이 예천군 집강소의 설치배경에서 해체시기까지 전 활동상을 집강소 일기식으로 정리한 자료이다. 반재원은 당시 예천 일대에서 문장으로 이름 높았던 선비였다. 반재원은 서세동점의 국제정세도 세계지지(世界地誌) 등을 읽어서 그 대개는 알고 있었지만 그의 가치관은 주자에 바탕을 두고 있었다. 그는 주자학적인 사회질서를 부정하는 농민군의 봉기를 '원한(怨恨)에서 시작해서 패역(悖逆)으로 마친' 것으로 보고 이를 적극 배척하고 있었다. 반재원은 『예천군척사록』 서에서 "나도 본부에 있으면서 그 어려움을 다 겪었으니 지금 우선 일기의 전말과 윤음, 교유, 관칙, 통문, 격문 등을 초록하여 한권으로 편집하여 문장가가 이를 정리하여 책으로 만들기를 기다린다. 그리하여 후세의 충신과 용사들로 하여금 권면할 바를 알도록 하고 난신적자로 하여금 두려운 바를 알도록 하고자 한다"라고 이 『갑오척사록』을 기록한 이유를 설명하고 있다. 예천에서는 1894년 7월 보수집강소가 설치되는데 이때 반재원은 유학으로서 양향도감이라는 직책을 가지고 예천보수 집강소 활동을 전개하였다.

『갑오척사록』은 「예천군척사록서(醴泉郡斥邪錄序)」, 「예천군척사록집강소일기(醴泉郡斥邪錄執綱所日記)」, 「부록 : 북삼면사림통향교문(北三面士林通鄕校文), 유생등정본군문(儒生等呈本郡文)」의 세 부분으로 구성되어 있다. 그 중심은 집강소 일기이다. 집강소 조직에는 좌목의 하나로 일기유사가 있는데, 일기유사가 매일매일 일어나는 사건을 기술한 내용이 이 책의 기본 자료가 되었을 것으로 추정된다. 여기에서는 1894년 3월 이후 예천농민군의 동향, 농민군의 대지주투쟁, 7월 보수집강소의 설치와 그 조직, 약조, 8월 28일 읍내공방전, 보복, 부병의 상주파병 등을 서술하고 있다. 동학농민혁명 당시 한 지역의 사례에 대한 기록으로서는 가장 상세한 내용이다. 전혀 알려지지 않은 경상도 북부지역의 동학농민혁명 양상을 구체적으로 파악할 수 있는 귀중한 사료이다.[14]

② 『창계실기(蒼溪實記)』[15]

『창계실기』는 경상도 의흥의 유생 신석찬(申錫燦)[16]이 민보군을 조직하고 활동한 내용을 기록해 놓은 자료이다. 신석찬이 지은 『창계실기』는 족질 신석순(申錫珣)과 신석찬의 둘째 사위인 이용하(李龍河)에 의해서 알려지게 되었다. 『창계실기』는 2권 1책의 목활자본이며, 책의 크기는 29.0.×20.0㎝이며 서제(書題)는 「창계신공실기(蒼溪申公實記)」이다.

『권 1』에는 1894년 8월 14일부터 12월 22일까지의 신석찬의 대외활동 특히 동학농민군의 의흥 지역 진출과 사족들의 칠곡, 군위를 망라한 민보군 결성과 활동 내용이 수록되어 있고, 1905년 1월 16일 집포군(戢捕官) 겸 의흥군수 조병유(趙秉瑜)에 의해 다시 소집된 의흥, 군위, 칠곡 삼 읍의 민보군이 작성한 완의(完議)와 시행절목(施行節目) 등이 기술되어 있다. 의흥, 군위, 칠곡 세 고을에서 향교와 관아를 매개로 면단위에서 민보군이 어떻게 조직되고 지휘가 이루어졌으며, 실제 그 활동은 어떠하였는가에 대해 상세히 알려주고 있다. 『권 2』는 부록으로서 동학농민혁명과 관련된 각종 기록과 포상신청, 1906년 무렵 집포관(戢捕官)의 지시, 신석찬의 행장 등이 실려 있다. 동학농민혁명과 관련해서는 선무사(宣撫使) 이중하(李重夏)가 1894년 8월 영남 각지에 보낸 「선유문(宣諭文)」, 12월 12일 의흥약정도소(義興約正都所)에 약정 1명을 인동부에 올려 보내라는 토포사(討捕使) 조응현(趙應顯)의 전령, 12월 18일 의흥읍의 군병 200명을 동원시켜 19일 금산 쪽으로 출동시켜서 명령을 기다리라는 전령, 12월 19일, 회군하라는 전령 등이 들어 있다. 그리고 집포관(戢捕官)이 지시한 것으로 1905년 12월 2일 집포관(戢捕官)이 의흥, 칠곡, 군위 3개 읍에 도적을 방비하기 위한 군기마련과 기강을 확립하기 위한 밀지와 세 고을에 보낸 전령 등 당시 민보군의 활동 상황을 구체적으로 알 수 있는 자료가 남아 있다.

신석찬은 효성이 지극하고, 독서에 힘썼으며, 항상 성현의 가르침을 벽 위에 붙이고 조석으로 행실에 힘썼다고 한다. 그는 특히 충신과 의사의 전기를 자주 읽고 강개한 마음을 품었다고 한다. 그는 이러한 가르침에 따라 1894년 동학농민혁명이 일어나자 앞장서서 창의하였다. 그 역시 일반적인 유생들처럼 동학도를 역도로 규정하였다. 동학농민군이 사방에서 약탈하였으며, 수많은 무리들이 지리산 남북과 조령과 죽령 상하에서 성을 함락하고 장수를 죽였다고 이해하여 동학농민군을 역적의 무리로 규정하였던 것이다.

그는 8월 20일 이후 의흥과 군위, 칠곡의 백성들을 토대로 민보군을 결성하여 동학농민군의 진출을 막아내고자 하였다. 그리고 12월 중순에는 경상도와 접경하고 있는 청주, 보은, 황간, 영동 등지에 충청과 호남의 동학도 7, 8만명이 집결하자, 경상 토포사가 긴급 지원을 요청하자 민보군을 이끌고 신원을 출발하여 김산으로 향하였다. 그러나 신석찬이 이끄는 민보군은 동학농민군이 패퇴함에 따라 전투에 참여하지는 못하였다. 신석찬은 1910년 경술국치를 당하자 더 이상 출사를 포기하고, 고향에서 친구들과 경사를 토론하고 시주(詩酒)를 즐기면서 생을 마쳤다. 1921년 12월 20일이었으니, 향년 71세였다.[17]

③ 『남헌유집(楠軒遺集)』

『남헌유집』은 1985년 신오식이 조부 신면형(申冕瀅, 1832~1908)의 글과 각종 문서들을 문집으로 묶은 것이다. 이 문집은 단권이지만 권지일(卷之一), 권지이(卷之二), 두 부분으로 구성되어 있다. 권지일은 시, 서, 잡저, 제문으로 구성되었으며, 권지이는 부록인데 의려와 관련된 내용이 많다. 의려와 관련된 기록은 갑오동란창의기, 모의계서, 유사, 유사후서, 가장, 행장이다. 「갑오동란창의기」는 신면형의 의려 결성에 관한 내용을 기록하고 있고, 「동고록」에는 의려 명단이 있다. 모의계서는 뒷장에 영본남헌모의계첩의 서문을 그대로 쓰고 있다. 유사는 1909년 신면형의 아들 신원협이 의려의 입장에서 동학군과 전투 등에 관하여 서술하고 있다. 유사후서, 가장, 사적은 각각 사손 신병식, 손자 신오식, 손자 신동식이 쓴 글이다. 이들의 기록은 전해들은 이야기들이다. 행장은 1909년 함양 박기섭이 의려에 관해 쓴 글이다. 이러한 남헌유집을 통해 그동안 알려지지 않았던 경상도 의성지역에서의 동학농민군의 활동과 이에 대응하여 민보군을 조직하여 활동한 내용을 확인할 수 있다.[18]

3) 유생 자료

① 『세장년록(歲藏年錄)』[19]

『세장년록』은 경상도 금산군 조마남면 안서동의 화순 최씨가에서 5대에 걸쳐 써내려온 가승일기의 일부이다. 필사본 2권 2책으로 되어 있으며 현재 『동학농민전쟁사료총서』에 수록된 것은 최봉길(崔鳳吉, 1853~1907)이 기록한 癸巳(1893년), 甲午(1894년), 乙未(1895년)年條 내용이다. 이중에 1893년조 내용과 1895년조 내용은 동학농민혁명과 직접적인 관련은 없으며 1894년조 내용이 대부분 동학농민혁명과 관련된 내용으로 당시 조선의 정치상황이 매우 자세하게 기록되어 있다. 특히 1894년 3월부터 동학농민혁명과 관련된 내용이 나오기 시작하여 4월에는 전봉준이 봉기한 내용, 5월과 6월에는 청군요청과 이후 전개되는 정치적 상황을 자세하게 기록하고 있다. 8월, 9월, 10월에는 본인이 살고 있는 김천에서 벌어지고 있는 동학농민군의 활동과 이에 대한 대응 양상을 설명하고 있다. 11월과 12월에는 인근 보은의 북실 전투상황 등을 기록하고 있다. 『세장년록』은 김산지역 동학농민군의 활동을 기록하고 있다는 점과 함께 당시 유생들의 정치적 상황에 대한 인식과 동학농민군에 대한 인식의 정도를 파악할 수 있다는 점에서 의미 있는 자료라고 할 수 있다.

② 『나암수록(羅巖隨錄)』[20]

『나암수록』은 박주대(朴周大, 1836~1912)가 고종의 즉위 이후 벌어진 조선말기의 역사적 사건을 수록해 놓은 『수록(隨錄)』 중에서 동학농민혁명과 관련된 내용을 담고 있는 계사년(癸巳年, 1893)과 갑오년(甲午年, 1894)의 부분을 뽑아 수록한 것이다. 박주대는 경상도 예천 출신으로 자(字)는 계우(啓宇)이고 나암(羅巖)은 호이다. 그는 18세에 진사시에 장원하였으나 끝내 관계(官界)에 나가지 않고 은거하면서 한말의 정황을 연차적으로 수문수록(隨聞隨錄)하고 때로는 장계(狀啓), 소장(疏狀) 등을 전재하기도 하였다. 이 책은 모두 4책으로 되어 있는데 계사년조는 3책의 말미에 그리고 갑오년조는 4책의 앞머리에 있는 부분이다.

『나암수록』의 주요 내용은 1893년에 동학당이 완백(完伯)에게 보낸 상서문(上書文), 2월 교조 최제우의 신원을 요청하는 동학당의 상소가 실려 있는 한편, 이에 대응하여 이단(異端)의 학을 비판하는 성균관 유생들의 상소, 전 승지 이남규(李南珪)의 소초(疏草), 영남유소(嶺南儒疏) 등이 같이 실려 있다. 보은집회 시 동학이 어윤중(魚允中)에게 보낸 글, 동학통문(東學通文) 등이 실려 있어서 이 시기 동학의 요구 내용을 살펴볼 수 있다. 고부민란 이후 「무장동도포고문(茂長東徒布告文)」의 전문이 실려 있고 전라도뿐만 아니라 충청, 영남, 관동, 경기 등 전국에 걸쳐 농민군의 활동을 소개하고 있는데, 특히 농민군의 남원취회, 강릉, 영해, 의흥, 안성지방에서 일어난 동학농민군의 활동 및 저자 자신이 살았던 예천 지방에서 벌어진 사건을 간략하게 기록하고 있다. 한편 당시 청일전쟁, 갑오개혁 등 중앙정계의 동향과 아울러 유생들의 상소문 등도 소개되어 있다.

『나암수록』은 1893년과 1894년에 걸친 지방 유생의 기록이지만, 각 지방의 전문(傳聞) 뿐만 아니라 농민군의 포고문(布告文), 통문(通文), 정부의 대책에 관한 원자료가 같이 수록되어 있어서 각 지방에서의 동향과 함께 동학농민혁명을 객관적으로 이해하는 데 도움을 주고 있다.[21]

③ 『동요일기(東擾日記)』[22]

『동요일기』는 경상도 성주의 아전 출신 도한기[23]가 1894년 8월 23일부터 9월 3일까지 성주지역 동학농민군의 성주관아 점령과 이에 대응하는 성주지역 보수세력의 활동을 날짜별로 정리한 자료이다. 초서로 된 필사본이며 35면이 남아 있다. (1894년) 8월 23일 동학농민군이 성주지역에 들어와 여기저기 옮겨다니면서 침학하였고, 27일에는 읍에 들어와 소요를 일으켰는데,

이때 도한기는 자신이 보고 들을 것을 기록해 놓았다.

『동요일기』에 따르면 8월 20일경부터 지례(知禮)로부터 온 동도 수십명이 이 지역 요호들의 집을 토색하면서 시작되고 있다. 이들은 대개 인동(仁同)에서 금을 캐던 무리라든지 금천 등 가까운 읍에서 잡직(雜職)에 종사하는 자와 부랑자 및 건달들로 구성되었으며 또한 여러 마을을 거치면서 반상(班常)을 막론하고 투탁한 자가 많았다고 한다. 8월 28일 성주읍 장날을 통해 근 백여 명에 이를 정도로 세가 크게 늘어나고 있었다. 이들은 사채(私債), 장총(葬塚)의 문제뿐만 아니라 결가(結價)와 호포(戶布)의 감하, 이서배와 요호에 대한 징치 등을 요구하고 있었고 실력으로 관철시키려고 했다. 이에 대해 성주관아에서는 수성조목(守城條目)을 작성하고 동도(東徒)를 진압하고 있었는데 이 진압과정에 대해 구체적으로 기술되어 있다. 한편 저자가 이들의 활동에 대해 '대낮의 화적질'로 표현하고 있다든지, 보은에 사는 동학접장(東學接長) 최모(崔某)가 이들은 '화적(火賊)이고 도인(道人)은 아니다'라고 하듯이, 이 성주지역의 움직임은 8월말 동학교단과는 관련없이 자발적으로 일어난 움직임으로 도한기는 파악하고 있었다.

도한기는 성주지역에 진출한 동학농민군을 방어하기 위해 본인이 아전 출신으로서 수성조목 15개조를 제시하여 구체적인 농민군 대응 및 방어책을 마련하고 농민군 방어에 적극적으로 대응하고 있다. 『동요일기』는 성주지역에서 전개된 동학농민군과 관아를 중심으로 한 민보군 간의 대립 양상을 매우 사실적으로 기록하고 있다. 또한 당시 향촌사회 동향과 백성들의 상황을 알 수 있다는 점에서 의미 있는 자료이다.

④ 「척동비문(斥東匪文)」[24]

「척동비문」은 1931년 간행된 『농산집(農山集)』에 실려 있는 자료로 경상도

칠곡의 유림 장승택(張升澤, 1838~1916)이 동학농민혁명 당시 민보군의 거의를 독려한 글로 농민군의 세 가지 죄상을 적고 모두 거의하여 토멸하라는 내용을 담고 있다. 장승택은 영남의 유림으로 곽종석(郭鍾錫)·이승희(李承熙)·김창숙(金昌淑) 등과 교유하였는데 척사(斥邪) 계열의 남인(南人)이었다. 1894년 몸을 피해 있으면서 군수 종홍현(趙膺鉉)에게 토비방안(討匪方案)을 지시하기도 하였다.[25]

⑤ 「여의홍쉬채후(與義興倅蔡侯)」[26]

「여의홍쉬채후」는 이치우(李致宇, 1828~1905)가 동학농민혁명 대책에 관해 의홍군수 채경묵(蔡慶默)에게 보낸 편지로 『유하집(柳下集)』에 수록되어 있다. 이치우는 의홍의 유림으로 의금부(義禁府) 도사(都事)로 있었다. 그는 농민군이 '경성(京城)으로 곧바로 들어와 선왕(先王)의 구제(舊制)를 홍복(興復)하지 않고 화적(火賊) 노릇 하는 것'을 개탄하고 영남 소모사 정의묵, 조시영 등의 행동을 나무라고 의홍지방의 민보군 동원을 독려하고 있다. 이 자료는 경상도 상주와 김산의 사정을 단편적으로 알려주는 자료이다. 현재 국립도서관에 소장되어 있으며 분량은 12면이다.[27]

4) 농민군 자료

① 『학초전(鶴樵傳)』[28]

『학초전』은 경상도 예천에서 동학농민군으로 참여한 박학래(朴鶴來, 1864~1943)가 기록한 자서전이다. 박학래는 본관이 밀양으로 1864년 예천군 우음동에서 태어났다. 그의 9대 조부는 광해군 시기 영의정을 지냈던 박승종으로 인조반정 후 부자가 자결하자 곧 가세가 몰락하여 천안을 거쳐 예천에 정착하였으며 그 뒤 철종 조에 가서야 신원을 받을 수 있었다. 박학래의 호는 학초, 자는 중화로 1894년 동학농민혁명에 참여하여 예천 직곡 접주로 활동하다가 동학농민혁명 이후에 상주 경주에 거주하였으며 다시 영양군에 정착한 후 1942년 78세로 사망하였다. 『학초전』의 내용은 매우 상세하게 기록되어 있는데 기억만으로 쓰여진 것이 아니라 이에 대한 기초자료가 있었던 것으로 보인다. 『학초전』은 현재 1권 241면, 2권 210면으로 구성되어 있다. 1권은 자신의 어린 시절 일화와 부친이 억울하게 안동 진영에 붙잡혀 갔을 때 예천군수에게 그 억울함을 호소하여 구하던 일, 흉년으로 인한 세금 감면을 위하여 부동과 빈동이 대립할 때 당시 21세인 박학래가 빈동 장두로써 그 뜻을 관철한 일, 1894년 갑오년 당시 31세의 나이로 동학 접주로서 동학농민혁명에 참여한 일과 그 후 예천의 보수집강소에 쫓기면서 몰수당한 재산을 찾던 일과 1894년 갑오년에 경상 감사 조병하의 장질 조한국의 편지를 얻기 위해 서울을 다녀온 일 등이 기록되어 있다.

『학초전』 2권의 내용은 1895년 을미년 이후 39세인 1902년 임인년까지 겪은 일을 기록한 것으로 경주에 기거할 때 옛 예천 동학농민군으로 활동한 것을 빌미로 금전을 갈취하려고 찾아온 자를 회유한 이야기, 경상도 청송지역 의병대장 홍성등이 의병에 함께 참여하자고 권유하던 내용, 경주군수의 사문사에 대응한 내용, 대구 관찰부 사무주사 손봉백이 자신의 지위를 믿고 빌리지도 않은 돈을 물어내라는 재판에 대항한 내용, 경주군 강서면 달대평에 당시 경주군수 조의현과 진위대의 간부가 공모하여 수세를 거두려 하자 장두로 추대받아 이를 해결한 일, 청송군 거주시 전주봉 기우제를 위해 동헌을 찾았을 때 군수의 태평함을 꾸짖던 일, 을미년에 청송 의병 소모대장 이국보와 만난 이야기, 당시 경주 군수 김윤란의 탐학에 대항한 이야기 등이 기술되어 있다.[29]

『학초전』은 자료의 작성주체가 바로 동학농민혁명에 직접 활동했던 동학농민군이었다는 점이 가장 큰 의미가 있다. 동학농민혁명 과정에서 동학농민혁명에 직접 참여하고 그 내용을 기록한 경우가 거의 없다. 대부분 토벌군이나 민보군 그렇지 않으면 유생들의 기록들이다. 따라서 관군이나 민보군 또는 유생들의 관점에서 기록되어 객관적이지 못한 경우가 많다. 그런데 이 『학초전』은 동학농민혁명에 직접 참여하고 그 내용을 자서전 형식으로 기록해 놓고 있어 그 내용이 매우 상세하고 구체적이어서 동학농민군의 관점에서 당시 상황을 해석해 볼 수 있다.

『학초전』을 통해 새롭게 다음 몇 가지를 알 수 있다. 먼저 1894년 여름 경상도 예천의 동학농민군과 향촌사정을 확실하게 알 수 있다는 점이다. 박학래는 이에 대해 매우 상세하게 기록해 놓고 있다. 두 번째로 동학농민혁명 당시 예천의 화지와 금당실에서 동학농민군의 도회가 있었는데 이에 대해 자세하게 설명하고 있다. 세 번째로 일본군 태봉병참부의 부관 다케노우치 대위가 산양도회를 염탐하다가 피살된 사건이 있는데 박학래는 『학초전』에서 다케노우치 대위가 피살된 것이 아니라 위험한 상황에 빠지자 자결하였다고 기록하고 있다. 다케노우치 관련하여 국내에 언급된 자료는 『학초전』이 처음이다. 네 번째로 예천 동학농민군과 예천 보수집강소 간에 처절하게 이루어진 서정자들 전투에 대해 매우 상세하게 기록해 놓고 있다. 이러한 『학초전』의 내용은 경상도 북부지역 동학농민혁명 연구에 획기적인 전환이 될 수도 있을 것이다.[30]

3. 경상도 북부지역 동학농민혁명 관련 자료의 성격

이상 경상도 북부지역 동학농민혁명 관련 자료를 살펴보았다. 그렇다면 이러한 자료가 어떤 성격의 자료인지 살펴보고자 한다. 이를 위해 다음 〈표

1〉을 통해 짐작해 볼 수 있다.

〈표1〉 경상도 북부지역 동학농민혁명 관련 자료

분류	자료명	작성자	기록기간	대상지역	분량
토벌군	소모사실	정의묵	1894.10.16.~1895.1.25	상주와 인근지역	205면
토벌군	소모일기	정의묵	1894.10.17.~1895.1.25	상주와 인근지역	79면
토벌군	경상도소모영전곡입하실수성책	정의묵	1894. 12	상주와 인근지역	6면
토벌군	교남수록	경상감영	1894.8~12	경상감영	144면
토벌군	토비대략	김석중	1893.2~1895.2	상주와 인근지역	62면
토벌군	김산소모사실	조시영	1894.11.21.~1895.1.22	김산과 인근지역	132면
민보군	갑오척사록	반재원	1894.7.5.~1894.12.20	예천과 인근지역	221면
민보군	창계실기	신석찬	1894.8.14.~12.22	의흥, 군위, 칠곡	142면
민보군	남헌유집	신면형후손	1894	의흥	143면
유생	세장년록	최봉길	1893~1895	김산과 인근지역	30면
유생	나암수록	박주대	1893~1894	예천	36면
유생	동요일기	도한기	1894.8.23.~9.3	성주	35면
유생	척동비문(농산집)	장승택	1894	칠곡	3면
유생	여의흥쉬채후(유하집)	이치후	1894	의흥	12면
농민군	학초전	박학래	1894~1902	예천	451면

경상도 북부지역 동학농민혁명 관련 자료를 작성 주체에 따라 토벌군자료, 민보군자료, 유생자료, 농민군자료 등으로 구분해 보았다. 토벌군자료는 『소모사실(召募事實)』, 『소모일기(召募日記)』, 『경상도소모영전곡입하실수성책(慶尙道召募營錢穀入下實數成冊)』, 『교남수록(嶠南隨錄)』, 『토비대략(討匪大略)』, 『(김산)소모사실(召募事實)』 등 6건, 민보군자료는 『갑오척사록(甲午斥邪錄)』, 『창계실기(蒼溪實記)』, 『남헌유집(楠軒遺集)』 등 3건, 유생자료는 『세장년록(歲藏年錄)』, 『나암수록(羅巖隨錄)』, 『동요일기(東擾日記)』, 「척동비문(斥東匪文)」, 「여의

홍쉬채후(興義興倅蔡侯)」 등 5건, 그리고 농민군자료가 『학초전(鶴樵傳)』 1건이다. 작성 주체에 따라 구분해 본 결과, 토벌군자료와 민보군자료 그리고 유생자료가 전체 15건 중에서 14건을 차지하고 있고 농민군자료는 1건에 불과하다. 그나마 농민군자료는 최근에 발굴되었다. 이러한 현상은 어쩌면 당연한 결과일지도 모른다. 다른 지역도 거의 비슷한 상황이다. 따라서 이러한 자료들을 분석하고 해석할 때 작성 주체의 시각에 경도되지 않도록 그 당시 지역의 상황을 면밀하게 살펴보고 그 위에서 관련 자료를 대입해 볼 필요가 있다. 앞으로 지역 연구는 무엇보다도 이 점에 초점을 맞추어야 할 것이다.

다음으로 작성 시기를 살펴보면 주로 1894년 8월부터 12월 사이를 대상으로 하는 경우가 대부분임을 알 수 있다. 이는 경상도 북부지역에서는 1차 봉기 과정에서 동학농민군의 움직임이 실질적으로 거의 확인되지 않고, 2차 봉기와 관련하여 동학농민군의 활동이 전개되었다는 것을 말해준다. 그리고 자료를 살펴보면 전봉준이 이끄는 동학농민군 주력과 조직적인 연계를 통한 직접적 관계가 거의 형성되지 않았음을 알 수 있다. 다시 말해 자발적으로 조직을 만들고 활동을 전개하였음을 알 수 있다.

지역적으로는 소모사가 배치되었던 상주와 김산지역 그리고 예천지역에서 동학농민군과 토벌군 또는 민보군과의 대립이 극렬하게 나타나고 있으며 의흥, 군위, 칠곡, 성주 등 광범위하게 전개되고 있음을 알 수 있다. 대체로 1894년 동학농민혁명이라는 거대한 역사적 격변기에 각 향촌사회에서 이를 활용해 변혁을 꿈꾸는 세력이 등장하고 이에 대응하여 기존의 질서를 지키고 기득권을 지키고자 하는 세력이 자발적으로 세력을 규합하고 조직을 만들어 동학농민군에 대응하는 양상은 거의 전 지역에서 비슷하게 나타나고 있다. 그리고 이러한 민보군의 대응은 경상도 북부지역이 다른 지역에

비해 더 활발하게 전개되고 있다.

4. 맺음말

이상에서 경상도 북부지역 동학농민혁명 관련 자료 현황과 그 성격을 살펴보았다. 지금까지 확인된 경상도 북부지역 동학농민혁명 관련 자료는 『소모사실(召募事實)』, 『소모일기(召募日記)』, 『경상도소모영전곡입하실수성책(慶尙道召募營錢穀入下實數成冊)』, 『교남수록(嶠南隨錄)』, 『토비대략(討匪大略)』, 『(김산)소모사실(召募事實)』, 『갑오척사록(甲午斥邪錄)』, 『창계실기(蒼溪實記)』, 『남헌유집(楠軒遺集)』, 『세장년록(歲藏年錄)』, 『나암수록(羅巖隨錄)』, 『동요일기(東擾日記)』, 「척동비문(斥東匪文)」, 「여의흥쉬채후(與義興倅蔡侯)」, 『학초전(鶴樵傳)』 등이 있다. 이들 자료들은 주로 토벌군이나 민보군 그리고 유생들이 기록한 경우가 대부분이다. 농민군이 직접 기록한 자료는 최근에 알려진 『학초전』을 제외하고는 전무하다. 현재 우리가 인식하는 동학농민혁명의 실상은 결과적으로 토벌군 관련자들이 기록해 놓은 자료의 관점과 범위를 벗어날 수 없다는 점에 대해 다시 한번 생각해봐야 할 것이다. 그리고 시기적으로 2차 봉기 이후의 동향을 알 수 있는 자료들이 대부분이다. 다시 말해 경상도 북부지역에서 2차 봉기 이후 동학농민군의 활동만을 파악할 수 있다는 것이다.

경상도 북부지역의 동학농민혁명의 실제 양상을 제대로 파악하기 위해서는 당시 상황을 알 수 있는 새로운 자료의 발굴이 우선적으로 이루어져야 할 것이다. 그러나 이는 현실적으로 거의 기대를 걸기 어려운 실정이다. 그렇다면 새로운 연구방법을 적용할 필요가 있다. 조선 후기 사회가 군현을 단위로 운영되었다고 할 수 있다. 1894년 동학농민혁명 과정에서도 동학농민군과 민보군의 대응양상이 하나의 군현을 중심으로 이루어졌다고 할 수 있다. 따라서 우리는 이 군현에 더 깊숙이 들어가야 한다. 1894년 이전 각 군현의 상황을 우선 면밀히 분석해 볼 필요가 있다. 수령과 향촌지배세력과의 관계, 향촌지배세력내의 문중 사이의 관계, 향촌지배층과 일반 백성들과의 관계, 군현내의 지역적 관계, 사회경제적 변동 등의 검토위에서 1894년이라는 시간 속에서 동학농민군의 활동을 어떻게 받아들이고 어떻게 분출되는지를 살펴보아야 할 것이다.

경상도 예천의 동학농민군과 민보군의 척왜 명분 논란

신영우_ 충북대학교 교수

1. 머리말

1894년 가을, 동학농민군은 삼남을 비롯한 경기 · 강원 · 황해도에서 대규모로 다시 봉기하였다. 재봉기의 목적은 일본 세력의 축출이었다. 청군 파병을 빌미로 서울에 들어온 일본군 제5사단 혼성제9여단이었다. 일본군 병력은 7월 23일 도성을 장악하고 경복궁을 기습 점령하였다. 고종은 인질이 되었고, 일본공사는 내정 간섭을 자행하였다. 그리고 조선 영토에서 시작된 청일 간의 전쟁이 확대되고 있었다. 동학농민군의 재봉기는 이런 상황에서 시작되었다.

조선왕조에서 국가와 왕실의 위기가 조성되면 양반 유생들이 의병을 일으키는 것이 전통이었다. 그렇지만 이때는 양반 유생들이 의병을 조직할 수 없었다. 고종에게 위해를 가할 것을 염려한 정부 관료들이 일본군에 적대하는 의병의 봉기를 막았던 것이다. 그래서 일본군의 경복궁 침범에서 비롯된 갑오년의 위기를 극복하기 위해 봉기한 세력은 동학농민군이었다.

동학농민군의 1차 봉기와 2차 봉기는 주 대상이 달랐다. 1차 봉기는 지방 관리의 탐학과 과도한 조세 수취가 봉기의 원인이었다. 동학농민군은 신분

질서를 무너뜨리거나 양반 · 지주들에게 적대 활동을 펼쳤다. 이 때문에 동학농민혁명은 양반과 상민 간, 또는 빈농과 지주 · 부농 간 투쟁이라는 성격이 강하게 드러나기도 하였다.

동학농민군의 재봉기 목적은 일본 세력의 축출이었다. 처음부터 동학농민군은 지방관은 물론 양반 유생들에게 힘을 합해 일본 세력과 싸우자고 요청하였다. 일본군은 매우 강력하다는 것을 잘 알고 있었다. 경군 병영을 기습해서 무장해제하고 경복궁을 장악한 일본군과 대적하려면 국내 모든 세력이 힘을 합해야 한다고 생각하였다.

재봉기가 준비되던 시기에 대원군도 각지에 밀사를 파견해서 양반 유생들의 의병 조직을 촉구하였고, 동학농민군의 재봉기를 기대하고 있었다. 동학농민군은 민보군에게도 합세를 요청하였다. 여러 지역에서 동학농민군의 활동을 막기 위해 결성했던 민보군에게 합세를 요청했던 명분은 척왜(斥倭)였다.

하지만 민보군은 동학농민군의 요청을 받아들이지 않았다. 무엇보다 동학농민군이 강상(綱常)의 윤리를 어긴 행위를 용납할 수 없었던 것이다. 그리고 무장을 하고 지주와 부농에게 돈과 곡식을 빼앗고, 관아를 점거해서 무기를 탈취하는 행위를 화적이나 병란으로 보았던 것이다.

이 글은 동학농민혁명 당시 국내 세력을 통합해서 일본군을 축출하는 전쟁을 벌이려고 했던 동학농민군이 민보군과 척왜를 둘러싸고 벌인 논란을 살펴보려는 것이다. 먼저 경복궁 침범 후 일본군 대부대가 국내로 진입해서 위기감을 불러일으킨 사정을 조사하고, 이어서 2차 봉기를 전후해서 동학농민군이 국내 세력의 통합을 꾀했던 일련의 사례를 정리하려고 한다.[1]

2. 일본군의 경복궁 침범과 대규모 파병

1894년 6월 21일(양력 7.23) 용산에 있던 일본군이 경복궁을 기습하여 점거하였다. 이 사실은 『승정원일기』에 "일본 공사 오토리 게이스케(大鳥圭介)가 군병을 이끌고 새벽을 틈타 쳐들어와 영추문에 육박하였다.[2] 빗장을 부수고 곧장 들어와 궁 안의 각사(各司)를 휘젓고 다니며 총포, 창도 등 기물을 표략(剽掠)하고 창호를 부수고 시어소(時御所)에 육박하였다."고 기록되어 있다. 궁궐 내 거처인 함화당(咸和堂)에 있던 국왕과 왕비는 일본군에게 포로가 되었다.[3] 외국 군대가 궁궐을 기습해서 국왕과 왕비가 사로잡힌 일은 조선왕조에서 전례가 없었던 사건이었다.

더구나 일본 공사는 국왕을 협박해서 대원군에게 국정을 맡기도록 하였고,[4] 일본과 가까운 개화파들을 정부 요직에 발탁하도록 하였다. 그리고 이들을 시켜서 급격한 개혁을 주도하도록 하였다.[5] 국정 전반에 걸쳐 개혁을 수행하던 기구였던 군국기무처는 설치한 지 불과 이틀 만에 신분제를 폐지하고 노비제도를 일체 혁파하는 등 조선사회를 근본적으로 개조하는 법령을 양산하였다. 전국의 관료와 양반은 물론 동학농민군들에게도 놀라운 소식들이 즉각 전파되었다.

6월 23일(양력 7.25)에는 풍도 앞바다에서 일본군함이 청군의 수송선을 공격하고, 27일에는 성환에서 청일 양국 군의 전투를 벌임으로써 조선의 영토에서 외국 군대 간의 전쟁이 시작되었다. 청과 전쟁을 치르기 위한 일본군의 증파는 조선 사회에 커다란 위구심을 가져왔다.

충청도에서 일본군에 패배해 후퇴한 청군은 공주까지 밀려났다가 공주감영의 안내를 받아서 청주를 거쳐 음성과 충주를 지나 강원도를 우회해서 북상하였다. 일본군은 부산에서 서울로 북상하였고, 다시 서울에서 청군의 주둔지인 평양으로 직행하였다. 8월 17일에 일본군이 평양전투에서 승리한 이후에는 주 전투지가 청의 요동으로 넘어갔다. 일본군은 계속해서 부산을 통해 내륙에 설치된 전신 선로와 병참 선로를 따라 북상하였다.

일본은 청과 전쟁에 대비해 치밀하게 준비해 왔다. 전쟁 지휘부인 대본영은 이미 6월 17일(양력 7.19)에 개전을 결정하고 부산과 서울 간 군용 전신선을 가설하기로 했다. 이 가설 공사는 조선 정부의 사전 허가도 없이 시작되었으나 지방 관아에서는 제어할 수 없었다. 동래 부사는 일본군이 경복궁을 침범한 다음날인 6월 22일 '일본인이 전선을 가설한다고 핑계 대고 제멋대로 내지를 돌아다니는데' 이를 막아야 하는 지방관으로서 금지할 수 없다는 장계를 국왕에게 올리고 있다.[6]

일본군의 군용전신은 병참선로와 같은 노선을 따라 구축되었다.[7] 부산에서 시작된 병참선은 삼랑진 · 물금 · 밀양 · 청도 · 대구 · 다부원 · 해평 · 낙동 · 태봉 · 문경으로 이어져서 충청도로 건너갔고, 충청도에서는 안보 · 충주 · 가흥을 지나서 경기도의 이천 · 곤지암 · 송파로 올라갔다.

병참부에는 막사도 건축되었다. 북상하는 일본군이 숙영할 건물이었다. 고성부사 오횡묵은 그 사실을 다음과 같이 전하고 있다.[8]

> 5월부터 동래에서 내륙으로 상경한 일본군이 5, 6만 명이었다. (일본군은) 지나가는 도로에 3백명을 투입해서 3일을 기한으로 10리씩 길을 닦았는데 길이 좁은 곳은 논과 밭을 헤아리지 않고 높은 곳은 파내고 낮은 곳은 메우며 돌을 뽑아내고 숲을 벌채하여 40리마다 병참부를 설치하였다.

큰 병참부에는 일본군이 많으면 2천에서 3천명 적으면 천명이 있었고, 또 작은 병참부에는 모두 1, 2백 명씩 있었다고 했다. 이런 기록은 당시의 실상을 잘 파악한 내용이었다. 일본군 병참부는 삼랑진과 대구, 그리고 낙동에 큰 병참부를 설치해서 1개 소대를 주둔시켜 수비하도록 했고, 다른 작은 병참부에는 1개 분대의 병력만 주둔시켰다.

병참부 설치 직후부터 일본군의 북상이 잇달았다. 7월에는 연도의 지방관들이 충청 감영에 일본군의 동정을 급보하였다. 그 보고 내용을 보면 당시의 급박한 사정을 알 수 있다.

1894/7/17

① 연풍 현감 한진태(韓鎭泰)가 충청감사에게 올린 첩정에 의하면, 문경 공형이 사통으로 일본 중장[9] 일행 30여 명이 방금 도착했고 고군(雇軍) 355명을 모집하여 내일 아침 색리(色吏)를 정하여 안보병참부에서 기다리라고 연풍현에 알려오다. (『금번집략』 갑오 7.25)

1894/7/18

① 연풍 현감 한진태가 충청감사에게 올린 첩정에 의하면, 일본 중장 일행 30여 명이 18일 지나가면서 고군 355명에게 일을 시키고 품값을 주지 않았고, 조령에서 충주에 이르는 50리 근처의 5개 동네는 백성이 모두 도피해서 마을이 비었다. 일본군은 매일 3, 40명 혹은 4, 50명씩 왕래가 잦고, 전신선 가설 후 안보동(安保洞)에 분국(分局)을 설치해서 몇백 명씩 언제나 머물러 있다고 한다. (『금번집략』 갑오 7.25)

② 충주 목사 민영기(閔泳綺)는 충청감사에게 올린 첩정에서, 이달 18일 일본 육군 이등군리 하마나 칸유(濱名寬祐)와 장위영 초관 1명, 포도청 포교 1명이 부산항에 상륙하는 만여명의 일본군을 영접하기 위해 충주에 와서 머물고 있다고 보고하다. (『금번집략』 갑오 7.25)

1894/7/20

① 충주 목사 민영기는 충청감사에게 올린 첩정에서, 19일과 20일 일본군이 2백명씩 혹 3백명씩 영남에서부터 계속하여 끊이지 않고 올라와 1천1백명 가량이 지나가거나 혹 유숙하면서 서울로 가고 있다고 보고하다. (『금번집략』 갑오 7.25)

1894/7/22

① 충주 목사 민영기는 충청감사에게 올린 첩정에서, 21일과 22일 잇달아 일본군이 통과한 수가 1천1, 2백명이 된다고 보고하다. 또 그간 인부 수천명을 청하는 대로 모집했다고 보고하다. (『금번집략』 갑오 7.25)

1894/7/26

① 충주 목사 민영기는 충청감사에게 올린 첩정에서, 24일에 일본군 1천여 명과 기마 70여 필이, 25일에 일본군 1천여 명과 기마 1백여 필이, 26일에 일본군 1백여 명이 계속해서 지나갔고, 관문 앞 20리쯤의 하담 나루에 군량과 병기 등을 적치한 것이 길다랗고, 혹 머물러 있고, 혹 배를 탔으며, 혹 육지로 서울로 직향하고 있다고 보고하다. (『금번집략』 갑오 8.3)

이때 병참 선로를 따라서 북상하던 일본군은 평양성에 집결한 청군을 공격하기 위해 파병된 5사단 후속 병력이었다. 대규모의 일본군 군대를 막아낼 힘이 없는 연풍현감과 충주목사는 감영에 급보만 보냈을 뿐 어떤 조처도 할 수 없었다. 이는 충청 감영도 마찬가지였고, 정부도 같았다.

오히려 정부에서는 일본과 7월 26일(양력 8.26)에는 공수동맹[10]을 체결하였다. 일본군의 압력에 의한 조약이었지만 동맹 조약의 내용은 청국을 함께 적대해서 조선에서 축출시키자는 것이었다.

이에 따라 조정과 지방 관아에서는 일본군에 적극 협조하지 않을 수 없었다. 조정에서는 일본공사의 요청에 따라 조선 관리를 파견해서 일본군을 수행하도록 했다.[11] 이로 말미암아 일본군은 조선 관리를 앞장 세워서 지방관아의 협조를 받을 수 있었고, 청군과 전투를 벌이는 군사작전을 자의대로 할 수 있었다.[12]

일본군 대부대가 속속 상륙하던 항구를 관할하는 동래부사부터 병참선로가 통과하는 군현의 지방관들은 일본군에게 각종 편의를 제공해야 했다. 관아 건물을 숙소로 제공하거나 인부를 모집하여 군수물자의 수송을 지원하는 등 여러 가지 협조를 해야만 하였다.

"일본은 청국에 대해 직접 공수(攻守) 전투 행위를 담당하고, 조선은 일본군의 진퇴와 식량의 편의를 도모한다."는 이른바 조일 맹약의 제2조는 일본군이 요구하는 것은 무엇이든 제공해 주어야 한다는 것으로 해석되는 것이었다. 산림채벌권과 같이 전투와 무관한 것도 군사용이라고 하면 거절할 수 없게 된다. 평안도 철산에 있던 일본군은 군사용 및 땔감 등 군수에 필요하다고 수목의 체벌을 허가해 달라고 일본 공사를 통해 요청해 왔는데 그 근거가 바로 조일맹약 제2조였다.[13]

여단 규모의 병력과 기마대, 그리고 각종 무기가 육로로 올라가는 모습은 대단하였다. 경상도 내륙에서 충청도와 경기도를 거쳐 올라가는 병참선로 인근의 주민들은 크게 놀라지 않을 수 없었다. 조선의 관리들은 일본군과 마주치는 것을 피하였다. 충청도 충주의 행군로 인근에서는 주민들이 병화의 우려 때문에 피난을 하고 있었다.

국내에 일본군이 횡행하는 모습은 두려우면서도 반감을 일게 하였다. 이런 반감은 여러 형태로 표출되었다. 일본군의 한 보고는 청국의 군대 1,500

명이 평양에 도착했다는 이야기가 퍼지면서 평양 지역의 주민들이 일본에 대한 적개심이 높아졌다는 내용을 전하고 있다.[14] 평양감사 민병석도 청국군에게 군량을 제공하고 청국군을 돕기 위한 포군을 모집하였다.[15]

전봉준은 일본군의 침략에 대한 경계심을 각처의 동학조직에 전하고 있다. 7월 17일 무주집강소에 보낸 통문의 내용은 다음과 같다.

> 방금 외구(外寇)가 범궐하였다. 국왕이 욕을 당했으니, 우리들은 마땅히 달려가 목숨을 걸고 의로써 싸워야 하나 저 도적들이 바야흐로 청나라와 전쟁 중이어서 그 예봉이 매우 날카로우므로 갑자기 맞서 싸웠다가는 그 화가 종사에 미칠지도 모른다. 물러나 은둔하여 시세를 관망한 연후에 기세를 올려 계책을 취하는 것이 만전지책(萬全之策)이다. 바라건대 반드시 경내의 각 접주에게 통문을 돌려 서로 상의하여 각자 안업(安業)하고 경내에서 서동(胥動)하는 무리를 일절 금단하여 마을에서 횡행하며 소동을 일으키지 못하도록 하기를 절망(切望)한다.[16]

대원군도 일본 세력의 축출을 위해 국내 세력을 움직이려고 시도하였다. 대원군은 박동진(朴東鎭)·정인덕(鄭寅德)과 이건영(李建永) 등을 9월 초 밀사로 파견해서 전봉준에게 기포(起包) 상경(上京)을 촉구하였다.[17] 그리고 지방 양반들에게도 밀사를 보내 서울 사정을 전하고 봉기를 유도하였다. 이건영은 남원에서 김개남을 만나고, 다시 삼례에서 전봉준과 만나서 대원군과 국왕의 밀지를 전하였다. 국가의 위기가 조석에 달여 있었기 때문에 국왕은 동학농민군의 군사력까지 활용하려고 했던 것이었다. 이 같은 일들은 비밀리에 진행되었으나 일본은 이건영의 밀사로 활동하던 사실을 파악하고 있었다.[18]

이와 같은 상황 속에서 일본군과 적대하는 움직임이 각지의 동학 조직에서 나타나고 있었다. 국난을 당할 때 왕조정부에서 키워온 양반 유생들이 의병을 일으키는 것이 전통이었으나 당시는 불가능하였다. 삼남 각지에서 동학 조직에 의해 양반 유생들이 압도당하고 있었기 때문에 무장봉기에 나설 힘이 없었다.

전봉준 등이 호남에서 기포를 결정하기 이전에 경상도 일대의 동학농민군이 일본군에게 적대하는 방법으로 택한 것은 전신 시설의 파괴였다. 직접 일본군과 충돌하는 것이 아니라 전신선을 끊는 방식이었지만 청국군과 전쟁을 벌이던 시기에는 효과가 있었다.

동학 조직이 세력을 확대하던 전국의 거의 모든 지역에서 무장 봉기를 준비하는 모습이 나타나고 있다. 2차 봉기가 일어나기 이전에도 병참 선로가 지나는 여러 군현의 동학 조직은 일본과 싸우기 위해 준비하였다. 일본군 병참부 인근에 대규모 동학농민군을 집결시켜서 위협하기도 하였다.

조선은 일본군으로서 청국군과 전투를 벌이고 있던 전선의 배후였다. 따라서 조선 영토에서 동학농민군이 군사 작전을 방해하는 활동을 중단시켜야 했다. 일본이 국력을 기울여서 군사력을 키우고 청국과 일전을 결하고 있는 배경에는 조선의 정치 군사적 침략 목적이 있었다. 따라서 일본은 동학농민군을 진압하기 위한 추가 병력 파견을 서둘렀다. 후비보병 제19대대의 증파는 그렇게 해서 이루어졌다.

3. 경상도 예천의 동학농민군과 민보군 간의 척왜 논란

동학 조직은 경복궁 사건이 전해진 초기부터 지방관을 위시하여 향리를 포함한 의병의 봉기를 구상하였다. 충청도 보은에서 7월 2일에 있었던 다음과 같은 사건이 대표적이다.

보은군수 정인량(鄭仁亮)이 충청감사에게 올린 첩정에 사각면 고승리 냇가에서 동학도 수백 명이 모여 있기 때문에 군수가 효유하기 위해 찾아갔더니 동학교도 김개쇠(金介釗)가 생일에 임박해 손님을 청했다고 한다. 동학교도의 모임에 군수가 온 것은 이방이 말했기 때문이라고 해서 여러 동학교도가 이방을 붙잡아 갔다. 군수가 이를 뒤쫓아서 갔는데 5리쯤 떨어진 산골짜기 나무숲 아래에 여러 사람들이 모여 있었다. 이들이 군수를 맞이하면서 "이번 소란스런 시기를 맞아서 마땅히 창의를 해야 할 것인데 관가에서 기왕 행차하였으니 우리들의 창의 두령이 되어 달라"고 청하였다. 창의 두령의 이름을 적은 것을 보면 군수가 도약장이 되었고, 부약장에는 임규호(任圭鎬) 황하일(黃河一) 이관영(李觀榮) 김재현(金在顯)과 이방 이상준(李商準)이었다. 군수 정인량은 서울 소식을 모르는 상태에서 의병에 참여할 수 없고, 군수로서는 동학의 두령이 될 수 없으며, 동학이 아니라 선비로서 창의를 한다고 해도 충청감영과 병영에 먼저 알려서 그 지침에 따르는 것이 마땅하다고 대답하였다.[19]

일본군과 싸우기 위한 국내 세력의 통합 움직임은 이처럼 7월 초부터 나타났던 것이다. 하지만 일본군이 점거했던 것은 국왕이 정사를 보던 경복궁과 중앙의 왕조정부였다. 지방관아는 기존의 조직이 그대로 온존한 상태에서 관치 질서를 유지했던 기형적인 형태를 보였다. 지방관이 상급관청에 보고를 하고 그 지휘를 받는 상명하복의 질서가 유지되었지만 그 정상부에 있는 정부는 일본 세력과 가까운 개화파가 장악하였고, 국왕은 경복궁 안에서 인질이 되어 힘을 잃었다. 국정을 형식상 책임진 대원군도 권한을 행사할 수 없었다.

사실상 당시 최고의 정책 결정 기관은 갑오개혁을 추진하던 군국기무처였다. 개화파 정권은 일본군의 비호 속에서 이전에 논의된 제도의 개혁을 추진하고 모든 정치 문제를 처리하게 위한 합의체 형식의 초정부적인 입법 · 정책 결정기구로 군국기무처를 설치하였다. 여기서 서울과 지방의 모든 관제, 주현의 직별, 행정 · 사법에 관한 규칙, 조세와 재정에 관련된 규칙, 군정을 비롯한 산업 육성에 관한 모든 사무 등을 담당하였다. 총재는 영의정 김홍집이 겸임하고 부총재는 내아문독판이었던 박정양이 겸임하였다. 모든 정무는 군국기무처의 심의를 거쳐야 했기 때문에 왕권이나 정부의 권력보다 더 큰 세력을 갖게 되었다. 하지만 일본군이 경복궁을 장악한 상태에서 군국에 관한 주요 정책의 최종 결정은 일본 공사의 영향을 받고 있었다.

이런 형태의 기형적 구조를 깨는 것은 일본을 무력으로 축출하는 방식이었는데, 관군이 무력한 속에서 동학 조직이 일본 세력의 축출을 목표로 무장투쟁을 준비하였던 것이다. 보은군수는 지방관으로서 의병에 참여하려면 상급 관청의 허락을 받아야 한다고 했는데 그것은 당시의 상황 속에서는 불가능한 일이었다. 국왕조차 자유롭지 못한 상태였기 때문이었다.

동학농민군은 우세한 일본군의 화력에 맞서기 위해 세력을 확대하고 지주 · 부농층의 전곡(錢穀)을 강제 징수하여 군자금으로 비축하면서 읍내의 양반과 향리층에게도 대일항전에 동참하기를 촉구했다. 그러면서 관고(官庫)에 보관된 총포 · 창도(槍刀) 등의 무기를 탈취하여 무장을 강화해 나갔다.

양반과 향리층도 반일감정은 동일하였다. 그렇지만 그들의 기득권과 권위에 도전해 오는 동학농민군은 눈앞에 있는 적이었다. 이로 말미암아 양반과 향리층이 지방관아의 뒷받침 속에 결성한 민보군은 동학농민군의 활동을 견제하였다.

경상도 예천의 민보군 조직인 집강소와 예천 일대에 집결했던 동학농민군과의 대립 충돌 과정을 보면 1894년 8월 말 동학농민군은 민보군과 힘을 합할 것을 절실히 요구하는 내용이 주목된다.[20] 이때는 아직 호남의 동학농민군이 무장봉기를 결정하기 전이었고, 보은의 동학 교단도 기포를 논의하기 전이었다. 즉 예천의 동학농민군 지도자들이 대일전쟁을 위해 준비하던 시기에 이미 국내 세력의 통합을 모색하고, 동학농민군을 진압하기 위해 결성한 예천의 민보군에게 통합할 것을 요청했던 것이다.

하지만 이는 거부되었다. 예천 집강소가 척왜의 기치 아래 합세해 달라고 요구하는 동학농민군에게 제시한 이유는 보은군수가 들었던 것과 같은 것이었다.

> 척왜 한 조항은 조정과 관계되는 일이므로 감히 사사롭게 마음대로 칭할 수 없다.(斥倭一款 事係朝家 不敢私自擅便稱之)

즉 척왜 항목은 조정에서 하는 일이라 감히 이를 칭할 수 없고 동학농민군도 이에 관여해서는 안 된다는 것이었다. 이런 거부 뒤에 예천에서 동학농민군과 민보군이 6~7천 명이나 맞서 싸웠던 일대 결전이 벌어졌다. 침략세력이 국권을 농단하는 것을 알면서도 국내 세력 간 치열한 내전을 벌였던 것은 비극이었다.

예천전투가 벌어진 8월 28일 동학농민군과 읍내의 민보군 간에 보낸 통문의 내용은 이 문제를 잘 보여주고 있다.[21] 화지 도회에서 읍내에 보낸 통문의 요지는 다음과 같다.

> 조선 사람이 조선 사람을 해치는 것은 같은 지역에 사는 사람들의 상정이

아닙니다. 500년 동안 왕도(王道)정치가 펼쳐지던 나라에 왜인(倭人)들이 득세를 하여 억조창생이 덕화(德化)를 입지 못하고 있습니다. 천리의 방기(邦畿)가 어떤 지경에 이르렀습니까? 도탄에 빠진 백성들이 어떻게 편안하게 살 수 있겠습니까? 지금 도중(道中), 동학의 본뜻은 왜를 물리치는 것입니다. 예천 고을의 일은, 읍인들은 도인들이 모이는 것을 의심하고 도인들은 읍인들이 군대를 편성하는 것을 의심한 데서 비롯되었으나, 실제로 죄를 지은 사람은 두 사람입니다. 오늘 본읍 예천에서 도회를 열고 죄인들을 잡아들인 뒤에 한마음으로 왜를 물리칠 계획입니다. 같은 동토(東土)의 백성들인데도 만약 왜를 물리치려는 뜻이 없다면 하늘 아래에서 당신들이 옳은 것입니까? 도인들의 의(義)가 옳은 것입니까? 도인들은 의병(義兵)입니다. 그렇게 아시기 바랍니다.

그날 답장을 해서 반박한 민보군의 통문도 강경하였다.

조선 사람이 조선 사람을 해칠 리는 절대로 없다. 그러나 만약 먼저 피해를 입는다면 어찌 앉아서 피해를 입고만 있는 사람이 있겠는가? 무기를 빼앗고 무리들을 많이 모아 누구를 해치려고 하는가? 죄를 지은 2명이 누구인지는 어째서 밝히지 않는가? 그들의 이름을 분명하게 이야기하여 관부에서 조처하도록 하면 된다. 어째서 번거롭게 너희들이 잡아들이려고 하는가? 고을 안에서 도회를 열겠다는 이야기는 한번 시험 삼아 해 본 것인가? 아니면 정말로 하겠다는 것인가? 왜를 물리치는 일이라면 조정에서 할 일이니 감히 개인적으로 함부로 떠들 수는 없다. 너희들은 어찌 이다지도 무례한가? 끝까지 따져 보면 잘못이 누구에게 있겠는가? 이렇게 알기 바란다.

이런 대립은 일본군이 경복궁을 점거하고 있는 시기에 나온 것이었다.

1894년 가을의 2차 봉기가 시작된 뒤에도 같은 양상이 계속되었다. 본격적인 동학농민군의 재봉기는 남원의 김개남 조직이 8월 25일경 먼저 준비하였으나 전봉준과 손화중은 이를 만류하였다. 손화중은 동학농민군 내부의 실상을 말하면서 준비가 안 된 봉기에 반대하였다. '이름 있는 사족(士族)이 따르지 않고 재산 있는 사람이 따르지 않고 글 잘하는 선비가 따르지 않았으며', 동학농민군에 가세해 온 사람들은 '어리석고 천해서 화를 즐기고 표절(剽竊)을 기뻐하는 무리'들이라서 전쟁에 나서기가 어렵다고 하였다.

마침내 9월에 들어와 전봉준이 재봉기를 결정하였다. 그 이전에 대원군과 국왕이 밀사 이건영을 파견하여 전봉준과 김개남을 만나도록 해서 밀지를 전했다. 그 내용은 '방금 왜구가 침범하여 화가 국가에 미치었는데 운명이 조석에 달렸다'면서 동학농민군을 서울로 진군시키라는 것이었다. 비밀을 당부하면서 보낸 이 밀지는 일정하게 전봉준 등 지도자들에게 영향을 미쳤다.

동학 교단도 기포령을 내렸다. 그렇지만 호남이나 호서나 동학농민군의 독자 세력만으로 대일전쟁을 벌이기는 어렵고 국내 세력을 모두 통합해야 한다는 생각을 갖고 있었다. 그런 때문에 양반과 지주들에게 협력을 요청하지 않을 수 없었다. 지방의 관료들에게도 힘을 합할 것을 요청하였다. 그러나 서로 간의 협력 통로를 만들기는 쉽지 않았다.

동학농민군은 양반의 눈으로 보기에 천리(天理)에 맞는 인간 사회의 도리인 반상(班常)의 윤리를 어기는 난적(亂賊)이었다. 지주의 눈에서는 그들이 가진 재부(財富)를 불법으로 탈취를 자행하는 화적에 불과하였다. 관료들에게는 관아의 명령을 따르지 않고 다수의 난도(亂徒)가 무장을 해서 관문 앞에서 병란을 일으키던 난당(亂黨)이었다. 더구나 지역과 조직에 따라서 동학농민군이 폭력을 앞세우기도 하였다. 양반이 과거의 일로 인해 보복을 당하거나 지주가가 곤욕을 치루는 일이 빈발하자 종전의 농민 통제력을 상실하고 위축되어 있던 각처의 양반 지주층들은 분개하였다. 그래서 일본군의 무도한 침략 행위와 그로 인한 나라의 위기를 겪고 있으면서도 동학농민군과 이에 반감을 갖는 지배층 간의 갈등이 확대되었다. 각처에서 충돌하는 양상이 벌어졌다.

결국 동학농민군 지도자들이 구상했던 국내 세력의 통합은 이루어지지 못하였다. 전봉준을 비롯한 각처의 동학농민군이 통합을 바랐던 국내 세력은 지방관과 양반 향리 등 모든 층을 포함한 것으로 보이나 구체적인 자료는 잘 남아 있지 않아 전모를 알 수는 없다. 일부의 지방관이 도움을 준 것이 확인되지만 동학농민군의 역량을 한층 강화하는 차원까지 이르지는 못하였다.

하지만 동학 조직이 모두 합세했기 때문에 동학농민군을 크게 고무시킨 성과도 있었다. 그것은 전봉준이 이끄는 호남의 동학농민군과 손병희가 인솔해온 교단이 편제한 동학농민군이 논산에서 합류했던 형태로 이루어졌는데, 이른바 남북접농민군의 통합을 이루어 낸 일이었다.

전봉준은 공주 진군을 앞둔 10월 16일 충청감사 박제순에게 관군의 동참을 요청하는 호소문을 보냈다.[22] '양호창의영수'(兩湖倡義領袖)의 이름으로 골육상쟁을 피하자고 보낸 이 글은 오히려 공주성의 방어를 강화하는 결과를 가져왔다.

충청감사 박제순은 '남쪽 농민군의 우환이 급하여 기회를 놓치면 반드시 일차로 침범할 것이고, 그렇지 않으면 해산해서 남쪽으로 내려갈 것'이라고 생각하였다. 동학농민군 대군이 공주에 들어오면 충청 감영이 이끄는 관치 질서는 무너질 것이었다. 충청감사 박제순은 정부에 급보를 연이어 보내서 경군과 일본군을 공주 감영에 시급히 보내주도록 호소하였다.

청주성에 들어왔던 장위영 병대가 보은 장내리를 불태우고 충청병사의 명을 받아 세성산의 동학농민군을 치러 가자 부영관 이두황과 충청병사 이장회에게 공문을 보내 크게 책망하였다. 공주 방어가 무엇보다 중요하다는 것이었다.[23] 즉 전봉준의 합세 요청은 감영을 방어하는 시간을 준 결과가 되었다.

일본군과 경군이 진을 친 우금치를 공격한 동학농민군 주력은 크게 패배하였다. 전봉준은 용수막을 거쳐 노성으로 내려가서 병력을 수습하였다. 그리고 11월 12일 '동도창의소'(東徒倡義所)란 이름으로 경군과 영병, 이교(吏校) 및 백성에게 알리는 한글 고시문[24]을 내걸었다. 척왜(斥倭)를 위해 동심 합력할 것을 호소하는 내용이었다.

이 고시문을 보면 동학농민군이 협력을 위한 통합 대상으로 보았던 국내 세력이 드러난다. 우선 동학농민군을 진압하기 위해 파병된 경군과 영병까지 반일 전쟁에 합류하자고 요청했던 대상이었다. 이들은 일본군의 지휘를 받으며 전국에 걸쳐 진압에 나섰던 관군이었다. 이교도 각 군현에서 동학 조직을 기찰해서 탄압하고 동학농민군을 진압하는데 참여했던 세력이었는데 이들도 포섭하려고 했다.

4. 맺는 말

1894년 동학농민군은 폐정개혁을 목적으로 무장봉기하였으나 일본군이 경복궁을 침범하는 위기를 맞아 반일전쟁에 들어가게 된다. 2차 봉기에 나선 동학농민군 지도자들은 자력만으로 일본군을 상대하기에 어렵다고 생각하고 지방관이나 양반 유생들이 결성한 민보군과 합세하는 것을 시도하였다.

이 시도는 실패하였다. 군현 단위에서 지방관과 민보군에게 합세를 요청했을 때도 거부를 당했고, 전봉준이 대규모로 동학농민군을 집결시킨 후 충청감영에 합세를 요청했을 때도 거부당하였다. 충청감영은 오히려 반격을 준비하는 시간을 갖게 되었다.

동학농민군이 지방관과 민보군에게 합세를 요청한 유일한 명분이 척왜였다. 지방관에게는 스스로 의병이라고 칭하고 관아도 합류해서 일본군과 싸울 것을 요청하였다. 지방관과는 척왜 명분을 둘러싸고 논전이 벌어진 경우도 있었다. 그것은 정부에서 할 일이지 동학도들이 논할 것이 아니라는 주장을 하면서 합세 거부의 이유를 삼았다. 경상도 예천의 화지에서 도회한 동학농민군과 읍내의 민보군 간의 설전이 그 내용을 잘 보여주고 있다.

양반유생들의 민보군의 주장도 같았다. 동학농민군의 주장은 유교의 사회질서를 어기는 것이고, 무장봉기해서 군수미와 군수전을 헌납 받는다고 하며 지주와 부농의 재산을 빼앗는 것은 화적 행위로 보았다. 또 무장한 동학농민군이 관아를 들이치는 것은 병란으로 간주하였다. 이러한 상반된 주장과 입장 때문에 두 세력은 합세하지 못하였다.

남북접 연합농민군을 이끌고 있던 전봉준은 우금치 전투 이후에도 마지막까지 국내 세력의 통합을 호소하였으나 반응이 없었다. 결국 일본의 침략을 앞에 두고 국내 세력은 통합을 이룰 수 없었다. 척왜의 명분도 영향을 갖지 못하였다.

동학문화의 현재와 미래
- 경상도 동학농민혁명 유적지를 중심으로

조극훈_ 경기대학교 교양학부 교수

1. 서론

경상북도 지역은 동학의 발상지면서 동학 교조 최제우의 순교지일 뿐만 아니라 동학농민혁명기에는 어느 지역보다 전투가 치열했던 지역으로, 동학의 정신이 올곧이 살아있는 곳이다.[1] 동학사상과 동학정신이 살아 있는 이 지역은 동학의 정체성과 동학의 문화를 현재 뿐만 아니라 미래 지향적으로 재구성하고 발전시킬 수 있는 지역이기도 하다. 경상도지역 동학농민혁명의 의의와 가치를 글로컬 시대의 시각으로 재조명한다는 것은 경상도지역의 문화를 새롭게 계승하고 세계화하는데 도움을 줄 뿐만 아니라 동학문화의 미래지향적인 발전가능성을 전망해볼 수 있는 기회를 제공한다.

동학과 직접적인 관련은 없지만 지역문화를 새롭게 해석하고 정비하여 성공적인 지역문화 콘텐츠로 육성한 대구의 「대구 골목투어」는 동학문화의 창조적 계승의 문제를 논의할 때 시사하는 바가 크다. 이 프로젝트는 대구광역시 중구 지역의 도시 재생 사업의 일환으로 인구의 감소, 산업구조의 변화, 도시의 무분별한 확장, 주거 환경의 노후화 등으로 쇠퇴한 도시를 활성화하려는 목적으로 추진되었다.[2] 2001년 대구문화봉사단이 지역사회에 지역고유의 문화가 절실함을 깨닫고 생활문화, 역사생태문화 활동을 시작한 것이 시초가 되었다. 2008년 골목 답사 프로그램이 본격 가동됨에 따라 새로운 문화의 거리로 알려지게 되었으며, 현재는 한 해 20만 명이 넘는 관광객이 몰릴 정도로 성공한 문화브랜드로 정착하였다.[3] 지역문화의 특수성과 고유성을 살리면서도 전국적인 단위의 수요와 감성을 지역문화에 결합함으로써 새로운 지역문화를 생산했다는 점에서 작은 단위의 글로컬 전략이라고 할 수 있다. 다른 도시들과는 달리 대구의 지역적 자산을 새롭게 재구성하고 상품화함으로써 관광명소로 거듭나고 있는 것이다. 관심이 없었던 지역의 문화를 전국적인 관광명소로 탈바꿈할 수 있었던 것은 문화에 대한 새로운 트렌드의 수용과 새로운 문화전략 때문에 가능한 것으로 보인다. 보편적인 것만을 추구했던 세계화의 전략은 글로컬 문화에서는 어울리지 않는다.

보편적인 것은 특수한 것과 매개될 때 의미를 획득하며, 거꾸로 특수한 것은 보편적인 것을 매개로 할 때 자립성을 가질 수 있다. 이처럼 보편적인 것과 특수적인 것은 상호 매개될 때 의미를 획득한다. 따라서 세계적인 것은 지역화되고 지역적인 것이 세계화될 때 세계와 지역이 상호 공존하는 문화를 형성할 수 있는 것이다. 문화적인 측면에서도 마찬가지다. 세계문화는 지역문화와 매개하는 현지화 전략을 통하여 유통될 수 있으며, 지역문화도 세계문화와 매개되어야 상품으로서 시장성을 확보할 수 있는 것이다.

대구의 이러한 문화적 전략은 동학문화를 21세기 코드에 적합하게 새롭게 전승하고 기억하기 위하여 필요한 것이기도 하다. 우리는 지역문화의 다양성과 개성을 최대한 살리면서 세계적인 트렌드에 탑승하는 문화전략을 21세기 글로컬 문화전략이라 부르고자 한다. 글로컬 문화전략은 전통적인 문화전략과 다르며 글로벌한 문화전략과도 다르다. 전통만을 강조한 나머지 새롭게 변신하려는 변화의 가능성을 열어놓지 않고 과거만을 고집하려는 전통적인 문화방식은 글로컬 전략 방식과 거리가 멀다. 또한 지역의 특수한 문화요소들을 배제한 채 보편적인 상품 전략만을 추구하는 글로벌 전략과도 거리가 있다. 글로컬 문화전략은 과학기술을 매개로 지역적인 것의 다양성을 최대한 살리면서도 보편성을 담지하고 있는 문화전략이다.

이러한 글로컬 문화전략은 오늘날 동학사상과 동학문화를 21세기 트렌드에 부합한 문화트렌드로 발전시키는데 도움이 된다. 동학의 정신이 될 수 있는 핵심 요소는 살리되 그밖의 요소는 현대적 감각에 맞게 변형하여 이를 문화콘텐츠로 제작, 디지털 플랫폼에 탑재하여 유통하는 방식을 고민할 때이다. 대구는 그런 점에서 이미 성공한 사례를 가지고 있기 때문에 대구를 중심으로 한 경상도지역의 동학의 문화유산과 거기에 깃든 동학의 정신을 현대화하여 글로컬 전략으로 새롭게 해석하려는 시도는 어느 지역보다 성공 가능성이 높은 것으로 보인다. 대구의 대표적인 쉼터인 달성공원에 세워진 최제우 선생의 동상이 상징하듯이 대구의 지역과 문화에는 동학의 정신이 깊이 배어있다는 것을 알 수 있다. 동학의 지역문화를 글로컬 문화콘텐츠로 개발하여 동학문화의 글로컬라이제이션의 가능성을 탐구하고자 한 이 연구는 다음과 같은 논의 순서로 진행될 것이다.

먼저 제2장 21세기 글로컬 문화콘텐츠에서는 동학문화를 기억하고 전승하기 위해서는 동학의 글로컬라이제이션의 측면에서 동학문화콘텐츠를 발굴하고 제작해야 한다는 점을 제시하고자 한다. 글로컬라이제이션의 개념과 그 특징을 살펴보면서 동학문화의 미래화를 위해서 필요한 요소가 무엇인지 그리고 그 가능성을 제시하고자 한다. 특히 지역적인 것의 다양성이 공존하고 상호 네트워크화를 통한 세계화로서 오늘날 문화자본의 논리 속에서 동학문화가 어떤 역할을 하고 어떤 영향을 미칠 수 있는지를 살펴보고자 한다. 이를 통해서 동학 사상과 문화는 문명에 대한 반성과 성찰을 통해서 대안적 문명의 역할을 할 수 있다는 점을 보이고자 한다.

제3장 동학문화의 현재성에서는 동학문화의 기억과 전승이라는 측면에서 동학문화의 요소를 교육과정과 교과서에 나타난 동학명칭의 변화, 동학 유적지와 기념물 등을 통해서 밝혀본다. 동학의 유적지로는 대구를 비롯한 경상북도 지역을 중심으로 살펴보고자 한다. 아울러 동학 기념물의 문화적 의미가 무엇인지 그리고 기념물 제작의 바람직한 방향을 제시하고자 한다.

제4장 동학문화의 글로컬라이제이션에서는 오늘날 동학문화를 기억하고 전승하기 위한 정신적 기초로서 역할을 할 만한 동학사상의 핵심 요소를 몇 가지 제시하고자 한다. 오늘날 인류의 문제를 이해하고 해결할 수 있는 아젠다로서 동학사상의 어떤 요소가 적절한지 논의하고자 한다. 그 요소로 현대인의 보편적인 규범의 역할을 할 수 있는 '시천주적 가치관', 이웃과 사회의 '배려와 소통의 문화', 현대 민주주의의 근간을 이루는 '민주, 평등, 시민의식', 인간성 상실과 소외문제에 대한 해결책으로서 '성경신 인성론', 사람존중, 자연존중, 한울존중의 '생명평화사상', 그리고 동학의 수련법을 활용하여 현대인의 마음을 치유할 수 있는 '힐링문화 프로그램' 등을 제시하고자 한다.

2. 21세기 글로컬 문화콘텐츠

동학사상과 문화를 새롭게 해석하여 현대사회의 문제를 해결할 수 있는 시각과 가치관을 제공할 뿐만 아니라 인류가 직면하고 있는 위기에 대한 대안으로서 그리고 현대인의 정서를 위로할 수 있는 치유문화로서 미래지향적으로 전승하기 위해서는 동학을 이해하고 해석하는 새로운 시각이 필요하다. 본 연구에서는 이러한 시각을 동학의 글로컬라이제이션 또는 동학의 글로컬적 시각이라 부르고자 한다. 이 개념은 원래 도시학 분야에서 처음으로 사용되었으나 사회, 경제, 문화의 영역에서 새로운 21세기 트렌드로 변용되어 사용되고 있다. 2장에서는 글로컬라이제이션의 개념 이해를 중심으로 동학문화가 현대적으로 새롭게 발전하고 계승하기 위한 생각과 시각 전환의 필요성을 제시하고 동학문화의 문화콘텐츠화 방법을 제시하고자 한다.

1) 글로컬라이제이션의 개념 이해

글로컬라이제이션(glocalization)[4]은 세계화를 뜻하는 글로벌라이제이션(globalization)과 지역화를 뜻하는 로컬라이제이션(localization)의 합성어로 지역문화의 세계화와 글로벌 문화의 지역화의 접점을 나타내는 문화발전의 신경향을 일컫는다. 원래 글로컬에 대한 논의는 1900년대 초 영국 스코틀랜드의 도시계획자인 게드스(P. Geddes)의 "세계적으로 생각하고 지역적으로 행동하라(think globally, and act locally)"라는 표어에서 시작되었다고 한다. 도시 개발이나 조경 사업에서 시작된 이 용어는 오늘날 세계와 지역을 동시에 감안하면서 사업을 진행해야 한다는 의미로 통용되고 있으며, 환경운동에서는 지역보호가 세계 환경 보호에 영향을 준다는 의미로, 그리고 경영에서는 지역성을 감안한 상품 개발의 필요성 등으로 사용된다.[5]

글로컬의 개념은 글로벌 개념과 비교되는데, 양자의 차이점은 〈표1〉과 같다. 글로컬이 글로벌의 보편성과 함께 로컬의 특수성을 융합하고 있다는 점에서 새로운 문화 트렌드로 정착하고 있다. "세계적으로 생각하고 지역적으로 행동하라."라는 글로컬의 표어는 문화적으로 지역문화의 보존과 변형,

문화의 대화와 소통을 강조한 것으로 풀이된다. 지역, 관계성, 변화, 소통, 융합, 교류가 상대적으로 강조됨으로써 글로벌 문화 시각과 전략에 나타난 보편주의적 특성에서 드러난 문제점을 보완하려는 의도로 만들어진 것이다. 동학문화의 발전과 대중화를 위해서는 글로컬 문화 트렌드를 주목하고 전략을 연구할 필요가 있다. 이에 앞서 글로컬의 특성을 구체적으로 이해하기 위해서 글로벌의 시각과 글로컬의 시각을 비교해 보자.

〈표1〉 글로벌과 글로컬의 차이점[6]

글로벌라이제이션	글로컬라이제이션
국제화 추진주의	국제화인 동시에 지역화 추진주의
개별보다는 보편성을 추구	보편-개별 관계성을 추구
국제적 상황의 대대적 수용	국제적 상황의 선별적 수용
무한경쟁 경제를 당연시하는 신자유주의	경제적 자유를 추구하나 제한도 설정
순수·자국문화 강조(본질 강조적)	문화의 대화·변화 강조(구성주의적)
강대국 중심의 변형은 가능	융합·혼종을 통해 궁극적으로 제3의 문화창출
빈부 양극, 지역문화 쇠퇴되는 결과	균등발전, 지역문화 중요성이 환기되는 결과
문화식민·통일주의적 성향	지역문화 변형 및 보존을 동시에 추구 가능
신자유주의 경제논리에 근거한 교류	상호 이해·균형적 교류에 의한 지역 활성화
정치적 우파 성향	정치적 중도 우파 혹은 중도 좌파적 성향
통제된 다양성, 실질적으로는 획일화	실질적인 다양성 추구가 가능
강대국 권력 중심주의(국가간의 경쟁 우선)	지역 국가 안배주의(국가간의 공존 우선)
쇠퇴에 의한 통합·흡수는 필연	복지주의·사회적 안전망 확충
국가 힘의 논리에 의한 세계통합	범세계주의(세계시민주의)적 통합
지나친 현실주의적 양상	현실주의와 이상주의의 결합 양상

특히 보편과 개별의 범주는 글로벌과 글로컬의 차이를 이해하는 데 유용하다. 글로벌 개념에서는 보편성과 중심주의 정체성 통일성이 강조되는 데 반하여, 글로컬 개념은 보편과 개별의 관계성, 지역성과 중심성, 다양성을

보존하는 통일성이 강조된다. 글로벌 문화영역에서 나타나는 지역문화 소외현상과 중심주의 문화의 획일화 현상의 문제점이 글로컬 문화영역에서 어느 정도 보완되는 장점이 있다. 이 점에서 "글로컬문화콘텐츠는 세계적인 문화 획일화 현상을 저지하고 지역의 문화를 재발견하게 하여 세계적 소통, 킬러콘텐츠, 창의성과 상상력을 일구어낼 수 있게 하기 위한 일종의 이데올로기라고 할 수 있다."[7] 글로컬 문화개념은 신자유주의 시대에 글로벌 중심의 국제사회에서 로컬 문화가 사라지는 글로벌 중심주의 획일화 문화 현상을 제어할 수 있는 기제 역할을 할 수 있다고 평가된다.

반면에 글로컬라이제이션에 대한 부정적인 시각도 존재한다. 글로컬라이제이션이 강대국이 자국의 문화를 지역적인 것에 전파하기 위해 지역적인 것의 특성과 조화롭게 하기 위해 사용하는 문화전략이라는 것이다. 강대국의 문화산업을 확산하고 강화하려는 전략이 글로컬 시장 논리로 포장되었다는 지적도 무시할 수 없다. 그렇지만 다른 한편 세계시장은 세계 어느 나라든 자국의 문화를 알릴 수 있는 공간일 뿐만 아니라 수입을 올릴 수 있는 문화산업의 공간이기도 하다. 글로컬 문화시장의 장점을 살리기 위해서는 자국의 문화를 보존하면서도 변형하려는 현지화 전략인 글로컬 프로세스가 필요하다. 강대국의 논리만이 아니라 다문화적인 상호이해의 논리가 각축되는 장이기 때문에 글로컬 시장은 글로벌의 획일화에 맞서 글로컬의 문화다양성이 확산될 수 있는 공간의 역할을 한다. 특히 한류문화의 정체성과 다양성을 강조한 다음의 지적은 동학문화의 글로컬라이제이션을 위해서도 시사하는 바가 크다. "전통과 현대적 측면 모두에서 여러 다양한 한국적 특수성이 세계에 호소할 수 있는 보편성과 다양하게 조우할 경우, 재미를 찾고 즐길 수 있게 글로컬적으로 융합되고 혼종적으로 창조될 수 있어야 한다. 과거의 전통을 현대에 맞게 다양한 방식으로 변화시켜 상업성 및 경제성과도 연결시켜야 한다는 것이다.”[8] 동학의 정신을 어떻게 현대적인 상황에 맞게 표현하고 현대인의 감수성을 반영한 시대정신으로 표현하느냐가 동학문화의 글로컬라이제이션의 과제라고 할 수 있다.

2) 문화의 개념과 시대정신

문화는 상품이기 이전에 정신적 가치나 시대정신을 반영하고 있다. 그것은 개인적 성취뿐만 아니라 문화를 향유하는 사회계층, 민주주의 공동체의 정체성과 분리될 수 없다.[9] 다시 말하면 문화는 인간의 삶과 내면적 정신의 깊이 그리고 그 시대의 시대정신을 반영한다. 글로컬 시대의 문화도 그 시대가 강조하는 시대 정신과 불가분적이다.

글로컬라이제이션은 역사적 흐름과 밀접한 관계가 있다. 문화도 특정 시대의 인간의 자기계발의 정신적인 표현물이라는 점에서 역사적 흐름과 불가분의 관계에 있는 것이다. 문화는 그 시대의 정신을 반영하고 있으며 시대의 변화에 따라 문화양상도 달라진다. 글로컬 문화담론은 이러한 역사적인 흐름에 나타난 전근대-근대-탈근대라는 근대담론의 흐름에서 형성된 것이다. 글로벌이 다양한 세계문화의 융합과 SNS 등 기술발전과 브랜드 가치가 전파되는 문화공간을 연출했고, 로컬은 지역의 문화유산(이야기+역사+문화가치)을 강조한 공간을 창출했다면, 글로컬라이제이션은 세계적인 동시에 지역적이며, 세계성이 지역성에 의해 수정되고 변경되며, 동일성에서 차이로 변화되는 공간을 열었다.[10]

〈표2〉 역사적 흐름에 따른 공간적 변화 및 사회 · 경제 · 문화 변동[11]

구분	전근대적	근대적	탈근대적	글로컬담론
권력(특성)	신(종교)	집권자(미디어)	개인 (탈중심)	소셜네트워킹
사조의 발전	전통주의	모더니즘	포스트모더니즘	네트워크 사회론
가치관	집합표상	합리주의	감성주의	소통중시
행위이론	전통적 행위	합리적 행위	정서적 행위	의사소통적 행위
현상	정신 중심	물질화	탈물질화	융합적 현상
상품/가치사슬	생산	유통	소비 · 사용	수용 · 체험/생태계
주력자본	자연자본	물적자본	문화자본	문화/사회적/인적 자본
경제발전의 주안점	생산성/비용계획 및 통제	효율성/혁신	발전의 부인	창조성/인지문화
주도자/콘텐츠	저자/원천	생산자/상품	소비자/상품	수용자/브랜드
커뮤니케이션	듣기	읽기	읽기, 보기	읽기, 보기, 쓰기, 말하기
공간 특성	Local	Global	Re-Local	Glocal(Global+Local)
집적 특성	중앙 집중	클러스터/도시화	분산과 집중	글로컬 네트워킹

〈표2〉에서 알 수 있듯이 공간의 의미 변화는 사회, 경제, 문화의 변동과 밀접한 관련이 있으며, 지역발전에도 영향을 미친다. 이병민은 지역발전이 공간의 의미 변화의 관련성을 세 가지 측면에서 지적한다.[12] 첫째, 유동화, 다양화, 차이라는 특성을 보인다는 것이다. 지역의 정체성을 근간으로 사회문화적인 차이를 기본으로 하는 흐름에서, 각 지역이 갖고 있는 차이를 인정하는 흐름으로 변화가 나타난다는 것이며 이전 시대의 고정적이고 가시적인 상태의 생산물이 비확정적이면서, 유동적이며, 다양성을 나타내는 가치 형태로 변화하는 양상으로 표현된다. 둘째, 경쟁력의 근간이 유형적인 것에서 무형적인 것으로 이동함으로써, 구체적인 상품이 아닌 상징적인 의미로서 브랜드가 중시된다는 점이다. 셋째, 글로컬 시대의 문화변동의 특징은 재현과 이미지의 해석 등 추상적인 담론에서 지역단위에서 실제적으로 일어나는 프로젝트로, 상징적인 주장에서 실제적인 현실의 운동으로 대변된다. 특히 글로컬 문화의 특징은 네트워킹이라는 데 있다. 네트워크 문화 속에서

는 문화의 정체성은 고정된 것이 아니라 관계망 속에서 표현되는 것이다.

글로컬 담론의 특징 중의 하나는 소통에 있다. 보편과 개별, 또는 개별과 개별의 상호 소통 논리가 작동할 수 있다는 것이다. 문화와 문화의 교류와 소통을 통해서 새로운 문화 창출의 기회가 늘어나며 이를 통해 새로운 시장이 열릴 수 있는 것이다. 이러한 과정은 변화의 과정을 수반한다. 특히 지역문화가 글로컬 시장에서 새로운 콘텐츠로 자리잡기 위해서는 변화가 필수적이다. 전통적인 것만을 고수하고 새로운 문화 환경에 적응하지 못하는 문화는 글로컬 시장에서도 적절한 발전의 기회를 얻지 못하게 될 것이다. 이 점에서 다음과 같은 지적은 글로컬 시장의 특성을 잘 보여주고 있다. "글로컬의 관점에 따르면 세계와 소통하고자 하는 모든 문화콘텐츠 상품은 지역적으로도 세계적으로도 시대에 맞추어 창의적으로 작품성 있게 바뀌어야 하는 것이지 역사적 정통성이나 전래의 문법만을 고수하려 해서는 안되는 것이다. 본래부터 문화콘텐츠 그 자체에 있어서도 제작된 문화콘텐츠와 문화콘텐츠 향유자들 간의 소통이 핵심이었지만, 글로컬리제이션 시대에는 이제 '세계구성원들간의 소통', '글로벌과 로컬의 소통', 제작된 문화콘텐츠와 문화콘텐츠 향유자들 사이에서의 '간-문화적 소통'이 핵심이 되어야 한다는 것이다."[13] 물론 지역문화를 상품소비를 위한 콘텐츠로 개발함으로써 지역문화의 정체성이 상실되고 시장화될 수 있다는 우려도 있을 수 있다. 그렇지만 변화는 정체성의 소멸이 아니라 소멸을 통한 창조의 과정이기 때문에 오히려 정체성을 새롭게 하는 데 도움이 된다.

3) 동학문화와 문화콘텐츠[14]

글로컬 담론의 특징에서 알 수 있듯이 앞으로의 문화는 최첨단 정보기술을 통한 네트워크 망으로 연결된 콘텐츠를 통해서 생산되고 유통될 것이다.

동학의 문화를 현대적으로 재해석하고 미래지향적으로 발전시키기 위해서는 문화콘텐츠로서 동학문화의 개발이 필요하다. 문화콘텐츠 개념 정의는 다양하게 내려지고 있지만 대표적으로 다음과 같은 정의를 들 수 있다. "문화콘텐츠는 곧 문화의 원형(original form + archetype) 또는 문화적 요소를 발굴하고 그 속에 담긴 의미와 가치(원형성, 잠재성, 활용성)을 찾아내어 매체(on-off line)를 결합하는 새로운 문화의 창조과정이다."[15]

동학의 문화를 글로컬 시대의 감성에 맞는 문화콘텐츠로 개발하는 방향으로 두 가지를 생각할 수 있다. 첫째, 동학사상과 동학문화에 기반한 글로벌 아젠다를 발굴하여 개발하는 것이다. 인내천을 활용한 21세기 평등사상이나 나눔과 배려의 문화 등을 들 수 있다.[16] 둘째, 기존 문화콘텐츠 플랫폼을 활용하여 자체 개발한 동학 문화 콘텐츠를 탑재하여 보급하는 방식이다. 두 가지 방향 모두 동학사상을 21세기 문화코드에 따라 재해석하고 과감하게 변화시켜야 하는 전제가 있다. 아울러 문화콘텐츠의 개발은 지금까지 역사 문화재 복원이나 한국적 테제에 머물렀던 문화콘텐츠를 동북아 지역의 교류와 협력은 물론 글로벌 차원에서 진행되어야 한다.[17] 로컬 차원의 교류와 협력은 물론 글로벌 차원의 전략은 바로 글로컬 문화 담론의 중심 내용이기도 하다. 문화콘텐츠에서 표현해야 할 대상이 함의하고 있는 가치들은 그 대상 속에 들어 있을 감정, 생각 등이다. 동학문화를 기억하고 전승하기 위한 기념물 조성이나 문화콘텐츠 제작에는 동학의 시대정신과 동학인의 감정, 영혼과 숨결이 느껴질 수 있도록 하는 방향으로 해야 한다. 문화콘텐츠에서 표현해야 할 대상이 함의하고 있는 가치들로는 다음과 같은 점을 들 수 있다. 첫째, 대상이 본래 가지고 있는 가치이다. 둘째, 그 대상이 지니고 있는 역사 문화적 가치이다. 만든 배경은 무엇인지, 만드는 과정은 어떻게 되었는지, 만든 이후에는 어떤 일들이 벌어졌는지 등에 대한 것과 그것이 후대인에게 어떠한 영향을 미쳤는지를 확인할 수 있어야 한다. 즉 사람들이 문화기술 콘텐츠에 대해서 표현의 대상이 가지는 본연의 가치를 살리면서, 그 가치를 보다 풍부하게 느끼게 해주고, 다양한 체험을 통해 자연스러운 지식의 습득으로 이루어지는 과정이 필요하다.[18]

3. 동학문화의 현재성

동학문화는 동학농민혁명 유적지, 동학 문예 및 미술 작품, 기념탑, 경전 등에 나타난 동학혁명정신을 말한다. 정신의 특징은 역사적이라는 데 있다. 보편적이며 불변적인 정체성보다는 역사시기와 같은 일정한 맥락에서 형성되는 정체성에 주안점이 있다. 동학의 정신도 시대의 변화와 맥락에 따라 여러 가지 모습으로 표현되는 것이며 따라서 보편적인 한 가지 의미로만 파악될 수 없는 것이다. 맥락 정보가 중요하며 21세기 글로컬적 문화환경에서 동학의 문화가 어떻게 표현되고 이해되는지를 파악하는 것은 동학문화의 기억과 전승의 차원에서 중요한 의미를 지닌다. 여기에서는 우선 동학문화가 정치적인 것과 어떤 관계를 맺으면서 변화했는지 동학 명칭 분석을 통해서 살피고자 한다. 다음으로 동학문화를 동학의 주요사상의 측면에서 정리하고, 특히 경상북도 지역의 동학 유적지 및 문화재를 분석하고 아울러 동학관련 문예 및 미술 작품을 살펴본다.

1) 동학 명칭 변화에 나타난 동학의 정체성

동학의 현재성을 알기 위한 방법 중의 하나는 그 명칭의 변화과정을 파악하는 것이다. 동학 명칭의 변화를 통해서 동학 정체성과 인식의 변화를 엿볼 수 있다. 동학 명칭의 변화에 따른 동학 인식의 변화를 논의한 연구 자료로는 이진영, 이경화, 동학농민혁명기념재단 자료실 등이 있다. 이진영은 동학농민혁명 인식의 변화과정을 다섯 시기로 나누어 그 의미를 파악하였다. 1단계는 1895년에서 1950년대까지의 시기로 시련과 모색의 시기, 2단계는 1960년대로 자각과 왜곡의 시기, 3단계는 1970년대로 현재적 의미의 거세의 시기, 4단계는 1980년대로 박제화와 저항의 시기, 5단계는 1990년대로 100년만의 회생의 시기로 분석하였다.[19]

동학혁명기념재단에서는 〈표3〉처럼 국사 교과서에 표기된 동학 명칭의 변화과정을 시기별로 분류하여 동학란, 동학혁명, 동학혁명운동, 동학농민혁명운동, 동학운동, 동학농민운동 등으로 표기된 과정을 소개하고 있다.

〈표3〉 동학 명칭 변천사[20]

출판년도	교과서명	명칭
1949년판	중등 사회과 『우리나라 역사』	동학란
1956년판	고등학교 사회과 『국사』	동학란
1965년판	중학교 사회생활과 『중등국사』	동학란
1970년판	인문계 고등학교 『국사』	동학혁명
1974년판	고등학교 국사교과서	동학혁명운동
1975년판	중학교 『국사』 국사교과서	동학혁명
1979년판	고등학교 『국사』 교과서	동학농민혁명운동
1982년판	중 · 고등학교 『국사』 교과서	동학운동
1990년판	중 · 고등학교 『국사』	동학농민운동
1995년판(1997년판)	중 · 고등학교 『국사』	동학농민운동

※ 일제시대에는 동학당의 난, 동학난으로 칭함

이경화는 동학농민혁명의 기념과 전승의 측면에서 동학 명칭의 변화에 주목하였다. 특히 교과서의 동학 명명과 정치적인 입장이 서로 밀접한 관계가 있다는 점을 주목하였는데, 동학 명칭은 원래 동학의 정신이 반영된 것이라기보다는 정권을 정당화하려는 수단으로 사용했다는 점을 강조하였다.[21] 이러한 동학 명칭의 변화를 통해서 알 수 있는 것은 동학의 정체성이 명칭의 변화에 따라 달라짐으로써 동학의 정신이 온전하게 전승되지 못하고 왜곡된 측면이 있다는 점이다. 명칭의 변화는 문자가 바뀌는 것만을 의미하는 것은 아니다. 인식이 바뀌는 것을 의미한다. 동학의 참된 정신이 무엇인지에 대한 깊은 성찰이 있어야 한다. 민주주의 정신과 생명과 평화의 정신에 입각한 동학 이해가 필요하다. 이러한 인식과 역사의식을 바탕으로 동학의 문화와 유적지의 콘텐츠화도 추진되어야 한다.

2) 경상북도 지역의 동학 유적지[22]

지도에 표시되어 있는 것처럼 초기의 동학 중심도시는 양구, 인제, 양양, 영월, 울진, 평해, 단양, 영양, 문경, 안동, 영해, 청송, 의성, 영덕, 상주, 나곡, 흥해, 성주, 신녕, 경주, 대구, 청도, 웅천, 울산 등이며, 1860년 동학 창도 도시 신녕, 1864년 최제우 순교도시 대구이다. 한편 경상북도 지역 대표적인 유적지로는 예천, 상주, 김천, 구미 지역에 있다.

〈표4〉 초기의 동학 중심 도시[23]

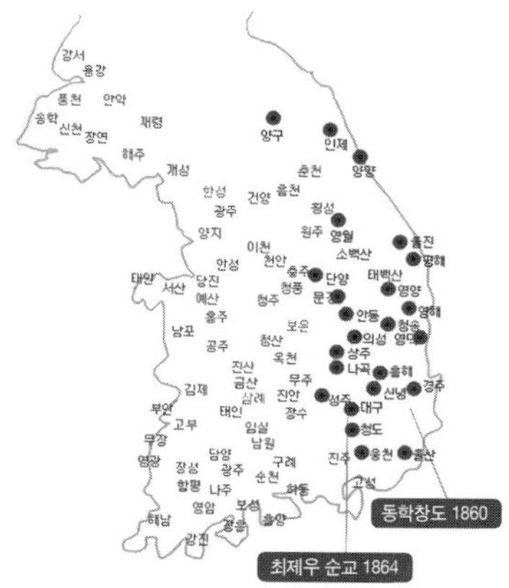

〈표5〉 경상북도 지역 동학농민혁명 관련 유적지[24]

유적지 명칭	주소	유적 내용
농민군 처형비	경북 예천군 예천읍 통명리	1984년 8월 9일 밤 붙잡힌 농민군 11명을 생매장한 모래밭에 세워진 비석. 이 사건으로 농민군과 민보군의 관계는 급격히 악화됨.
농민군 집결지 화지	경북 예천군 유천면 화지리 화지마을	
농민군 집결지 금당실	경북 예천군 용문면 상금곡리 금당실마을	
예천관아 객관	경북 예천군 예천읍 노상리	예천의 향리들은 이곳에 7월 26일 보수집강소를 만들었음. 농민군의 폐정개혁기관으로 알려진 집강소가 진압 측의 민보군 이름으로 사용한 사실이 특이함. 읍내 한가운데 있던 이 객관은 1972년 지금의 대창중 · 고등학교로 옮겨져 본래의 모습을 유지하고 있음.
함양박씨 유계소	경북 예천군 용문면 삼금곡리	이 유계소는 예천의 양반 문중인 함양박씨의 유생이 모여 경전의 내용을 강론하였던 곳임. 농민군은 이 건물을 빼앗아 집강소를 설치하였으나 금당실의 농민군이 읍내의 민보군과 싸워 패배한 직후 민보군에 의해 불태워졌음. 그 뒤 함양박씨 문중에서 다시 복원하여 경담재(鏡潭齋)라는 현판을 걸음.
굴머리 전투지 서정자들	경북 예천군 예천읍 서본리 서정자들	
굴머리 전투지 한천제방	경북 예천군 예천읍 백전리 한천	
동학농민군 지도자 잔기항 비	경북 예천군 용문면 삼금곡리	
김현영 대접주 옛집 자리	상주 모서면 사제에 있는 김현영 대접주의 옛집 자리	8칸 목조 겹집이 있던 이 부근이 모서 농민군의 본거지였음.
김현영 접주 임명장		
일본군 낙동병참부	경북 상주시 낙동면 낙동리	병참부는 일본군이 조선의 내륙지역을 장악하기 위한 교통로 확보를 목적으로 설치됨.
김천장터	경북 김천시 교동	
선산전경	경북 구미시 선산읍	

선산 낙남루	경북 구미시 선산읍 완전리	
일본군 해평병참부	경북 구미시 해평면 해평리	

한편 채길순은 경상북도 지역의 동학의 유적지 분포 지역을 7개 지역을 소개하고 있다.[25]

(1) 영남 지역 동학활동의 중심지로서의 상주, (2) 북서부 지역 최대 동학농민혁명 전투지인 예천, (3) 민보군의 결집으로 동학농민 활동이 미미했던 안동, (4) 의홍과 신령현 갑오년 8월 동학농민군이 관아를 점거했던 곳인 군위 영천, (5) 일본 병참 공격을 위한 선산 읍성 전투, (6) 충청 경상도 동학활동의 연결고리가 된 김산, (7) 가장 빠른 읍성 접령지인 성주를 들고 있다.

이처럼 경상북도 지역은 초기 동학활동의 본거지이며 최제우 선생의 순교지였을 뿐만 아니라 동학농민혁명의 유적지가 다수 분포된 지역으로 동학문화의 기억과 전승이라는 점에서 매우 중요한 곳이다. 유적지는 과거의 생명이 상징의 형태로 지속되는 기억의 공간이다.

3) 동학농민혁명 기념물의 의미

경상북도 지역은 동학농민혁명 유적지뿐만 아니라 기념물도 상당수 있다.[26] 경상북도 지역의 대표적인 기념시설로는 다음과 같다. (1) 해월 최시형 동상(경북 경주시 동천동 황성공원 내), (2) 상주동학농민혁명기념상(경북 상주시 경북대 상주캠퍼스 맞은편), (3) 상주동학교당(경북 상주시 은척면 우기리), (4) 예천 농학농민군 생매장터 비(경북 예천군 동본리 공설운동장 앞) 기념물은 기념의 정신이 담겨져 있어야 한다. 원도연은 동학농민혁명 기념 사업의 사회성과 기념공간 연구를 통해서 기념조형물이 표현해야 할 정신으로 정체성, 역사성, 문화적 가치 및 대중성을 들고 있다. "현재적 의미에서의 기념조형물은 그 지역의 집단적 정체성을 표상해야 하며 역사성과 문화적 가치, 그리고 대중성을 가져야 한다. … 그 점에서 생가복원이나 묘지 조성은 역사를 죽은 자의 공간 속에 몰아넣을 가능성이 높으므로 기념 사업의 원래 취지와 맞지 않다. 문화적 관점이 배제된 기념공간의 조성은 결과적으로 대중을 소외시키고 망자와 산자의 소통을 가로막는다."[27]

동학 명칭 변화와 마찬가지로 동학농민혁명 기념물도 시대에 따라서 그 형식과 내용이 변화되어 왔다. 양호한 기념물은 도덕적이면서 과거와 현재를 매개하는 역할을 하기도 한다. 동학농민혁명 기념물은 "사회 주도 이념의 도덕성과 관련되고 문화요소와 진정성을 발휘한 기념물은 역사와 기억을 매개하는 효과적인 기능을 한다. 곧 동학농민혁명에 대한 재해석은 새로운 기억을 마련하고, 의미 있는 다양한 조형작업은 기억을 관리하는 장치가 될 것이다."[28] 과거를 기억하는 이유는 과거의 기억을 통해서 미래를 설계할 수 있는 교훈을 배울 수 있기 때문이다. 추상적인 기억은 구체적인 조형물로 표현된다. 동학을 기억하는 이유중의 하나는 동학사상과 동학문화의 기억과 전승을 통해서 역사를 반성하고 현재를 성찰하여 미래를 계획하는 데 동학의 역할이 있기 때문이다. 문화적 상징을 통해서 배울 수 있는 다음과 같은 교훈은 동학의 현재적 의미를 반성하는 데 도움을 준다.[29]

첫째, 진실에서 멀어진 조형물은 우리 사회를 무의식화, 획일화하는 장치가 된다.[30] 둘째, 기념물이 역사적 실체를 상기시키지 못하고 혹은 무관해 보이는 것은 시대의식과 제작자의 몫이다. 셋째, 독일의 홀로코스트에 대한 기억의 변화가 그렇듯이 역사의 반성을 통해 새로운 문화가 만들어지며 기념시설은 그 중요한 역할을 한다.[31] 넷째, 외연적 지식을 알리는 데에 주력하기보다는 성찰을 유도하는 기념물이 제작되어야 한다.

4. 동학문화의 글로컬라이제이션의 가능성

동학을 변화된 시대에 맞게 재해석하고 현대사회의 문제뿐만 아니라 인류 문명이 당면한 문제를 이해하고 분석할 수 있는 시각으로서 동학사상과 동학문화를 새롭게 이해하려는 시도는 동학의 창의적 발전을 위해 중요하다. 동학사상과 문화 그리고 그 역사적 기록을 기억하고 전승하기 위하여 동학의 정신과 문화를 현대적으로 재해석하는 것은 동학을 대중화할 수 있는 기회가 될 것이다. 여기에서는 동학사상과 동학문화 중에서 미래 문화코드로 상징할 수 있는 부분을 제시하면서 동학문화의 글로컬라이제이션의 가능성을 타진해보고자 한다.

21세기 글로컬 문화 시각에서 필자는 동학사상과 동학문화를 몇 가지로 정리하고 이러한 요소가 현대사회와 현대인이 안고 있는 문제를 해결하는데 기여할 부분이 무엇인지 살펴보고자 한다. 그 요소로 "시천주적 가치관", "배려와 소통의 문화", "인내천의 평등주의", "성경신의 인성론", "생명평화사상", "힐링문화로서의 동학 수련" 등을 제시하고자 한다.

1) 시천주적 가치관

시천주는 동학의 종지이다. 누구에게나 한울님이 존재하고 그 한울님을 모신다는 것은 모든 존재들을 나와 너 그리고 우리와 함께 평등하게 존경한다는 의미로 해석할 수 있을 것이다. 시천주는 보편적인 규범을 상실한 현대인에게 절대적인 가치관의 역할을 한다. 자신만이 한울이라고 생각하는 각자위심(各自爲心)의 가치관을 모두가 한울님이고 그 한울님을 모시고 존경한다는 동귀일체(同歸一體)의 가치관으로 전환함으로써 현대인들에게 필요한 규범의 역할을 할 수 있을 것이다. 널리 이롭게 하는 홍익인간의 이념이나 타인을 배려하고 존중하는 의식은 시천주적 가치관의 형성을 통해서 개화될 수 있다.

2) 배려와 소통의 문화

21세기 글로컬 시각에서 보면 우리 사회가 필요로 하는 인간상과 가치관은 인간과 인간, 인간과 세상과의 소통이 강조되고 배려와 나눔의 정신으로 공동체에 참여하는 인간과 가치를 들 수 있다. 동학혁명의 정신을 현대사회가 요구하고 필요로 하는 인간관과 가치관으로 재해석하려는 노력이 필요하다. 배려와 소통의 문화를 동학의 정신으로 계승하는 것은 글로컬 문화 전략에서도 적절해 보인다. 배려와 소통의 문화는 인류 보편적인 글로벌 규범이면서 동학의 오심즉여심이나 시천주 사상의 현대적 변용의 결과이기 때문이다. 층간 소음이나 이웃간의 무관심 문제에 대한 적절한 대응방식으로 활용하기 위하여 동학의 사인여천(事人如天) 등의 개념을 콘텐츠로 개발 보급하는 것을 하나의 예로 생각해볼 수 있을 것이다.

3) 민주, 평등, 시민의식

우리 사회에 만연한 정치 사회 경제 문제에 대하여 동학혁명의 정신이 어떤 역할을 할 수 있는지 고민할 필요가 있다. 동학의 반외세 반봉건의 정신과 개벽사상 등은 오늘날 민주주의 이념과 경제민주화의 기초로 사용할 수 있을 것이다. 우리 사회는 빈부격차나 사회양극화, 정치불신 등의 문제에 직면해 있다. 동학혁명의 정신은 이러한 우리 사회의 심각한 문제들에 대한 해석 담론으로 기대할 수 있을 것이다. 사회민주화, 정치민주화, 경제민주화는 우리 사회의 갈등과 불평등을 해소하기 위한 과제이다. 특히 동학의 개벽사상은 비판적 안목과 시각을 갖게 하는 규범의 역할을 할 수 있을 것이다. 이는 동학농민혁명 교과서를 개발할 때 적절한 문화콘텐츠를 활용하여 혁명의 정신을 현대인의 눈높이에 맞게 재구성하는 방식으로 진행될 수 있을 것이다.

4) 성경신 인성론[32]

정성, 공경, 믿음은 동학에서 인성론으로 제시할 수 있는 덕목들이다. 인성의 문제는 오늘날 우리 사회의 화두가 되었다. 감사, 배려, 협업, 공동체의식 등 인간의 공동체적인 규범과 실천이 좋은 인성을 갖기 위한 방법인데, 현실 상황은 그렇지 못하다. 그것은 개인의 문제라기보다는 협업보다는 개인의 이익을 좀더 중요하게 생각하게끔 하는 프레임의 문제이다. 갈등과 불신 등 인성의 문제에 대한 해결책으로 동학의 성경신은 좋은 대안이 될 수 있을 것이다. 마음으로 정성을 다하고 공경하며 정성과 공경에 대한 강한 믿음은 인간의 이타성을 기르는데 도움이 될 수 있다.

5) 생명평화 사상

동학의 생명평화 사상은 생태주의적 관점에서 활발하게 논의되고 있는 주제이다. 그렇지만 평화의 기초가 왜 생명인지, 생명은 왜 평화가 있어야 되는지에 대한 근거는 그렇게 많이 알려지지 않았다. 경천, 경인, 경물의 삼경 사상은 천지인의 유기체적인 통일을 전제로 하는 것이며, 사람을 한울처럼 대하라거나, 물건마다 일마다 한울님이라는 동학의 기본 규범은 한울님과 매개될 때 생명이 있는 것이고 생명이 있다는 것은 갈등이 아니라 평화를 낳는다. 죽음은 그러한 한울님 관계가 무너질 때 발생하는 것이다. 모든 존재는 한울님과 매개될 때 생명을 얻으며 생명을 얻음으로써 파괴되지 않고 평화를 얻을 수 있다.

6) 마음 치유 프로그램

치유 프로그램 중 '누구에게나 엄마가 필요하다'는 프로그램이 있다. 이 프로그램의 특징은 서로 이해하고 경청하고 위로하면서 강사의 개입없이 먼저 치유된 자가 다른 사람을 치유하는 릴레이식 치유라는 데 있다.[33] 내면에서 나온 자기 깨달음과 인생에 대한 깊은 성찰이 필요하다. 동학의 수련 활동은 자기 힐링의 역할을 한다. 주문공부를 통해서 몸과 마음이 열리고 하나가 됨으로써 자기치유가 된다. 외부의 개입이 아니라 내부의 힘에 의해서 스스로 자기의 상처와 마주하고 치유하는 힘을 기르는 것이다. 이러한 방법은 프로그램 위주로 진행됨으로써 의존적 치유의 문제점을 보완하는 역할을 할 수 있을 것이다.

5. 결론

과거에서 교훈을 얻고 현재를 해석하고 미래를 계획하는 시금석인 동학사상과 동학문화를 기억하고 전승하기 위해서는 문화에 대한 시각의 전환이 필요하다. 과거는 기억으로 전승되지만 기억은 문화매체를 통해서 현재와 미래에 새롭게 태어나는 것이다. 동학문화를 글로컬 문화콘텐츠 개념으로 새롭게 해석하려는 본 연구는 동학문화의 현대화를 기대한다. 먼저 글로컬라이제이션의 개념이해를 통해서 시대의 변화와 시대정신의 상관성을 살피고 글로벌, 로컬, 글로컬 문화 전략의 특징을 소개함으로써 동학이 문화콘텐츠화를 통해서 새롭게 태어날 수 있는 계기가 된다는 점을 논의하였다. 동학문화의 현재성에서는 경상도지역의 동학 유적지의 실태를 살펴보고 동학혁명의 명칭 변화 조사를 통해서 동학사상과 동학문화의 현주소를 분석하였다. 동학문화의 글로컬라이제이션에서는 글로컬적 시각에서 동학

문화를 현대적으로 해석할 때 현대문화와 현대사회 그리고 현대인에게 필요로 하는 부분과 역할이 무엇인지를 논의하였다. 배려와 소통의 문화, 보편적인 규범의 역할, 민주, 평등, 시민의식, 사회, 경제, 정치의 민주화와 힐링 문화로서의 동학의 가능성, 그리고 성경신을 통한 인성론의 가능성, 생명평화사상으로서의 삼경사상을 글로컬 문화로서의 동학문화의 가능성의 사례로 제시하였다.

경제적 빈곤, 사회 불안, 정치적 갈등의 문제는 민주, 평등, 시민의식을 통해서 접근해보고, 분노와 불신사회에 처해 있는 우리 사회와 시민들의 문제는 배려와 소통의 문화로 대처하고, 비인간화 현상의 문제는 동학의 성경신 인성론으로 접근하고, 환경이나 생태의 문제는 삼경사상과 같은 동학의 생명평화사상으로 대처하는 방법을 생각해볼 수 있다. 더불어 이러한 내용을 체계적으로 정리하고 소개하는 동학사상과 동학문화 교과서를 제작 배포하는 것도 동학문화를 현대화하는 길이며, 인성 및 힐링 관련 다양한 콘텐츠를 반영한 프로그램을 개발하고 교육 보급하는 것도 중요하며, 이러한 내용을 디지털화하여 문화콘텐츠로 보급함으로써 대중화하는 것도 중요하다. 아울러 이러한 문화보급 활동을 학문적으로 체계화하고 기초를 마련하려는 노력도 필요하다. 예를 들면 경전 번역의 현대화를 들 수 있다. 교단에서 번역된 천도교 경전 이외에 일부 연구자들에 의해 경전 번역이 이루어졌는데, 이를 체계적이고 통일적으로 할 필요가 있다. 용어의 통일, 현대식 문장 표현, 영문 표기 등이 학회와 교단 및 관련 연구자들에 의해서 체계적으로 재검토될 필요가 있다.

물론 동학사상과 문화 중에서 이러한 요소들만이 글로컬적 문화로서 가능한 것은 아니다. 또한 이러한 항목들이 현대사회의 문제나 현대인의 문제 그리고 인류문명의 문제를 해결하는 데 반드시 성공적이라고 장담할 수 없다. 좀 더 도전적인 이론과 프로그램이 여러 영역에서 제시되고 있으며 일부에서는 성공을 거두고 있는 부분도 있기 때문에 공허하게 들릴 수도 있을 것이다. 그러나 동학을 현재화해야 한다는 당위성과 필요성은 누구나 공감한다. 문제는 그러한 시도나 노력을 어떤 방법으로 하느냐가 중요하다. 아주 새로운 시각과 방법이 필요한 이유다. 예전의 사고방식으로는 디지털화한 현대사회의 문화양식을 따라갈 수 없다. 근원 정신을 잃지 않되 과감한 변화와 변신이 필요하며 현대인의 문화적 니즈와 기술을 충분하게 수용해야 하는 과제를 안고 있다. 사고방식의 전환을 통한 동학문화의 글로컬라이제이션은 동학학회가 학술적으로 추구하고자 하는 연구역량과 연구목표이면서 동학에 공감하는 사람들이 공유하는 가치관이다. 자기혁신과 자기변화가 생존의 법칙인 시대에 살고 있다. 대상을 바꾸고 싶다면 자기 자신을 바꿔야 한다는 말처럼 이제는 동학사사상과 동학문화를 현대적으로 적용하려는 자기 갱신의 노력이 무엇보다 필요할 때이다.

부록

대구 및 경북 지역 동학농민혁명 유적지 및 기념시설

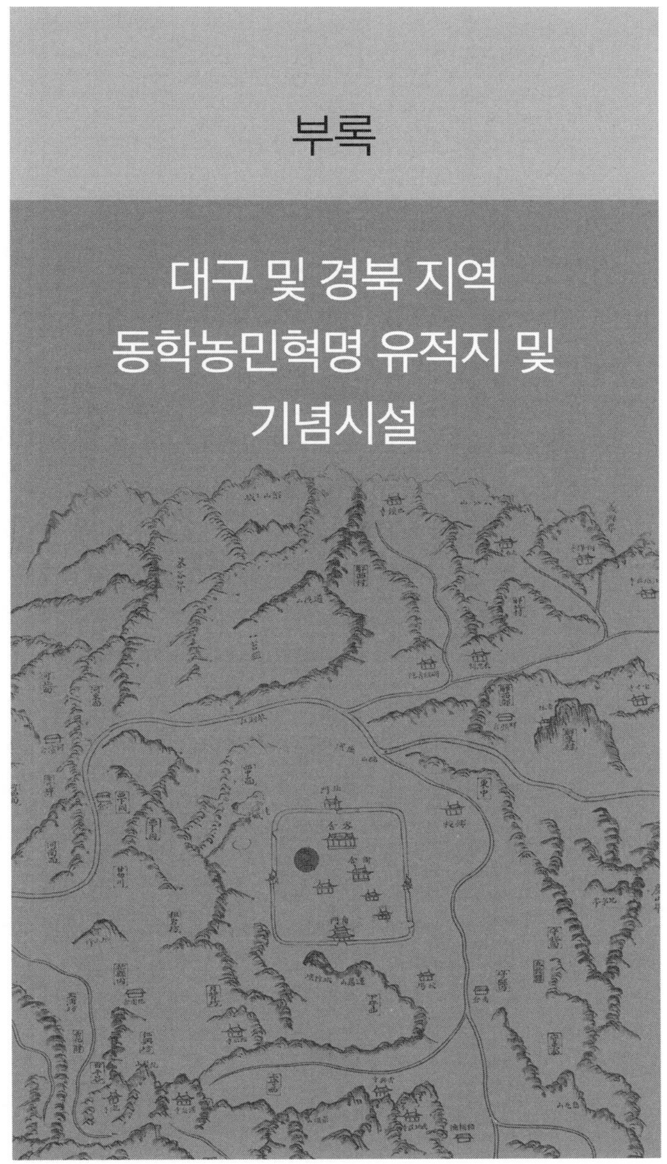

부록의 자료는 동학농민혁명기념재단이 『동학농민혁명 유적지 및 기념시설 현황조사』(2010)의 일부를 발췌하여 편집한 것임.

경주 가정리 구미산 용담정

경상북도 경주시 현곡동 가정리 산 63-1

수운(水雲) 최제우(崔濟愚)가 무극대도(无極大道)를 깨닫고 동학을 창도한 곳으로 경주 구미산(해발 594m) 동쪽 기슭에 위치하고 있다. 이곳 용담정으로부터 멀지 않은 곳(가정리 최제우 유허지)에서 태어난 최제우는 10세 되던 해에 모친, 16세 되던 해에 부친을 여읜 후 무예를 익히거나 상업에 종사하였으며, 혼탁한 세상을 바로잡을 수 있는 깨달음을 얻기 위해 전국을 다니며 구도하다가 1854년에 부인 박씨의 고향이기도 했던 울산 유곡동(여시바윗골)으로 가서 초막을 짓고 도에 정진하였다. 여기서 금강산 유점사에 왔다는 이승(異僧)으로부터 이른바 을묘천서(乙卯天書)를 받는 기연을 얻었으나, 득도하지 못한 채 1859년 10월 경주로 돌아와 이곳에서 기거하며 득도하기 위해 정진하였다. 이곳의 부지는 최제우의 조부 최종하(崔宗夏)가 그의 아들 최옥(崔鋈)의 학업을 위해 매입하였으며, 1815년에 최옥이 이곳에 용담서사(龍潭書舍)를 짓고 제자들을 가르쳤다. 울산에서 경주로 돌아온 최제우는 이곳을 용담정(龍潭亭)이라 하고 득도를 위해 정진하였다. 그러던 중 1860년 4월 5일 온몸이 떨리고 신선의 말씀이 들리는 신비체험을 하면서 득도에 성공하여 동학이 창도되었다.

용담정은 1914년과 1960년에 중건되었다가, 1975년에 재건축되어 지금에 이르고 있다. 1988년에는 입구에 최제우 동상을 건립하는 등 성역화 사업을 추진하였다. 전체 부지는 약 40만평이다.

용담정

용담성지 입구의 포덕문

대신사 수운 최제우 유허비

경상북도 경주시 가정리 1리 314, 315, 319번지

동학교조 수운 최제우(崔濟愚)가 태어난 곳이다. 최제우는 1824년 10월 28일 이곳 경북 월성군 현곡면 가정리에서 부친 근암(近庵) 최옥(崔鋈)과 모친 한(韓)씨 사이에서 태어났다. 초명은 제선(濟宣)이었고, 자는 성묵(性默), 호는 수운재(水雲齋)이며, 본관은 경주이다. 최옥은 신라시대 고운(孤雲) 최치원(崔致遠)의 28세 손이다.

최제우가 10세 되던 해에 모친, 16세 되던 해에 부친이 사망하였다. 이후 무예를 익히거나 상업에 종사하면서, 혼탁한 세상을 바로잡을 수 있는 깨달음을 얻기 위해 전국을 다니며 구도하다가 1854년에 부인 박씨의 고향이기도 했던 울산 유곡동으로 가서 초막을 짓고 도에 정진하였다. 여기서 금강산 유점사에 왔다는 이승(異僧)으로부터 이른바 을묘천서(乙卯天書)를 받는 기연을 얻었으나, 득도하지 못한 채 1859년 10월 경주로 돌아와 부친 최옥이 공부하기 위해 지어놓았던 용담서사로 들어가 득도에 정진하여 1860년 4월 5일 무극대도의 깨달음을 얻고 동학을 창도하였다.

1971년 8월 천도교 중앙총부에서 〈천도교 대신사 수운 최제우 유허비〉를 세웠다.

대신사 수운 최제우 유허비

대구 달성공원 최제우 동상

대구광역시 중구 달성동 294-1

수운(水雲) 최제우(崔濟愚)는 1863년 12월 9일 조정에서 파견한 선전관(宣傳官) 정운구(鄭雲龜)에게 그의 제자 23명과 함께 경주 용담정에서 체포되어 대구감영에 압송되었다. 최제우는 그곳에서 1월 20일부터 2월 하순까지 경상감사 서헌순(徐憲淳)으로부터 22차례의 혹독한 신문을 받은 후 좌도난정(左道亂正)의 죄목을 받고 3월 10일 순교하였다. 순교한 장소는 달성공원에서 멀지 않은 지금 반월당 네거리 부분 적십자 병원이 있는 곳으로 당시 관덕정(당) 앞 마당이었다. 「시천교역사(侍天敎歷史)」에 따르면 최제우는 대구감영 남문 밖 아미산(峨嵋山) 관덕당(觀德堂) 앞에서 처형되었다. 관덕당은 옛 아미산 북쪽 아래 대구성의 남문인 〈영남제일문〉 밖 서남으로 200보쯤 되는 지점에 있었으며, 그 부근은 평소에 관병들이 무예를 닦던 곳이다. 이곳에서는 이후 대원군에 의해 박해를 받은 많은 천주교 신도들이 순교하기도 했다. 최제우의 시신은 동학 교도 김경필 곽덕원 정용서 임익서 김덕원 등이 거두어 경주 구미산 용담정 앞 산자락에 안장하였다.

1964년 3월 21일 그의 순도 100주년을 기념하여 〈천도교교도 대신사 순도백주년기념동상건립위원회〉에서 달성공원 안에 〈대신사수운최제우像(大神師水雲崔濟愚像)〉을 건립하였다. 경상감영공원이나 관덕정 자리와 연계한 안내문 설치.

수운 최제우 동상

선산 관아[客舍]

경상북도 구미시 선산읍 완전리 59-3

선산지역에서도 동학농민군의 활동이 활발해지는 것은 1894년 여름부터였으며, 김천, 상주, 예천 등지의 농민군과 서로 연계해 가면서 활동하였다. 선산 지역 농민군 지도자나 조직, 구체적인 활동상을 자세히 알려주는 기록은 없다. 그러나 1894년 1월에 일어난 고부민란 당시에도 경상도의 상주 · 선산 등지의 농민들이 관아의 병기를 빼내어 무리를 모아서 합세하였다는 기록이 있을 정도로 일찍부터 동학이 포교되었고, 농민군의 활동도 활발하였을 것으로 보인다.

선산 농민군은 9월 22일 상주의 농민군이 상주성을 점령하였을 때도 일부 가담하였다. 선산농민군이 관아를 점령한 것은 9월 20일 이후 무렵이었고, 여기에는 김천지역 농민군도 합세하였다. 김천 지역에서는 8월부터 활발해졌으며, 충경포 · 상공포 · 선산포 · 영동포 등이 활동하고 있었다. 진목(眞木, 참나무골)의 편보언(片輔彦)은 8월에 들어 스스로 '도집강'(都執綱)이라고 칭하고 김천 시장에 도소를 설치하여 폐정개혁 활동을 해나갔다. 9월 25일경에는 최시형으로부터 군사를 일으키라는 통지가 오자를 김천지역의 접주들에게 사통(私通)을 보내 농민군을 불러 모았다. 이들은 여러 고을을 횡행하여 곡식과 말을 빼앗고 창과 검을 거두며 기세를 올렸다. 또한 김천의 농민군은 선산부를 점령하는 데도 앞장섰다. 선두에 선 것은 양반들이 시회를 즐기던 감호정(鑑湖亭)의 고직이[庫子] 출신인 기동(耆洞)의 김정문(金定文)이었다.

선산관아가 농민군에게 점령당하자 선산의 향리들이 몰래 낙동의 일본병참부에 구원을 요청하였다. 일본군은 10월 1일 선산성을 점령해 있던 농민군을 공격하였다. 농민군은 김천의 접주 김정문 휘하의 농민군 15명을 포함하여 다수의 사상자를 내고 선산성에서 퇴각하였다. 이때 선산성을 공격한 일본군은 낙동병참부의 병력과 부산수비대에서 파견된 후지타(藤田)부대였다. 후지타는 하사 4명, 병졸 60명, 통역 2명, 인부 10명을 이끌고 8월 29일 낙동에 도착한 후 낙동병참사령관의 지휘를 받아 일대의 농민군 진압에 투입되었다. 그의 부대는 9월 29

일 상주성을 공격하여 농민군을 몰아 낸 이틀 후인 10월 1일 다시 선산성을 공격한 것이다.

이후로 선산 농민군이 다시 성을 점령하지는 못했지만, 곳곳에서 농민군들의 활동은 이어졌다. 그러나 이후 대구 감영에서는 병정 2백 명이 김산·지례 방면으로 파견되어 농민군 탄압에 나섰고, 11월 10일경에는 "거괴"(巨魁) 신두문(申斗文)이 선산부에 체포되면서 농민군의 활동은 위축될 수밖에 없었다. 선산관아에 수감되어 있던 신두문은 12월 14일 상주 소모영의 소모사 정의묵에 의해 총살되었다.

현재 객사(경상북도 유형문화재 221호)가 남아 있으며, 관아터에는 구미시 선산출장소(구 선산군청)가 들어서 있다.

선산 객사 정면

객사에서 100여m 떨어져 있는 구미시 선산출장소(구 선산군청) 입구의 고목(수령 400년). 선산관아가 있던 자리

선산 동학농민군 입성비 및 창의비

경상북도 구미시 선산읍 동부리 1호 광장

경상도 북부 동학농민군의 활동은 일본군의 동향과 밀접한 관련이 있다. 5월 초 조선에 출병한 일본군의 움직임이 어느 지역보다 직접적으로 관찰되었고, 그에 대한 민중의 반감이 작용하였기 때문이다. 조선에 출병한 일본군은 청나라와의 일전에 대비하기 위해 부산에서 서울까지의 전선 가설을 서둘렀고, 7월 중순에는 부산·구포·삼랑진·물금포·밀양·청도·대구·다부역·낙동·해평·태봉·문경 등에 설치되었다. 각 병참부에는 일본군이 주둔하였으며, 농민군은 이에 반감을 품고 이들을 물리치려 하였고 일본군은 보급과 통신의 요충지인 병참소가 언제 농민군의 공격을 받을지 몰랐기 때문에 오히려 주변의 농민군 세력이 강성해지면 곧장 기습적으로 공격하여 그 세력을 위축시키고자 하였다.

선산 가까이에는 해평과 낙동 두곳에 일본군 병참소가 설치되었다. 선산 지역에서 동학농민군의 활동이 활발해지는 것은 1894년 여름부터였을 것으로 보이지만, 이들이 선산성을 점령한 것은 9월 20일 이후 무렵이었고, 여기에는 김천 지역 농민군도 합세하였다. 선산관아가 농민군에게 점령당하자 선산의 향리들이 몰래 낙동의 일본병참부에 구원을 요청하였다. 일본군은 10월 1일 선산성을 점령해 있던 농민군을 공격하였다. 농민군은 김천의 접주 김정문 휘하의 농민군 15명을 포함하여 다수의 사상자를 내고 선산성에서 퇴각하였다. 이때 선산성을 공격한 일본군은 낙동병참두의 병력과 부산수비대에서 파견된 후지타(藤田)부대였다. 후지타는 하사 4명, 병졸 60명, 통역 2명, 인부 10명을 이끌고 8월 29일 낙동에 도착한 후 낙동병참사령관의 지휘를 받아 일대의 농민군 진압에 투입되었다. 그의 부대는 9월 29일 상주성을 공격하여 농민군을 몰아낸 이틀 후인 10월 1일 다시 선산부를 공격한 것이다.

현재 자료상 확인되는 선산농민군 지도자로는 신두문(申斗文)이 있다. "거괴"(巨魁)로 표현되던 그는 11월 10일경 선산부에 체포되었으며, 선산관아에 수감되어 있다가 12월 14일 상주 소모영의 소모사 정의묵에 의해 총살되었다.

〈갑오농민군 선산읍성 전적비〉 및 〈갑오전쟁선산창의비〉는 이러한 선산지역 동학농민군의 활동을 기념하여 세워놓은 것이다.

현재 선산읍성 바로 옆 소공원에 세워져 있다.

선봉장 한정교 선산입성비, 선산읍성과 성문 앞 계단 왼편에 위치

갑오전쟁 선산창의비. 선산읍성 앞 소공원에 위치

해평 일본군 병참소(쌍암고택)

경상북도 구미시 해평면 해평리 239번

동학농민혁명이 발발하자 이를 빌미로 조선을 침략할 계획을 세워두었던 일본은 1894년 5월 초 대규모 병력을 조선에 진주시켰다. 청나라와의 전쟁을 계획했던 일본군은 그 준비를 위해 무엇보다 먼저 경부간 통신선의 설치와 보급을 위한 경부간 중요 지점마다 병참부를 설치하고 군대를 주둔시켰다. 이에 대해 병참기지 부근의 경상도와 충청지역 농민군들은 호시탐탐 병참부를 공격하고자 하였다. 경부간 통신 및 보급을 위해 긴요한 것이었기 때문에 일본군은 병참부 주변 농민군의 동향에 민감하게 반응하였으며, 농민군이 주변 지역 읍성을 점령하면 곧장 달려가서 농민군을 해산시키는 등 특히 경상도 북부 지역 농민군 진압에 앞장섰다.

병참부는 약 40리마다 설치되었으며, 경상도에는 9월 중순까지 동래에서 문경 사이에 부산 · 구포 · 삼랑진 · 물금포 · 밀양 · 청도 · 대구 · 다부역 · 낙동 · 해평 · 태봉 · 문경 등에 설치되었다. 이 가운데 해평의 병참부는 그 곳의 진사 최극삼(崔極三)의 집에 설치되었다. 「세장년록」에 따르면 "일본병사들이 동래에서 수륙 양쪽으로 진격하여 인천, 칠곡, 상주, 선산, 대구, 문경 등지에 가득 찼다. 좋은 곳을 엿보아 관사(館舍)를 지으니 달성(達城)과 낙동(洛東) 같은 곳에 그대로 머물렀다. 해평(海平) 진사 최극삼(崔極三)의 집도 일본군이 빼앗아 거주하였다"라고 하였다.

최극삼이 살던 쌍암고택은 최광익(영조7년/1731년, 본관 전주)이 지은 집으로 경부가로의 낙동강 변에 위치한데다가 집의 부지가 넓었기 때문에 병참부로 쓰기에는 적합하였다. 일본군이 집을 점령할 때 최극삼은 동학농민군에게 위협을 느껴 미리 외가가 있던 창녕으로 피난가고 없었다고 한다.

쌍암고택은 동학농민혁명과는 무관하게 경상북도 중요민속자료 105호로 지정되었다(1979.12.28).

쌍암고택

상주 관아[尙山館과 太平樓] 터

경상북도 상주시 남성동 1-4, 1-129

상주 지역 농민군은 이미 1894년 5월 무렵부터 활발해졌다. 일본영사관에서는 5월 10일 경상도 지역 중 충청·전라도와 가까운 지방, 그 가운데서도 선산·상주·유곡이 '동학농민군의 소굴'인 것으로 파악하였다. 상주 31개면 가운데 농민군 세력이 특히 강성했던 지역은 중서지역(화북, 화동, 화서, 모동 모서)이었다. 이들 지역에서는 평천민 뿐만 아니라 화서의 강선보나 모서의 김현영과 같이 양반의 후예들 가운데서도 농민군 지도자가 나와 농민들과 함께 양반지주와 토호들을 공격하며 기왕의 향촌지배질서에 도전하고 있었다.

상주 농민군의 활동 역시 경상도 북부의 다른 지역과 마찬가지로 일본군의 동향과 밀접한 관련이 있었다. 5월 초 조선에 출병한 일본군의 움직임이 어느 지역보다 직접적으로 관찰되었고, 그에 대한 민중의 반감이 작용하였기 때문이다. 조선에 출병한 일본군은 청나라와의 일전에 대비하기 위해 부산에서 서울까지의 전선 가설을 서둘렀고, 7월 중순에는 부산·구포·삼랑진·물금포·밀양·청도·대구·다부역·낙동·해평·태봉·문경 등에 설치되었다. 각 병참부에는 일본군이 주둔하였으며, 농민군은 이에 반감을 품고 이들을 물리치려 하였다. 상주에서 농민군과 일본군 간에 직접적인 충돌이 처음으로 일어난 것은 8월 25일이었다. 일본군 태봉병참부에서는 이 지역 농민군들이 태봉병참부를 공격하려는 기미가 있다는 정보를 입수하고 부관인 대위 다케우치(竹内)가 병정 2명을 보내 정찰하도록 하였다. 이들은 농민군 집결지를 정찰하다가 용궁(혹은 산양) 부근에서 농민군에게 발각되어 살해되고 다른 병사 1명도 손가락을 잘리고 총을 빼앗겼다.

이에 대해 부산의 일본 중로병참감 대좌 요시가와(吉川)는 충주와 문경 병참부에 태봉병참부를 지원하도록 지시하였다. 8월 29일 공병소위 고토(後藤馬次郎)가 인솔하는 충주병참부의 일본군 25명과 일본인부 12명은 문경으로 가던 도중 석문(石門)에서 농민군을 공격하였다. 이 전투는 전국을 통틀어 농민군이 일본군과 벌인 첫 전투였다. 당시 석문에 집결해 있던 농민군은 600여 명이었으나, 불의의 습격을 받고 2명이 전사하고 다수가 부상당한 채 흩어졌다. 병영으로 쓰던 11채의 가옥은 불태워졌으며, 화승총 103정, 도검 4자루, 창 3자루, 말 2마리, 동전 9관(貫)을 빼앗겼다.

상주지역 농민군이 관아를 점령한 것은 9월 22일경이었다. 당시 상주에는 100여 명의 관포군이 있었으나, 농민군의 상대가 되지 못했다. 『갑오척사록』에 따르면 예천에서 민보군의 공격을 받고 흩어졌던 농민군들이 다시 상주에 모여 있었으며, 대략 1만여 명에 이르는 이들은 상주관아 점거하고 객관에 모여 있었는데, 예천과 함창에서 빠져나간 농민군들도 합세해 있었다. 이들은 선산·김천의 농민군과 호응하여 예천을 도륙한 뒤에 안동과 의성을 칠 것이라고 호언하였다. 그러나 상주성의 농민군들은 9월 29일 오전 줄사다리를 이용하여 성으로 넘어들어온 일본군의 공격을 받고 3시간여의 접전을 벌였으나, 50명의 전사자와 2명의 포로를 남기고 상주에서 빠져 나갔다. 이때 일본군은 부산수비대에서 파견된 후지타(藤田)부대로 이들은 하사 4명, 병졸 60명, 통역 2명, 인부 10명의 규모로 8월 29일 낙동에 도착한 후 낙동병참사령관으로부터 일대의 농민군을 진압하라는 지시를 받고 상주를 공격한 것이다. 농민군이 버리고 간 무기는 모두 낙동병참소로 가져갔다.

이후 상주에서도 예천과 마찬가지로 향리층이 주도하여 보수집강소를 설치하고 500명의 민보군을 모아 농민군의 공격에 대비하였다. 이어 9월 29일 조정으로부터 경상 북부지역 소모사로 임명된 상주의 전승지(前承旨) 정의묵(鄭宜默)이 관아로 들어가 10월 20일 장관청(將官廳)이던 벽유당(碧油堂)에 소모영(召募營)을 설치하였다. 상주 소모영은 안동(安東), 상주(尙州), 청송(青松), 순흥(順興), 문경(聞慶), 예천(醴泉), 영천(榮川), 풍기(豊基), 의성(義城), 용궁(龍宮), 봉화(奉化), 진보(眞寶), 함창(咸昌), 예안(禮安), 영양(英陽) 등 경상도 북부 15개 고을을 관할하였다. 소모사 정의묵은 전응교(前應教) 장승원(張承遠)과 유학(幼學) 강석희(姜奭熙), 박해조(朴海祚), 조희우(曺喜宇) 등을 종사관(從事官)으로, 유학 김석중(金奭中)을 유격장(游擊將)으로 차출하였는데, 그 영향력은 충청도 일대에까지 미쳤다. 특히 김석중(金奭中)의 활약이 두드러졌으며, 김석중은 민보군 가운데서 선발한 200명의 별포군(別砲軍)을 이끌고 영동, 청산, 보은 등 충청도 지역 농민군 진압에도 앞장섰으며, 12월 17~18일에 걸쳐 치러진 보은 북실 전투에도 참여하였다. 상주 소모영이 1895년 1월 24일 해체될 때까지 상주는 농민군 진압의 거점이 되었으며, 많은 농민군들이 이곳으로 끌려와 형벌을 받거나 처형되었다.

소모영 설치 이전에 보수집강소에서 체포한 농민군 9명을 장날인 10월 22일 태평루(太平樓) 앞에 설치된 형장에서 엄형한 것을 시작으로 11월 7일에는 체포된 후 이곳으로 끌려왔던 임곡(壬谷)의 농민군 지도자 강선보(姜善甫)가 태평루 앞에서 효수되었다. 11월 22일에 체포된 농민군 지도자 남계일(南戒一), 손덕여(孫德汝), 최선장(崔善長), 이의성(李義城), 장판성(張判成), 피색장(皮色匠) 억손(億孫) 등 6명이 24일 역시 태평루에서 총살되었다. 12월 14일에는 전날 체포된 남촌(南村)의 "거괴"(巨魁) 최인숙(崔仁叔), 윤경오(尹景五), 김순녀(金順汝), 전명숙(全明叔) 등 4명이 태평루 앞에서 효수되었다.

태평루터에 표지석이 있고, 상산관과 태평루 모두 〈상주임란북천전적지〉 기념공원에 이전되어 보존되고 있으나, 동학농민혁명 관련 안내문이나 표지석은 없다.

태평루가 있던 곳(구 명성극장 건물, 남성동 1-4)

임란북천전적지 전경

상산관(尙山館)

상주 남사정 터

경상북도 상주시 남성동 118-1, 118-4, 118-3, 140-3 일대

1894년 9월 29일 조정으로부터 경상 북부지역 소모사로 임명된 상주의 전승지(前承旨) 정의묵(鄭宜默)이 관아로 들어가 10월 20일 벽유당(碧油堂)에 소모영(召募營)을 설치하면서 상주는 농민군 진압의 거점이 되었으며, 그 영향력은 경북 북부와 충청도 일대에까지 미쳤다. 특히 소모영 유격대장으로 임명된 유학 김석중(金奭中)의 활약이 두드러졌으며, 많은 농민군들이 이곳으로 끌려와 형벌을 받거나 처형되었다. 가장 많은 농민군이 처형된 곳이 관아의 문루인 태평루 앞과 남사정이었다. 남사정은 관군들이 활쏘기와 말타기를 연마하는 훈련장이었으며, 상주에 소모영이 설치된 다음에는 소모영 병사들도 이곳에서 훈련하였다.

11월 7일에는 임곡(壬谷)의 농민군지도자 강선보(姜善甫)와 같은 무렵 체포되었던 외남면(外南面) 하병리(下丙里)에 살던 접주 강홍이(姜弘伊)와 공성면(功城面) 소리(素里)의 접주 김경준(金景俊) 등 2명이 남사정(南射亭) 아래에서 총살되었다. 강홍이는 "무리를 이끌고 행패를 부리며 남의 재산을 빼앗고 남의 무덤을 파헤치며 심지어 양반가의 안채에 몽둥이를 들고 돌입하여 마구 욕설을 퍼붓고 매질을 하였으며", 김경준은 "양반 강씨의 노비 신분으로 무리를 모으고 처를 데리고 그 상전의 안채로 돌입하여 상전을 붙잡아 욕을 보이고 사통(私通)을 보내 흉도들을 불러 모았다"고 하였다.

12월 12일 오전에는 소모사가 직접 군사와 백성들 1,000여 명을 소집하여 남사정에 나가서 11월 29일 이후 체포되었던 이득이(李得伊), 박기봉(朴起奉), 권화일(權和一), 김순오(金順五), 이도생(李道生), 배춘서(裵春瑞), 박창현(朴昌鉉) 등 7명 가운데 이득이와 박기봉은 효수, 권화일 등 5명은 총살하였다. 12월 22일에는 상주 경내에서 체포되어 소모영으로 끌려왔던 상주의 박효식(朴孝植), 충청도 영동의 김홍업(金興業) 김경학(金慶學), 청산의 안소두겁(安小斗劫) 김유성(金有成) 박기준(朴基俊) 지상록(池相彔), 황간의 김사문(金士文) 이상신(李尙信) 신윤석(申允石) 등 10명 가운데 박효식은 효수되고 김홍업 등 9명은 총살되었다. 12월 24일에는 상주 내서면의 전

오복(全五福), 갈곡 이규삼(李圭三), 화령장터의 이태평(李太平)등 3명이 역시 남사정에서 총살되었다. 전오복는 정탐활동을 하다가 체포되었고, 이규삼은 30 년 동안 동학의 "접괴"(接魁)로 활동했으며, 이태평은 동학에 입도한 후 노비의 신분으로 주인을 구타한 일이 있으며, 정탐활동을 하다가 체포되었다.

남사정터인 상주문화원, 상주 도서관, 상주시청 가운데 시청사거리 쪽에 안내판이나 표지석 설치.

남사정 터에 세워진 상주도서관(왼쪽 흰색건물)과 문화회관(오른쪽 벽돌 건물)

시청사거리에서 본 시청과 문화회관

예천 금당실 마을과 송림

경상북도 예천군 용문면 상금곡리 668-1, 665-1, 640, 622-1, 620-1, 545-1

예천 지역 농민군의 활동은 1894년 6, 7월에 들어 더욱 활발해졌다. 〈정감록(鄭鑑錄)〉에 나오는 이른바 '십승지'(十勝地) 가운데 하나이자, 16세기 초 명당을 찾아 이주한 함양 박씨의 세거지이기도 했던 금당실에 도소가 설치된 것도 이 무렵이었다. 〈갑오척사록〉에 따르면 금당실에 도소를 설치한 것은 적성의 접주 권경함(權景咸)이었다. 그는 함양 박씨의 유계소(儒稧所) 건물을 빼앗아 〈금곡포덕소〉를 세우고, 권순문(權順文)을 접주로 삼고 무리들을 모집하였다. 8월 8일에는 예천읍내의 보수집강소 앞으로 읍내의 참봉 박기양(朴琦陽)과 전영장, 이유태, 선달 이삼문(李三文) 윤계선(尹啓善) 4인을 보내라는 요구였다. 이로 미루어 볼 때 늦어도 7월 말이나 8월초 무렵에는 조직이 완비되고 그 세력도 상당하였을 것으로 보인다.

이후 금당실의 농민군은 8월 10일 민보군이 잡아간 농민군을 석방하라는 사통을 보내는 등 지속적으로 읍내의 보수집강소를 압박해 나갔다. 8월 20일경 관동대접(關東大接)을 비롯한 상주 일대와 예천・안동・풍기(豊基)・영천(榮川)・함창・문경(聞慶)・단양(丹陽)・청풍(淸風)의 13지역의 농민군이 대회를 연 곳도 상주 산양(山陽) 및 예천 회지, 그리고 금곡으로 예천 농민군의 읍내 공격의 근거지였다. 이들은 8월 28일 밤 화지 농민군에 이어 읍내 공격에 나섰으나, 민보군에 밀려 많은 희생자를 내고 후퇴하게 된다.

패하여 흩어졌던 농민군 수천 명은 금곡에서 도회를 갖고 예천 읍내를 다시 공격하려 하였으나, 8월 29일 때마침 원병으로 온 안동 민보군 3,500여 명과 예천 민보군이 공격해오자 사방으로 흩어졌다. 〈금곡포덕소〉는 이때 민보군의 공격을 받아 불태워졌다. 9월에 들어 금당실 농민군은 다시 모여들기 시작했으나, 9월 13일에 예천 보수집강소 민보군의 공격을 받고 32명이 체포되었다. 10월에 들어서는 금곡의 사족들이 동제를 지내고 동약(洞約)을 강정하고 무기를 점고하는 등 반농민군 세력이 강화되면서 금곡의 농민군 활동도 사실상 끝나고 말았다.

금당실 마을은 동학농민운동 당시 이곳 송림을 사이에 두고 농민군과 일본군이 대치했던 곳으로 전해지고 있으나, 정확한 전투 일자나 상황에 대해서는 확인되지 않는다.

현재 천연기념물 제469호로 지정되어 보존되고 있는 송림의 천년기념물비 옆에 안내문이나 표지석 설치.

금당실 마을 입구의 마을 표지석

마을 뒷편 오봉산에서 내려다 본 금당실 마을 전경.
마을 우측에 길게 뻗은 송림이 보인다

예천 금당실 함양 박씨 유계소(儒稧所)

경상북도 예천군 용문면 상금곡리 333, 334번지

예천 지역 농민군의 활동은 1894년 6, 7월에 들어 더욱 활발해졌다. 예천 읍치 외곽에 곳곳에 농민군 도소가 설치되면서 외곽지역은 사실상 농민군들이 지배하다시피하게 된다. 농민군의 활동이 활발해지자 7월 25일 예천 읍내에서는 집강소(執綱所)를 설치하고 1천 5백여 명의 민보군을 모집하여 농민군에 대응하고자 하였다. 이에 대해 농민군들은 8월 2일 읍내로 들어가는 사방 통로를 막아 예천 읍치 지역을 봉쇄하는 한편, 보수집강소 세력을 압박해 나갔다.

〈정감록(鄭鑑錄)〉에 나오는 이른바 '십승지'(十勝地) 가운데 하나이자, 16세기 초 명당을 찾아 이주한 함양 박씨의 세거지이기도 했던 금당실에 도소가 설치된 것도 이 무렵이었다. 〈갑오척사록〉에 따르면 금당실에 도소를 설치한 것은 적성의 접주 권경함(權景咸)이었다. 그는 권순문(權順文)을 접주로 삼고 무리들을 모집하는 한편 8월 8일에는 예천읍내의 보수집강소 앞으로 위압적인 사통(私通)을 보냈다. 그 내용은 대체로 악덕지주로 알려져 있던 읍내의 참봉 박기양(朴琦陽)과 전영장, 이유태, 선달 이삼문(李三文) 윤계선(尹啓善) 4인을 보내라는 요구였다. 이들은 이로 미루어 볼 때 늦어도 7월 말이나 8월초 무렵에는 조직이 완비되고 그 세력도 상당하였을 것으로 보인다.

금당실의 농민군 도소가 설치된 곳은 함양 박씨의 유계소(儒稧所) 건물이었다. 유계소는 예천의 양반 문중인 함양박씨의 유생이 모여 문중일을 논의하거나 경전을 강론하던 곳이다. 농민군들은 이 건물을 빼앗아 이곳을 〈금곡포덕소(金谷布德所)〉라고 칭하였다. 이후 금당실의 농민군은 지속적으로 읍내의 보수집강소를 압박해 나갔다. 8월 10일 예천의 민보군에 의해 감천에서 체포된 11명의 농민군이 민보군에 의해 한천의 모래밭에 생매장당하는 사건이 일어났는데, 여기에는 금곡의 농민군도 포함되었다. 이에 따라 〈금곡포덕소〉에서는 또다시 사통을 보내 지난 밤 잡아간 농민군 11인을 석방할 것을 요구하였으며, 결국 체포된 농민군들이 생매장된 사실을 확인한 이후에는 경북 북부와 충청도 일부 지역의 농민군까지 가세하여 예천 읍내를 공격하는 데 핵심이 되었다. 8월 20일경 관동대접(關東大接)을 비롯한 상주 일대와 예천·안동·풍기(豊基)·영천(榮川)·함창·문경(聞慶)·단양(丹陽)·청풍(淸風)의 13지역의 농민군이 대회를 연 곳도 상주 산양(山陽) 및 예천 회지, 그리고 금곡이었다. 이들은 8월 28일 밤 화지 농민군에 이어 읍내 공격에 나섰으나, 민보군에 밀려 많은 희생자를 내고 후퇴하게 된다. 이후 패하여 흩어졌던 농민군 수천 명은 금곡에서 도회를 갖고 예천 읍내를 다시 공격하려 하였으나 8월 29일 때마침 원병으로 온 안동 민보군 3,500여 명과 예천 민보군이 공격해오자 사방으로 흩어졌다. 〈금곡포덕소〉는 이때 민보군의 공격을 받아 불태워졌다. 그 뒤 함양박씨 문중에서 다시 복원하여 〈경담재(鏡潭齋)〉라는 현판을 걸어 두었다.

〈경담재(鏡潭齋)〉 안이나 입구에 안내판 설치.

경담재 입구

경담재 전경

예천 동학농민군 생매장터

경상북도 예천군 예천읍 동본리 479

예천 지역 동학농민군의 활동은 1894년 3월 소야(蘇野)에서 최맹순(崔孟淳)이 접소(接所)를 설치하고 관동수접주(關東首接主)가 되어 교도들을 불러 모으면서 시작되었다. 그의 세력은 6월에서 7월 사이에 가담하는 자들이 날마다 수천을 헤아렸다고 할 정도였다. 예천 읍치 외곽 다른 지역에도 농민군 도소가 설치되었고, 7월 5일 수십 명이 읍내에 들어와서 전영장 이유태(李裕泰)를 끌어내서 결박・구타하고 돈을 탈취해간 것을 시작으로 곳곳에서 기본의 신분질서를 무너뜨리거나, 악덕 지주나 토호들을 징치하였으며, 스스로의 힘으로 읍정을 관장하고 폐정들을 개혁해나갔다.

이와 같이 농민군의 활동이 활발해지자 7월 24일 예천의 이민(吏民)들은 객사에 모여 대책을 논의하였으며, 다음 날 예천군수는 집강소(執綱所)를 설치하고 군의 창고에 있는 무기를 부민(部民)들에게 나누어주어 훈련하도록 하였다. 26일에는 집강(執綱)・총독(摠督)・도감(都監) 등 70여 명의 간부를 정하고 객사에서 업무를 시작하였다. 8월 1일까지 읍내외에서 1천5백여 명의 민보군을 모집하여 관아의 무기로 무장을 시켰다.

이에 대해 농민군들은 8월 2일 읍내로 들어가는 사방 통로를 막아 예천읍치 지역을 봉쇄하는 한편, 보수집강소 세력을 압박해 나갔다. 8월 8일 적성접주 권경함(權景咸)이 금당실에 접을 설치한 후 통문을 보내 읍내의 참봉 박기양(朴琦陽)과 전영장, 이유태, 선달 이삼문(李三文) 윤계선(尹啓善) 4인을 보내라고 요구하였다. 이들은 농민들과 동학교도에게 악행을 일삼은 대표적인 인사였을 것으로 추정된다. 박기양은 보수집강소에 벼 40석과 돈 1천량을 군자금으로 내고 그해의 추수도 집강소에 일임하겠다고 하며 위기를 모면하고자 하였다

이렇게 양측이 대치하던 중 8월 10일 새벽 농민군을 분노하게 만드는 사건이 일어났다. 그것은 읍 동쪽으로 50리나 떨어진 안동 감천까지 쳐들어간 예천의 민보군이 농민군 11명을 체포하여 돌아온 후 모래밭에 생매장하여 죽인 사건이

었다. 이에 분노한 농민군 측에서는 보수집강소에 통문을 보내 책임자 문책을 요구하며 보수집강소를 압박해 나갔다. 8월 20일 경에는 경상도 뿐만 아니라 충청도·강원도의 각 접소에 사통을 돌려 상주의 이정(梨亭)과 예천 소야 등지에 모여 예천을 공격하자고 하였다. 이에 따라 관동대접(關東大接)과 상북(尙北)·용궁·충경(忠慶)·예천·안동·풍기(豊基)·영천(榮川)·상주·함창·문경(聞慶)·단양(丹陽)·청풍(淸風)의 13접주가 상주 산양(山陽)과 예천의 금곡 및 화지(花枝)에서 대회를 열었다. 이어 예천 읍내로 통하는 사방 길목을 차단하고 8월 28일 오후에는 화지의 농민군이 쳐들어와 서정자 들판에서 전투가 벌여졌으며, 그에 이어 밤중에는 금곡의 농민군이 동쪽 방면에서 공격해 왔다. 농민군들의 공격은 민보군의 반격을 받고 실패로 끝났으며, 다음날인 8월 29일에는 안동에서 구원병 3,500여 명이 들어왔고, 일본군 53명과 통역·화병(火兵) 10명이 들어오면서 예천의 반농민군측은 한숨을 돌리게 되었다.

주변 정비 및 예천공설운동장 입구 도로변에 안내판 설치.

예천공설운동장 앞 천변에 건립된 "동학농민군생매장터"비 앞면

생매장터비 측면, "제폭구민 척왜양이", "사람이 곧 하늘이다"는 글귀가 새겨져 있음

관덕정터(최제우 순교지)

대구광역시 중구 덕산동 53-3, 남산동 937, 938, 계산 2동 198-1번지 일대

1863년 12월 9일 조정에서 파견한 선전관(宣傳官) 정운구(鄭雲龜)에게 체포된 최제우와 그의 제자 23명은 서울로 압송되어 경주 영천 대구 선산 상주 보은 회인을 거쳐 과천에 당도하였으나, 마침 철종이 승하하였기 때문에 과천에서 7일간 체류하다. 대구로 환송하라는 조정의 지시를 받고 충주 조령 문경 상주 선산을 거쳐 이듬해 정월 6일 대구감영에 도착하였다. 대구감영에 압송된 최제우는 1월 20일부터 2월 하순까지 경상감사 서헌순(徐憲淳)으로부터 22차례의 혹독한 신문을 받았다. 그 결과 1864년 2월 29일 조정으로부터 좌도난정(左道亂正律)의 죄목을 받고 3월 10일 순교하였다.

최제우가 순교한 장소가 관덕정(당) 앞이었다. 「시천교역사(侍天敎歷史)」에 따르면 최제우는 대구감영 남문 밖 아미산(峨嵋山) 관덕당(觀德堂) 앞에서 처형되었다. 관덕당은 옛 아미산 북쪽 아래 대구성의 남문인 〈영남제일문〉 밖 서남으로 200보쯤 되는 지점에 있었으며, 그 부근은 평소에 관병들이 무예를 닦던 곳이다. 이곳에서는 이후 대원군에 의해 박해를 받은 많은 천주교 신도들이 순교하기도 했다. 최제우의 시신은 동학 교도 김경필 곽덕원 정용서 임익서 김덕원 등이 거두어 경주 구미산 용담정 앞 산자락에 안장하였다.

관덕정이 있던 적십자 병원 부근, 현재 〈관덕정천주교순교기념관〉 부근에 안내판이나 표지석 설치.

대구적십자병원.
건물 오른쪽길이 관덕정로이고 30m 정도 들어가서 오른편에 천주교 순교기념관이 위치

반월당 사거리에서 바라 본 관덕정 터.
왼편 5층 흰색건물이 적십자병원, 오른쪽 광고판이 있는 건물이 동아쇼핑센터

대구 경상감영공원

대구광역시 중구 포정동 21

1860년 4월 경주 용담정에서 동학을 창시한 이후 최제우는 관으로부터 지목을 받아 이미 1862년 9월에도 경주부에 체포된 적이 있지만, 제자들의 탄원으로 석방된 바 있다. 이후 동학이 점차 확산되어 가는 분위기가 조정에까지 알려지자 조정에서는 1863년 11월 12일 선전관(宣傳官) 정운구(鄭雲龜)를 보내 그 "괴수"를 체포하도록 하였다. 정운구는 무예 별감(武藝別監) 2명과 좌포도청군관(左捕盜廳軍官) 1명을 거느리고 신분을 감춘 채 경주로 내려갔다. 이때 지나가는 고을마다 "어느 하루도 동학에 대한 이야기가 들리지 않는 날이 없었고, 주막집의 여인들이나 산골의 아이들까지 그 글을 외우지 못하는 자가 없었다"고 하였다. 또 모두들 하는 말이 "최선생이 혼자서 깨달아낸 것이고 그의 집은 경주에 있다"고 하기에 경주로 내려갔다. 정운구는 최선생의 아명(兒名)이 복술(福述)이고 관명(冠名)이 제우(濟愚)이며, 집이 경주 견곡면(見谷面) 용담리(龍潭里)에 있다는 것을 알아낸 후 12월 10일 밤 최제우와 그의 제자 23명을 체포하였다.

체포된 최제우는 경주 영천 대구 선산 상주 보은 회인을 거쳐 과천에 당도하였으나, 마침 철종이 승하하였기 때문에 과천에서 7일간 체류하다. 대구로 환송하라는 조정의 지시를 받고 충주 조령 문경 상주 선산을 거쳐 이듬해 정월 6일 대구감영에 도착하였다. 대구감영에 압송된 최제우는 1월 20일부터 2월 하순까지 경상감사 서헌순(徐憲淳)으로부터 22차례의 혹독한 신문을 받았다. 그 결과 1864년 2월 29일 조정으로부터 좌도난정(左道亂正律)의 죄목을 받고 3월 10일 순교하였다. 함께 체포되었던 이내겸(李乃謙) · 이정화(李正華) · 박창욱(朴昌郁) · 박응환(朴應煥) · 조상빈(趙相彬) · 조상식(趙相植) · 정석교(丁錫敎) · 백원수(白源洙)는 엄하게 두 차례 형신한 다음 먼 곳으로 정배하며, 신덕훈(申德勳) · 성일규(成一奎)는 모두 엄하게 한 차례 형신한 다음 정배하며, 그 나머지 여러 죄수들은 경상 감사에게 등급을 나누어 처리하도록 하였다.

감영공원에 안내판이나 표지석 설치.

경상감영공원 전경. 앞의 건물이 선화당(대구 유형문화재 제1호)

청각(대구 유형문화제 제2호)

주석

19세기 경상도의 유교전통과 민족종교 동학/최재목

1 에렌스트폰헤세-바르텍, 『조선, 1894년 여름: 오스트리아인 헤세-바르텍의 여행기』, 정현규 옮김, (책과 함께, 2012), 33쪽.

2 에렌스트폰헤세-바르텍, 『조선, 1894년 여름: 오스트리아인 헤세-바르텍의 여행기』, 정현규 옮김, (책과 함께, 2012), 13쪽, 35쪽.

3 지그프리트 겐터, 『신선한 나라, 조선』, 권영경 옮김, (책과 함께, 2007), 10쪽.

4 카와이 아사오, 『대구이야기』, 손필헌 옮김, (대구중구문화원), 21-22쪽.

5 이에 대한 분석은 토마스 메츠거, 『곤경의 탈피』, 나성 옮김, (민음사, 2014) 참조.

6 애당초 공자에게 이런 관념이 있었다는 분석은 浅野裕一, 『儒教 ルサンチマンの宗教』, (平凡社, 1999) 참조.

7 최영성, 『한국유학사상사V · 근현대편』, (아세아문화사, 1997), 13-14쪽 참조.

8 朴鍾鴻, 「發刊辭」, 『韓國思想-崔水雲誕生150周年紀念論集: 崔水雲研究』 제12집, (韓國思想研究會, 1974.11), 7쪽.

9 申一澈, 「崔水雲의 歷史意識」, 『韓國思想-崔水雲誕生150周年紀念論集: 崔水雲研究-』 제12집(韓國思想研究會, 1974.11), 21-22쪽.(인용문은 인용자가 일부 축약 수정)

10 尹絲淳, 「東學의 儒學的 性格」, 『동학사상의 새로운 조명』, 영남대 민족문화연구소 편, (영남대출판부, 1997), 106-107쪽.(인용문은 인용자 일부 수정)

11 원래 범보라 읽어야 하나 여기서는 관습적으로 읽어온 대로 적는다.

12 범부와 동학의 연관성은 좀 더 언급할 필요가 있다[아래 부분은 최재목, 「凡父 金鼎卨의 〈崔濟愚論〉에 보이는 東學 이해의 특징」, 『동학학보』 제21호(동학학회, 2011.4)를 참고하여 정리하였음을 밝혀둠]

범부는 수운의 '내림'(降靈)→東學 성립을 '風流道의 부활'로 보고, 이 사건을 「歷史的 大降靈」 · 「神道盛時精神의 奇蹟的 復活」 · 「國風의 再生」 · 「史態의 驚異」 · 「정말 어마어마한 역사적 대사건」으로 평가하고, 수운을 「기적적 존재」 · 「불세출의 천재」로, 동학의 교설을 「동방의 자연사상+유교의 懿德精神 +玄妙한 仙道」를 「혼연 융합한 것」으로 보고 있다. 사실 범부와 동학의 연관은 『풍류정신』의 「최제우론」에서 그치지 않는다. 연보적으로 정리하면 다음과 같은 일련의 흐름이 있다.

첫째로, 범부의 동학에 대한 관심은 1920년대부터 나타난다. 즉, 범부가 28세 되던 1924년, 그의 조부 金東範이 수운 보다 한 살 아래로 두 사람은 고향 친구였는데 범부는 자신의 조부(와 동네 노인들)에게서 들은 이야기라며 小春 金起田(1894-1948)에게 수운-동학에 대한 내용을 구술하고 그것이 「大神師 생각」이란 제목으로 기록되어 『天道教會月報』(金起田, 「大神師 생각」, 『天道教會月報』 제162호(天道教會月報社,

1924.3), 16-17쪽.)에 실린 바 있다.

둘째로, 김정근 교수의 구술 증언에 따르면, 범부는 1950년대 중후반(58세-63세)에 「이 나라의 역사에서 최복술(崔福述)(=수운의 兒名)이 큰 인물이다」라는 표현을 자주 하였다고 생생하게 술회한다.

셋째로, 범부 서거 6년 전인 1960년(범부 64세) 『韓國日報』 1월 1일, 8일자 지면에 겨울 여행기 「雲水千里」 10회 분을 발표한다. 즉, 제1회: 「아리내(閼川)行」, 제2회: 「昌林寺址」, 제3회: 「北川椿事」, 제4회: 「求忠堂 李義立」, 제5회: 「龍潭을 바라보고서」, 제6회: 「降仙臺」, 제7회: 「五陵巡參」, 제8회: 「溫達城을 물어서」, 제9회: 「懷墓를 보고」, 제10회: 「壯義寺 옛터를 찾으니」가 그것인데, 이 가운데 제5회: 「龍潭을 바라보며」가 수운-동학 관련 글이다. 이 글들은 재미있게도 대부분 〈花郞-護國-建國-風流〉라는 주제로 되어 있어 어떤 의도를 갖고 '기획'된 것으로 생각되며, 수운의 '東學'도 그 범주 속에 위치해 있음을 알 수 있다. 범부는 자신의 어렸을 적의 기억을 되살리면서 신문사 일행과 함께 실제로 경주 금장 나룻터에 서서 바라보이는 수운의 고향 마을을 묘사했다. 그는 글에서 예로부터 경주 지방에서 부르던 대로 '매룽골(←馬龍洞)', '현실(←見谷面)'이라고 했다. 이 글에서 범부는, 동학이 '啓示宗教'와 같다고 보고, 또한 그것이 우리 '巫俗'에서 유래하였다는 것을 지적한다. 그는 여기서 「내 비록 병들어서도 (중략) 푸른 무지개 같은 패기가 일어난다」(김범부, 「龍潭을 바라보고서」, 『범부김정설단편선』, 최재목 · 정다운 엮음, (선인출판사, 2009), 202쪽)고 술회한다.

넷째로, 앞서서 소개한 대로, 「雲水千里」가 소개되던 해(1960) 5월, 『世界』誌에 「崔濟愚論」이 실린다. 결국 범부의 동학에 대한 관심은 '風流 · 花郞→建國理念 · 國民倫理' 등의 중요한 문제의식과 상관성을 가지면서 단계적으로 제시되어 갔고, 결국 범부의 만년의 관심은 수운-동학으로 귀착되었음을 확인할 수 있다.

13 이에 대한 일부 즉 여성주의, 평등주의의 논의는 최재목, 「聖人을 꿈꾼 조선시대 여성철학자 張桂香 -한국 敬사상의 여 성적 실천에 대한 한 試論-」, 『陽明學』 제37호, (한국양명학회, 2014.4.25)을 참조 바람.

14 山下龍二, 「陽明學の宗教性」, 『陽明學』 第7號, (二松學舍大學陽明學研究所, 1995), 2-3쪽.

15 「布德文」, 『東經大全』

16 아래 내용(인용 및 도표)은 최재목, 「동아시아 陽明學者들에게 있어 꿈[夢]과 철학적 깨달음[覺悟]의 문제」, 『陽明學』 제29호(한국양명학회, 2011.8); 최재목, 「王陽明 良知論에서 '靈明'의 意味」, 『陽明學』 제31호(한국양명학회, 2012.4); 최재목, 「咸錫憲과 陽明學-「한 사람: 王陽明, 大學問」을 중심으로-」, 『陽明學』 제32호(한국양명학회, 2012.8.25)를 참조하여 정리한 것임을 밝혀 둠.

17 『陽明全集』 卷32, 「年譜」 37歲條: 忽中夜大悟格物致知之旨, 夢寐中若有人語之者, 不覺呼躍, 從者皆驚, 始知聖人之道, 吾性自足, 向之求理於事物者誤也, 乃默記五經之言證之, 莫不脗合, 因著五經臆說.

18 尹錫山 역주, 『道源記書』, (문덕사, 1991), 25쪽.

19 블레즈 파스칼, 『팡세』, 현미애 옮김, (을유문화사, 2013), 313-317쪽 참조.

20 『天道教經典』, 237-238쪽. 1861년에 지은 검무(劍舞)를 추기 위한 가사. 이 노래가 문제가 되어 최제우는 처형당하게 되었다. 검결은 원래 검객이 갖고 있는 秘訣을 말함.

21 金凡父, 「國民倫理特講」, 『花郎外史』(三版), (以文出版社, 1981), 218쪽 참고.

22 손병욱, 「동학의 '삼칠자 주문'과 '다시 개벽'의 함의」, 『동학학보』 제18호, (동학학회, 2009), 215쪽의 그림이 내용을 축약하여 만든 것이다.

23 손병욱, 「동학의 '삼칠자 주문'과 '다시 개벽'의 함의」, 『동학학보』 제18호, (동학학회, 2009), 213-214쪽을 참조.

24 師曠之聽을 말한다. 師曠은 晉의 平公(재위: B.C. 558-532) 때의 악사로서 맹인이었으나 음악에 출중하였다.

25 아래의 내용은 주로 최재목, 「聖人을 꿈꾼 조선시대 여성철학자 張桂香 -한국 '敬'사상의 여성적 실천에 대한 한 試論-」, 『陽明學』 제37호, (한국양명학회, 2014.4)을 참고, 수정하여 정리하였음을 밝혀둔다.

26 『近庵集』 卷五.

27 惟退陶夫子, 集東儒之大成, 紹朱子之嫡統, 下以啓鶴敬存葛密諸賢之淵流大山先生得密翁正傳, 扶植吾道興起斯文, 先生以葛密玄孫, 受學於大山門下, 則先生之道之文, 其眞有所本矣.(崔瑩, 『近庵集』, 최동희 옮김, 창커뮤니케이션, 2005, 587쪽)

28 최동희, 「(近庵集) 머리말」, 『近庵集』, 최동희 옮김, (창커뮤니케이션, 2005), 19쪽.

29 이것은 최재목, 「凡父 金鼎卨의 〈崔濟愚論〉에 보이는 東學 이해의 특징」, 『동학학보』 제21호 (동학학회, 2011.4) 참조.

30 퇴계의 경 사상이 대륙의 '주자학적 천'보다도 더 깊이는 동방의 '단군신화적 천'사상과 연결되어 있음을 분석한 것은 조성환, 「바깥에서 보는 퇴계의 하늘섬김사상」, 『退溪學論集』 제10호, (영남퇴계학연구원, 2012)을 참조 바람.

31 李徽逸, 「敬堂行狀」, 『장계향학 문헌자료(上)』, (경상북도 · 경북여성정책개발원, 2012), 283-284쪽 참조.

32 비키 매킨지 지음, 『나는 여성의 몸으로 붓다가 되리라』, 세등 옮김, (김영사, 2003).

33 조선 후기의 성리학자로, 본관은 풍천, 호는 윤지당(允摯堂), 강원도 원주 출신이다.

34 「윤지당이 말했다. 나는 비록 부인이지만, 하늘에서 받은 성품은 애당초 나면서의 차이가 없다" 하였다. 또 "부인으로 태어나 태임(太任)과 태사(太姒)와 같은 성녀가 되기를 스스로 기약하지 않는 사람들은 모두 자포자기한 사람들이다."고 하였다. 그렇다면 비록 부인들이라도 능히 큰 실천과 업적이 있으면 또한 가히 성인의 경지에 이를 수 있습니다. 모르겠지만, 당신은 어떻게 생각하십니까?」(允摯堂曰, 我雖婦人, 而所受之性, 初無男女之殊, 又曰, 婦人而不以任姒自期者, 皆自棄也, 然則雖婦人而能有爲, 則亦可至於聖人, 未審, 夫子以爲如何)(『允摯堂遺稿』 附錄, 靜一堂遺稿 중에서)[임윤지당, 『국역 윤지당 유고』, 조선시대사학회 역주, (원주시, 2001), 264쪽].

35 갈암 이현일이 쓴 어머니 장계향의 실기(「行實記」)에 보면 장계향의 평소 생각은 성현의 말씀을 그대로 실천, 행동하는 것이었다. 예컨대, 「부인(=장계향)께서는 "옛날의 성인과 현인의 말씀은 반드시 존중하여 본받아야만 될 것이다"고 여기고 있었는데, 매양 글은 글대로 읽고 사람은 사람대로 행동하는 폐단을 탄식하고 있었다.」(李玄逸, 「行實記」, 『장계향학 문헌자료(上)』(경상북도 · 경북여성정책개발원, 2012), 111쪽. 번역문은 인용자 일부 수정); 「聖人이 된 사람은 과연 세상에 살아있는 인간이 아니고 보통 사람보다 지나치고 보통 사람보다 아주 뛰어난 일이 있다면 진실로 따라갈 수가 없을 것이다. 하지만 성인의 容貌와 言語가 처음부터 보통사람과 다른 데가 없다. 성인의 행동 또한 모두 인륜의 날마다 하는 일이다. 그렇다면 사람들은 성인을 배우지 않는 것을 근심해야할 따름이다. 진실로 성인을 배우게 된다면 또한 무슨 어려움이 있겠는가?」(이현일, 「行實記」, 『장계향학 문헌자료(上)』(경상북도 · 경북여성정책개발원, 2012), 113쪽. 번역문은 인용자 일부 수정). 아울러 장계향의 「聖人吟」에는 성인에 대한 의향이 잘 드러나 있고, 손자 新及(李穩의 아명)에게 준 「贈孫新及」, 손자 聖及(李栽의 아명)에게 지어 준 「贈孫聖及」에는 학문을 닦아 성인의 경지에 오를 것을 희구하는 그녀의 생각이 잘 드러나 있다.[최재목, 「聖人을 꿈꾼 조선시대 여성철학자 張桂香 -한국 '敬'사상의 여성적 실천에 대한 한 試論-」, 『陽明學』 제37호(한국양명학회, 2014.4.) 참조].

36 李玄逸, 「行實記」, 『장계향학 문헌자료(上)』(경상북도 · 경북여성정책개발원, 2012), 110쪽(번역문은 인용자가 일부 보완)

37 李玄逸, 「行實記」, 『장계향학 문헌자료(上)』(경상북도 · 경북여성정책개발원, 2012), 111쪽(번역문은 인용자가 일부 수정)

38 김춘희, 「장계향의 여중군자상과 군자교육관에 관한 연구」, 『장계향학 문헌자료(中)』, (경상북도 · 경북여성정책개발원, 2012), 55쪽.

39 이에 대해서는 김춘희, 「장계향의 여군자상과 군자교육관에 관한 연구」, 『장계향학 문헌자료(中)』(경상북도 · 경북여성정책개발원, 2012), 28-29쪽 참조.

40 이것을 도시하면 다음과 같다.

[도표4: 장계향 경 사상의 연원과 전승]

		서애				석계		존재				대산				
퇴계	→	학봉	→	경당	→	정부인 장계향	→		→	밀암	→		→	근암	→	수운
		한강						갈암				소산				

41 『龍飛御天歌』에서는 천, 천명을 '하늘' '하늘뜯'으로 번역하고 있다(정대위, 「용비어천가에 보이는 천명사상의 종교사적 의의」, 『그리스도교와 동양인의 세계』, (신학연구소, 1986, 135쪽 참조).

42 예컨대 「제10 夙興夜寐箴圖」는 일본 양명학의 시조인 나카에 토쥬(中江藤樹, 1608-1648) 및 그 문하생들에게 읽혔던 증거가 발견된다(아래 그림 참조). 이것은 1940년에 일본서 간행된 『中江藤樹先生全集』에 中江藤樹의 문인 '岩佐太郎右衛門'(近江의 岩佐定一氏 소장)의 후손에게 소장되어 있다고 밝힌다. 에도(江戸) 시대에 이황의 『성학십도』가 양명학자들에게도 읽혔다는 점은 흥미롭다.

표5: 이황의 『성학십도』 중 제10도인 「夙興夜寐箴圖」

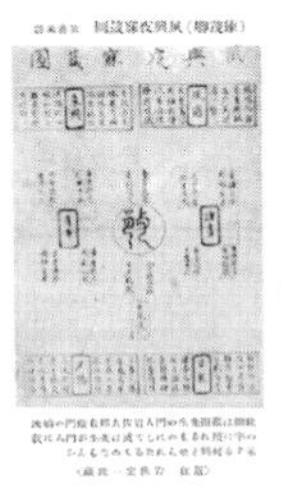

표6: 『中江藤樹先生全集』에 실려 있는 「(陳茂卿)夙興夜寐箴圖 筆者未詳」(실제는 이황의 「夙興夜寐箴圖」임)

43 권대웅, 「경상도 유교지식인의 동학농민군 인식과 대응」, 『한국근현대사연구』 제51집, (한국근현대사학회, 2009), 72쪽.

44 권대웅, 「경상도 유교지식인의 동학농민군 인식과 대응」, 『한국근현대사연구』 제51집, (한국근현대사학회, 2009), 73쪽 및 琴章泰·高光植 편, 『儒學近百年』(博英社, 1984), 5-6쪽 참고.

45 이하의 내용은 朴孟洙, 「東學과 傳統宗教와의 交涉」, 『동학사상의 새로운 조명』, 영남대 민족문화연구소 편, (영남대출판부, 1997), 142-3쪽을 요약하였음.

46 「나도 또한 그 말씀에 느끼어 그 영부를 받아써서 물에 타서 마셔 본 즉 몸이 윤택 해지고 병이 낫는지라, 바야흐로 선약인줄 알았더니 이것을 병에 써봄에 이르른 즉 혹 낫기도 하고 낫지 않기도 하므로 그 까닭을 알 수 없어 그러한 이유를 살펴본 즉 정성 드리고 또 정성을 드리어 지극히 한울님을 위하는 사람은 매번 들어맞고 도덕을 순종치 않는 사람은 하나도 효험이 없었으니 이것은 받는 사람의 정성과 공경이 아니 겠는가(吾亦感其言 受其符 書以呑服則 潤身差病 方乃知仙藥矣 到此用病則 或有差不差故 莫知其端 察其所然則 誠之又誠 至爲天主者 每每有中 不順道德者 一一無驗 此非受人之 誠敬耶)」(『東經大全』, 「布德文」)

47 朴孟洙, 「東學과 傳統宗教와의 交涉」, 『동학사상의 새로운 조명』, 영남대 민족문화연구소 편, (영남대출판부, 1997), 144쪽.

48 『龍潭遺詞』, 「道修詞」에는 이렇게 되어 있다.

(前略)우습다저사람은
자포자기모르고서모몰염치장난하니 이는역시난도자요사장못한차제도법
제혼자알았으니이는역시난법자라 난법난도하는사람날볼낯이무엇인고
이같이아니말면제신수가련하고 이내도더럽히니주소간하는걱정
이밖에다시없다(下略)

49 통문(通文)이란 書院 · 鄕校 · 鄕廳 · 門中 · 儒生 · 結社 등에서 동류의 기관과 사람 등에게 공동의 관련 사안을 통지하는 문서이다[崔承熙, 『증보판 韓國古文書硏究』(知識産業社, 1981), 492쪽 참조].

50 후한 말의 도둑떼인 黃巾賊을 말한다.

51 등급과 권위. 즉 身分 · 等位에 따라 규정된 각 등급별 존엄과 권위를 말하는 것으로 儀節이나 服色 등에 등급별로 차등을 두어 그 질과 성격을 밝혀서 질서를 잡는다.

52 이매망량(魑魅魍魎)의 '이매'는 산도깨비, '망량'은 물도깨비로 온갖 도깨비를 말한다. 허무맹랑한 사람들을 가리킬 때 쓴다.

53 以其所謂東學之賊, 近畿於同省之內, 憂患備旨, 論斥甚嚴, …尹其所以誦呪天主之法, 依附乎西洋, 符水療病之說, 蹈襲乎黃巾, 一貴賤而等威無別, 則屠沽者往焉, 混男女以帷薄爲設, 則怨曠者就焉, 好貨財而有無相資, 則貧窮者悅焉, …夫今此所謂東學云者, 直一巫史鬼呪者彼流而止耳, 無知之賤流多染, …昔人稱異端爲陷人於夷狄禽獸, 則此其指斥之極地話頭, 而今之所謂此賊, 不過爲陷人於魑魅魍魎而已[崔承熙, 『증보판 韓國古文書硏究』(知識産業社, 1981), 493쪽에서 재인용].

54 이 부분은 권대웅, 「경상도 유교지식인의 동학농민군 인식과 대응」, 『한국근현대사연구』 제51집(2009 겨울호), 75-76쪽을 참조.

55 임금의 명령이나 유지(諭旨)에 응하는 소. 보통 국가가 재난에 처했을 때 임금의 구언(求言)에 따라 전국적으로 진언(進言)하는 글이다.

56 권대웅, 「경상도 유교지식인의 동학농민군 인식과 대응」, 『한국근현대사연구』 제51집(2009 겨울호)(한국근현대사학회, 2009), 75쪽, 104쪽 참조.

57 다섯 집을 한 통(統)으로 묶은 인보조직(隣保組織)으로 언제부터 실시되었는지는 확실하지 않다. 『經國大典』에 실리면서 법제화되었다.

58 아래 내용은 권대웅, 「경상도 유교지식인의 동학농민군 인식과 대응」, 『한국근현대사연구』 제51집(2009 겨울호), 104-105쪽 참조.

59 카와이 아사오, 『대구이야기』, 손필헌 옮김, 대구중구문화원, 21-22쪽.

60 아손 그렙스트, 『스웨덴 기자 아손, 100년 전 한국을 걷다』, 김상열 옮김, (책과 함께, 2010), 284-6쪽 참조.

동학 초기 경상도 일대의 포조직과 혁명군 지도자 연구/임형진

1 이는 학계의 연구 성과로도 확인된다. 동학농민혁명과 관련된 대부분의 연구가 전라도지역과 충청도 지역에 집중되어 있고 상대적으로 경상도지역의 동학혁명에 관해서는 연구자도 부족하고 연구 성과물 역시 적다고 할 수 있다.

2 『도원기서』(동학사상자료집), 171-172쪽 참조.

3 이들이 가져온 답례품 성격의 곶감에서 떨어진 감나무 가지를 주서서 이웃들이 땔감을 했을 정도로 많은 사람들이 수운의 집을 찾았다.

4 『용담유사』, 「도수사」.

5 『동경대전』, 「포덕문」.

6 『도원기서』(동학사상자료집), 172쪽 참조.

7 당시의 탐관오리들이 들끓던 시기였으므로 수운의 체포는 혹세무민의 죄보다도 돈을 뜯어내기 위한 방편이었다고 보는 것이 올바를 것이다.

8 수운의 감금 소식을 듣고 달려온 제자가 700명(도원기서)에 이르렀다고 하니 당시의 동학 포덕이 어느 정도의 규모로 이루어졌는지를 미루어 짐작케 한다. 특히 이때 도인들을 모으는데 앞장 선 인물이 최시형이었다.

9 "작년(1862)에 최한이 진영에 잡혀 수감되었을 때 며칠이 안 되어 제자 수 백 명이 진영에 와서 호소하였다. 그들의 학은 본래 백성을 해하고 풍속을 못 쓰게 하는 것이 아니니 속히 스승을 석방하라 하여 진영으로부터 곧 석방되었다." 선전관 정운구의 기록. 『비변사담록』 철종 14년 12월 20일.

10 표영삼, 「경상 남서부지역 동학혁명」, 『교리교사연구』 제6호, 포덕 141년 5월.

11 『최선생문집도원기서』를 비롯하여 초기 동학기록에는 성한서가 고성접주로 임명되었다고 기록하고 있다.

12 최효식, 「수운 최제우의 생애와 사상」, 『동학연구』 제2집, 1998. 4, 56쪽.

13 위의 글, 같은 쪽,

14 『천도교창건사』, 제1편, 42쪽 참조.

15 현재 전해지는 접주는 16명이다.

16 표영삼, 「동학 조직의 변천」, 『동학의 현대적 이해』, 한국동학학회, 2001. 3, 55쪽.

17 표영삼, 「동학 조직의 변천」, 『동학의 현대적 이해』, 한국동학학회, 2001. 3, 55쪽.

18 『도원기서』, 180-182쪽 참조.

19 위의 책.

20 표영삼, 앞의 글, 55-56쪽 참조.

21 『도원기서』에는 道次主라고 했고 천도교총서에는 次道主 강시원이라고 했다.

22 『도원기서』, 181쪽.

23 위의 책.

24 『도원기서』(동학사상자료집), 182쪽 참조. 이때 수운은 최시형에게 "진실로 성공자는 가는 법이다. 이 운수는 너를 위해 나온 것이다. 이제부터 신중하게 처리하되 나의 가르침을 어기지 말라"라고 했다고 한다.

25 『도원기서』(동학사상자료집), 182쪽 참조. 이때 수운은 최시형에게 "진실로 성공자는 가는 법이다. 이 운수는 너를 위해 나온 것이다. 이제부터 신중하게 처리하되 나의 가르침을 어기지 말라"라고 했다고 한다.

26 『承政院日記』 제해 십이월 이심일조.

27 표영삼, 앞의 글, 57쪽 참조.

28 박맹수, 『최시형연구』, 한국정신문화원 한국학대학원 박사학위논문, 1996, 37쪽.

29 이돈화, 『천도교창건사』 제1편, 36쪽.

30 천도교측의 한 자료에는 김욱생으로 나와 있다.(「천도교서」, 『아세아연구』 9, 1962. 5, 9쪽)

31 『해월선생문집』, 39-40쪽

32 위와 같음.

33 오상준, 「本敎歷史」, 『천도교회월보』 6, 19쪽.

34 조성운, 「해월 최시형의 도통전수와 초기 포교활동(1862-1875)」, 한국동학학회, 『동학연구』, 제7호, 2000.9, 7-8쪽 참조.

35 「최선생문집도원기서」, 『동학사상연구자료집』 壹, 1979, 179-180쪽.

36 박맹수, 앞의 글, 40쪽.

37 오명철은 최초의 접주로 임명된 인물 중 한명이다. 그런 이가 최시형의 포덕으로 입도했기에 그를 인도한 최시형이 그보다 급이 낮았다는 것은 말이 되지를 않는다.

38 「천도교서」, 『아세아연구』 9, 1962. 5, 219쪽. 조성운 앞의 글 재인용.

39 1863년 영해의 이진사가 최시형을 거치지 않고 자신을 찾아온 사실에 대해 최제우는 왜 최시형에게 먼저 가지 않고 자신에게 직접 왔는가 하며 이진사를 최시형에게 보낸 사실을 보면 수운은 확실히 해월의 북도중주인이란 타이틀이 그저 형식적인 것이 아닌 명백한 모든 접 위에 존재하는 최고위직임을 알 수 있다. 『천도교서』, 『아세아연구』 9, 1962. 5, 219쪽.

40 후에 최시형을 교단의 지도자로 추인한 인물이 강시원이었는데 그는 「최선생문집도원기서」의 편자이고 최시형과 결의형제를 맺었을 뿐만 아니라 교조 최제우와 교리문답을 할 정도로 상당한 정도의 학식이 있던 인물이었다. 그런 강시원이 최시형을 교단의 지도자로 옹립한 이유는 최시형이 그에 합당한 인물이었기 때문이었을 것이다.

41 강우, 「해월선생칠십이년사」, 『신인간』 11, 1927. 3, 13쪽.

42 표영삼, 앞의 글, 57쪽 참조.

43 이에 대해서는 박맹수, 앞의 글, 48-57쪽 참조.

44 조성운, 앞의 글, 10-11쪽 참조.

45 「최선생문집도원기서」, 『동학사상연구자료집』 壹, 202-203쪽. 최시형의 은거 과정에 대해서는 앞의 「최선생문집도원기서」의 내용과 「본교역사」 그리고 『천도교회사초고』의 내용이 약간의 차이가 있다. 본고에서는 동학교단의 역사를 최초로 정리했다고 하는 「최선생문집도원기서」의 내용에 따라 서술한다. 조성운 앞의 글 재인용.

46 「최선생문집도원기서」, 『동학사상연구자료집』 壹, 203쪽. 조성운, 앞의 글 재인용.

47 박맹수, 앞의 글, 55쪽; 윤석산, 「은도시대와 해월신사의 생애」, 『신인간』 574, 35쪽.

48 인내천 설법의 내용은 다음과 같다. "사람은 곧 한울님이라 고로 사람은 누구나 평등하여 차별이 없느니라, 인위로 귀천을 나누는 것은 한울님 뜻을 어긋나니 우리 도인들은 귀천의 차별을 일체 철폐하여 스승님의 본뜻에 따르도록 하자" 『천도교서』 포덕6년조: 이돈화, 『천도교창건사』 제2편, 7쪽.

49 계의 임원은 계장에 강정(강시원의 부친)을 비롯하여 김경화, 김사현, 이원팔, 유성원, 김용녀, 임몽조, 구일선(선-인용자), 신성우, 정창국, 배모 등이었다. 「천도교서」, 『아세아연구』9, 1962. 5, 220쪽.; 「해월신사실사」, 『천도교회월보』195, 1927. 3, 21쪽; 강우, 「해월선생칠십이년사」, 『신인간』11, 1927. 3. 14쪽. 일부 기록에는 계장을 강수로 적고 있는데 이는 강정의 오기로 보인다(이돈화, 『천도교창건사』 제2편, 경인문화사, 7쪽.)

50 사인여천의 설법은 수운의 시천주를 재해석 하여 생활 속에서 찾고자 했던 설법이다. 해월은 "사람 섬기기를 한울님 섬기듯 하라. 사람이 오면 사람이 왔다 생각하지 말고 한울님이 왕림하셨다"라고 하라고 설법했다.

51 『동학 · 천도교약사』, 17쪽.

52 이돈화, 『천도교창건사』 제2편, 10쪽.

53 『도원기서』.

54 표영삼, 앞의 글 참조.

55 오상준, 「본교역사」, 『천도교회월보』 16, 1911.11, 19쪽.

56 「최선생문집도원기서」, 『동학사상연구자료집』 壹, 256-258쪽.

57 조성운, 앞의 글 18-19쪽 참조.

58 표영삼, 앞의 글, 64쪽 참조.

59 다만 1890년 11월에 해월은 경상도 김산군 용호리 복호동의 김창준의 집에서 내칙과 내수도문을 지어 반포하였다.

60 이하는 표영삼, 「경상 남서부지역 동학혁명」, 『교리교사연구』, 제6호, 포덕 141년 5월을 주로 참조함.

61 『신인간』 통권 제221호(1960년 5월호), 〈대담: 경남지방의 동학운동〉

62 『동학농민전쟁자료총서』11, 628-633쪽. 『柏谷誌』는 산청군 백곡면 잣실에 살던 한약우(韓若愚, 1868-1911)가 쓴 백곡동지이다. 그 중 동학관계는 「當宁甲午」라는 제목에 있다.

63 위의 책, "晉州人白樂道 本無賴者也, 學于濟憂一朝爲善士瞑目端座如有所守其所敎之. …晉州之學於樂道者無慮數千而孫雄狗最著 雄狗之徒高萬俊 林正龍 林末龍最高 其餘不可迷數".

64 이하는 표영삼, 「동학 조직의 변천」, 앞의 글 참조.

65 이들 참여 지역은 [취어]에 나온 기록이다.

66 『취어』에는 영남 하동접 오십명…진주접 육십명이 보은에서 열린 척왜양창의 운동에 참가했다고 하였다.

67 『동학농민전쟁자료총서』 11, 631쪽. 『栢谷誌』, "癸巳三月 東學大會 于湖西之報恩縣 衆數十萬 上書欲伸 福述之寃 朝廷恐其成亂 使魚允中爲按撫使 曉諭之東學遂散 自是以后 東學自知 朝廷亦無何於己 氣就尤盛 買昏官長 横行閭里".

68 고성부사로 있던 오홍묵이 집필한 기록이다.

69 『慶尙道固城府叢鎖錄』, 50쪽.

70 三月望間傳聞 三南東學輩 都會于各道 忠淸則會于報恩, 嶺南則會于密陽 本道則會于金構各至數萬 …([嶺上日記] 金在洪)

71 이 사건을 덕산사태라고 한다.

72 표영삼, 「경상 남서부지역 동학혁명」, 앞의 글, 8쪽.

73 신영우, 「경북지역 동학농민혁명의 전개와 의의」, 『동학학보』 제10권 2호(통권 12), 8-9쪽 참조함.

74 이러한 아쉬움은 신영우 교수의 연구에서 나타난다. 경상도 북부지역의 다섯 개의 포 중 관동포 · 충경포 · 상공포는 비교적 초기에 성립된 것으로 보이나 선산포와 영동포는 교단기록에는 나오지 않지만 김산의 유생이 기록한 자료(崔鳳吉, 「世藏年錄」)에 명기되어 있는 점이 그것이다고 지적한다. 위의 글, 9쪽 참조.

75 김인배의 출생지는 현 김제군 봉남면 화봉리이다. 당시 대접주가 되려면 수십 명의 접주를 거느려야 하는데 25세(1870년)의 젊은 나이로 타향인 순천 · 광양에서 1만여 동학군을 이끌었다는 것은 주목된다. 아마도 순천 · 광양 동학접주들과 김개남이 그를 대접주로 추대하여 해월로부터 임첩을 받은 것 같다. 표영삼, 「경상 남서부지역 동학혁명」, 앞의 글, 10쪽.

76 포단위 집무소는 보통 대도소라 하지만 영호포는 도회소라 기록하고 있다.

77 손은석은 밀양 손씨 문효공파 후손으로 1891년경에 동학에 입도하여 포덕을 많이 하여 대접주가 되었다. 덕산에 사는 조종환(1908)의 증언에 따르면 갑오년에 그를 수캐라고 불렀으며 덕산에 도소를 세우고 대장 노릇을 하였다고 한다. 표영삼, 「경상 남서부지역 동학혁명」, 앞의 글, 3쪽 참조.

78 『동학난기록』 상, 「巡撫先鋒陣謄錄」, 을미정월조, 656쪽.

79 덕산사태에 대해서는 표영삼, 「경상 남서부 동학혁명」, 앞의 글 참조.

80 韓若愚의 『백곡지』 當宁甲午條. 당시 사태는 우병사 민준호가 동학도들을 달램으로써 무마되었다. 즉 덕산사태는 더 이상 확대되지 않은채 잠재되었다.

81 경상도지역의 기포에는 당시 진주하던 일본군에 대항하는 성격이 강했다. 특히 부산에서 출발해 한양으로 가는 길목인 경북 지방의 일본군 병참부와 통신대에서 건설한 전선 등은 동학군의 주요 공격 목표가 되었다.

82 신영우, 앞의 글, 10쪽.

83 대구은행 간, 『수운 최제우와 동학』, 2007, 82-83쪽 참조.

84 증손자인 전장홍 씨에 의하면 증조부는 혁명 이후 용문(문경과 경계지역) 산속에 12개의 움막을 짓고 매일 다른 곳에서 기거하면서 피신해 살았다고 한다. 지금 현재의 무덤도 가묘인지 실묘인지 알기 어렵다고 한다. 그리고 추모비는 원래 금당실의 솔숲 내의 일제시대 때 신사터에 세우려고 했지만 유림들의 반대로 현재의 무덤 옆에 모셨다고 한다. 그만큼 동학은 예천 지역의 금당실 일대에서 추모비 하나 건사하기 어려울 정도의 진한 핏빛 아픔을 남겼다.(2008년 면담)

85 전장홍 씨의 증언에 의하면 당시 논이 끝이 보이지 않을 정도로 엄청난 부자였는데 할머니에게 남겨진 재산은 솥단지 하나뿐이었다고 한다. 그의 증언으로 전기항의 죽은 년도 1900년으로 확인되었다.(2013년 면담)

86 증손자인 윤영식 씨는 증조부의 행적에 대해 매우 자랑스럽게 생각하고 있었다. 혁명기간 동안에 비중있는 관료출신으로 직접 동학군을 이끌고 전투에 참여한 이는 오직 증조부 한분뿐이라는 것이다. 『갑오척사록』에도 증조부가 앞장서서 예천 서남부 지역을 장악했다고 기록되어 있다고 자랑한다. 그러나 그의 사후 가족들은 고향을 떠나서 문경으로 피신해서 살아야 했다고 한다. 그동안 보관해 오던 증조부의 교지 등 유품을 경북도청에 기증하였다.(2008년 면담)

87 『世藏年錄』, 신영우, 앞의 글 재인용, 11쪽.

88 대구은행 간, 앞의 책, 84쪽 참조.

89 일설에는 편보언이 숨어 살다가 세상이 조용해지자 고향에 돌아 왔다는 이야기도 있지만 필자가 면담한 그의 손자인 편사언씨는 자신의 아버지가 유복자였다며 그것은 어불성설이라고 주장했다. 이후 남겨진 재산 하나 없이 아버지는 엄청난 고생을 하셨다고 증언하고 있다.(2008년 면담)

90 그러나 신영우의 연구에 의하면 이들은 대대로 무과 출신 집안으로 동학혁명 당시 참여했다고 하고 있다. 어느 것이 맞는지는 보다 엄밀한 연구가 요구된다.

91 甲午斥邪錄, 8월 14, 15일자 通文. "貴邑淸福亭道人十八人 卽商功接(尙州 功城接) 受道之人 而其中七人 被刑於貴所云 不知道人而然歟 更勿侵犯"

92 신영우, 앞의 글, 12쪽.

93 대구은행 간, 앞의 책, 68쪽 참조: 강효일 상주 동학농민혁명기념사업회 회장 증언 참조.(2013년 면담)

94 증손자인 채홍빈 씨는 증조부의 시신을 확인코자 발굴하니 진짜로 나무에 옷을 입힌 시신이 나왔다고 한다.(2013년 면담)

95 신영우의 연구에 의하면 경상도 지도자 21명 중 적어도 17명은 양반 출신이었다고 한다. 신영우, 「경상도지역 동학농민혁명과 농민군 지도부의 성격」, 『동학농민혁명과 농민군지도부의 성격』, 전북 도제 100주년 기념 학술대회, 1996. 10. 발표 논문.

경상감사 조병호와 갑오년의 경상도 상황/신영우

1 갑오년 가을 전면 봉기가 일어날 때의 상황은 매우 복잡해서 논문 한편으로 모두 정리할 수 없고 별도의 논문이 필요하다.

2 경상감사 조병호의 집안 배경이나 경력에 관해서는 신영우, 「충청감사와 갑오년 충청도 상황」 『동학학보』 34호, 2015 참조.

3 『時經錄』.

4 『固城府叢瑣錄』 갑오년 2월 15일. 갑오년 동학농민군의 재봉기가 준비되기 이전인 7

월까지 경상감사가 직접 작성한 자료가 없기 때문에 고성부사 吳宖默의 『固城府叢瑣錄』을 통해 경상도 사정을 정리한다.

5 오횡묵은 1889년 봄부터 1893년 2월까지 사천 인근의 함안군수로 재임하였고 이어 고성부사로 전임해서 6년차에 이르도록 지방관으로 우수한 평가를 받고 있었기 때문에 조사관으로 적임자였다.

6 위 자료, 4월 6일.

7 『梅泉野錄』 제1권, 下(1894년 이전) ④ 1. 이용직과 민형식 등의 음사, 탐학과 이응서의 선정. 이용직은 전주이씨로 세종의 13남 密城君 琛의 후손으로 6대조는 노론 4대신 중 하나인 李健命이다. 1866년 병인양요 때 여주목사로 湖南召募使로 활약했고, 이어 한성부 좌 · 우윤, 병조 · 이조 · 예조의 참판을 지냈으며, 공조판서 · 의정부 좌참찬을 거친 다음 1893년 경상감사가 되었다.

8 『고종실록』 1894년 12월 27일. 신영우, 「1894년 경상도의 동학농민군과 동남부 일대의 상황」 『동학학보』 30호, 2014의 5장 1894년 경상도 동남부 일대의 농민항쟁과 수습책 참고.

9 『駐韓日本公使館記錄』 1, 二. 全羅民擾報告 宮闕內騷擾의 件 二(2) 金海民亂 槪況.

10 원문에는 김해부사의 이름이 민영계(閔泳啓)로 기재되지만 민영은을 잘못 쓴 것이다.(『고종실록』 1894년 10월 24일)

11 『大韓季年史』 갑오년 4월.

12 『면양행견일기』.

13 『갑오실기』.

14 이때 충청감사로 임명된 이헌영은 "傳曰 慶尙監司李容直有闕之代 忠淸監司趙秉鎬除授 忠淸監司之代 知宗正卿李永除授"라고 경상감사가 闕位된 상태를 기록했다.(『錦藩集略』 日錄 甲午四月)

15 『固城府叢瑣錄』 갑오년 4월 30일.

16 『柏谷誌』, 김준형, 「서부경남지역의 동학군 봉기와 지배층의 대응」, 『慶尙史學』 7 · 8집, 1992; 김양식, 「지리산권 동남부지역 동학농민혁명의 전개와 특징」, 『남도문화연구』 26집, 2014.

17 『駐韓日本公使館記錄』 1권, 一. 全羅民擾報告 宮闕內騷擾의 件 一 (23) 6월 3일자 東學黨에 관한 續報. 禮) 同 4월 27일 (양력 5월 31일)에 받은 慶尙道監司의 보고. 지난번 동학 괴수 白弘錫을 살해했는데, 동학도 수만 명이 晋州로 들어와 큰 소란을 일으켰다고 하니 걱정스럽습니다."

18 『駐韓日本公使館記錄』 1권, 二. 全羅民擾報告 宮闕內騷擾의 件 二 (15) 東學黨近況探聞記. "東萊咸陽間沿途探聞記. 4월 28일 東萊를 출발하여 金海에서 숙박, 29일 昌原에 도착함. 沿道에는 풍문이 자자했으나 확신할만한 것은 없었다. 동일 鎭海에서 투숙하고 다음날 30일 晋州로 향함. 이곳 영장은 민병 1,000여 명을 모아 불의의 사태에 대비하고 동학도인 白道弘을 德裕(智異山 경계의 城)에서 붙잡아 즉시 효수하고 나머지

徒黨 수십 명은 감옥에 잡아두었기 때문에 잠시 진정되었음."

19 『羅巖隨錄』 2월 · 3월.

20 『歲藏年錄』 갑오년 3월 20일.

21 신영우, 「1894년 영남의 동학농민군과 동남부 일대의 상황」, 『동학학보』 30호, 이 절의 내용은 5장 1894년 경상도 동남부 일대의 농민항쟁과 수습책 참고.

22 『고종실록』 1894년 12월 27일.

23 『別啓』 을미 2월 12일 別報,

24 『고종실록』 1894년(고종 31) 9월 15일.

25 위 자료.

26 갑오년 경상도의 자연재해는 신영우, 「1894년 영남의 동학농민군과 동남부 일대의 상황」, 『동학학보』 30호 참조.

27 『梧下記聞』 二筆.

28 신영우, 「19世紀 嶺南 禁山의 兩班地主層과 鄕內 사정」, 『동방학지』 70, 1991 참고.

29 『固城府叢瑣錄』, 계사년 11월 8일.

30 위 자료, 계사년 12월 10일.

31 고성부사 오횡묵은 극심한 흉년에 어렵게 세금을 받는 사정을 『固城府叢瑣錄』에 기록하고 있다.

32 『公文編案』 奎 18154, 1894년 11월 2일(양력 11월 28일).

33 "本道의 각 고을 結價에 4등급이 있어 漕邑이 가장 높고 그 아래로 水邑 山郡 嶺底의 순서이며 山郡과 嶺底邑의 結價는 漕邑이나 水邑과 비교하면 많은 차이가 나는데 更張 이후 山郡과 嶺底邑의 結價를 25兩씩 책정하는 것은 지나치므로 嶺底 12읍과 山郡 중 결가가 가장 낮은 읍의 1893年條 結價를 後錄하고 각 고을의 元成册을 同封하여 上送하니 다시 논의해주기 바란다." 12월 1일에는 "영저(嶺底) 각읍 및 작목읍(作木邑)의 결가를 시가에 따라 배정하여 징수하고 추가 징수를 금지할 것" 등을 지시하였다.

34 『別啓』 을미년 정월.

35 『別啓』 갑오년 11월 封啓.

36 『주한일본공사관기록』 2권, 二. 京城 · 釜山 · 仁川 · 元山機密來信 (22) 室田 領事의 歸國과 卑見 上申, [別紙 丙] 朝鮮 南道의 民亂을 根治하는 方策.

37 『別啓』 을미년 정월 11일 別報.

38 경상도의 일본군 관련 내용은 신영우, 「1894년 영남의 동학농민군과 동남부 일대의 상황」 『동학학보』 30호, 2014와 신영우, 「1894년 일본군의 동학농민군 학살」 (충남대 충청문화연구소, 『제노사이드와 한국근대』, 경인문화사, 2009 수록) 참고.

39 위 논문에서 인용.

40 『駐韓日本公使館記錄』 1권, 九. 諸方機密公信往 一 (14)京釜間 軍用電信 架設件.

41 일본과 관련한 경상감사 조병호의 대응과 조치에 관한 기록은 거의 남아있는 것이 없다. 여기에서는 주변 방증자료를 통해서 정리한다.

42 「JACAR(アジア歴史資料センター)Ref.C06061765400 明治 27年自 6月至 9月「混成第 9 旅団 第 5 師団 報告」(防衛省防衛研究所)」

43 『固城府叢瑣錄』 갑오년 9월 10일.

44 「JACAR(アジア歴史資料センター)Ref.C06062205400 明治 27年 9月「中路兵站監督部 陣中日誌 第2号」(防衛省防衛研究所)」, 9月.

45 吳宖默, 『固城府叢瑣錄』 갑오년 7월 3일자(양력 8월 3일).

46 『주한일본공사관기록』 2권, 二. 京城 ·釜山·仁川·元山機密來信 (27) 池錫永 轉任件 및 崔文汝가 義兵이라고 칭하고 民兵 嘯集 등의 件 具申. 조병호가 대원군의 사위라는 것은 잘못된 정보이다.

47 『東擾日記』 갑오년 8월.

48 신영우, 「1894년 왕조정부의 동학농민군 인식과 대응」 『한국근현대사연구』 51, 2009 참고.

49 『甲午東學亂』.

50 『甲午斥邪錄』 甲午年 봄. 예천 관련 사례는 신영우, 「1894년 영남 예천의 농민군과 보수집강소」 『동방학지』 44집, 1984 참고.

51 『甲午斥邪錄』 甲午年 8월.

52 吳宖默, 『固城府叢瑣錄』 9월 6일(양력 10월 4일).

53 한철호, 「민씨척족정권기(1885-1894) 내무부의 조직과 기능」, 『한국사연구』 90집, 1995. 內務府의 軍務司가 관장한 업무는 '各道水陸軍兵 演操 參謀 兵器 鎭堡 測量 軍馬等事'이다.

54 한철호, 「민씨척족정권기(1885-1894) 내무부 관료 연구」, 『아시아문화』 12호, 1996.

55 『비변사등록』 1885년 5월 9일. 親軍西營은 壯勇營外使의 規例를 본떠 箕伯이 관할하라는 등의 傳敎.

56 『日省錄』 1887년 윤4월 14일. 『承政院日記』 1887년 윤4월 14일. "內務府啓曰 卽見慶尙監司李鎬俊狀啓 則本營兵額 今已畢抄 不可無營號 亦不可無將官 兵房一員 領官一員 哨官六人 自本營望報兵曹 啓下單付恐好 營號及將官啓下等節 請令內務府稟處矣 兵丁旣抄 技藝漸熟 營以親軍南營爲稱 將官 令該曹單付啓下 何如 傳曰 允 依西營例爲之 兵房 以邊禦以上擇擬"

57 전라감영에는 이에 비해 늦은 시기인 1893년 8월에 병영을 설치해서 親軍武南營이라고 하였다. 병력 400명으로 편성된 까닭에 병방 이하 장교 직임을 허락받아서 친군서영과 남영과 같이 규모를 갖추었다. 이 영병이 갑오년 봄에 황토현에서 전봉준이 이끄는 동학농민군에게 패배를 당한다.(『日省錄』 1893년 8월 14일. "命完營以親軍武南營爲稱. 內務府啓言 卽見全羅監司金文鉉狀啓 本營兵隊四百名 復設定額 不可無兵房以下諸窠 而係是官制請令內務府稟旨分付矣 軍伍今旣抄額 則宜有營號 及統率管轄矣 營號以親軍武南營爲稱 依西南營外使例下批 兵房以下諸窠 并依狀請差出 至若文案還涉不緊請置之 允之")

58 『總關公文』, 奎 17830. '世昌洋行이 購來한 洋槍 140桿 및 彈丸 14斐個는 軍物이니 免稅하도록 仁川海關稅務司에게 轉知하라는 關文'

59 『總關公文』, 奎 17830. '慶尙道觀察使兼親軍南營外使 李의 牒呈에 의거하여, 該營의 新練兵丁이 쓸 前門槍 600桿, 槍器械共革帶 600條 등을 일본에서 貿來하여 釜山口에 도착할 때 釜山海關稅務司에게 迅飭하여 해당 물건들은 특별히 免稅토록 하라는 關文'

60 『駐韓日本公使館記錄』 1권, 二. 全羅民擾報告 宮闕內騷擾의 件 二 (16) 慶尙道內 東學黨 狀況 探聞 報告.

61 男爵 大倉喜八郎 述, 『致富の鍵』, 丸山舍書籍部, 1911.10, 183-187. '조선인은 상업적 지식이 결핍하다', 男爵 大倉喜八郎 述 井上泰岳編, 『努力』, 實業之日本社, 1916. 오쿠라는 鐵砲火藥 면허상으로 西南戰爭 · 청일전쟁 · 러일전쟁 등에 무기를 조달해서 거부가 되었다. 선린상고는 오쿠라가 기부한 20만圓을 기본재산으로 41년 11월 28일 개교식을 가졌다.

62 『日省錄』 1888년 11월 20일. "親軍南營將官以下施賞有差. 教以兵房權用哲許用兵使履歷 領官徐德禧文案李熙悳竝守令待窠首先擬入 軍司馬任學準文案金鶴永秋秉紀竝仍其職陞六 別監董河東府使 安潤明加資 其餘軍醫 哨官 別軍官放料 監官哨長教師書記監董別看役 牌將糾飭什長兵丁等 竝依判下施賞"

63 『駐韓日本公使館記錄』 2권, 三. 諸方機密信 一 (22) 東學黨에 관한 두 大將의 직접 대화. 여기서 말한 500명에는 보부상까지 포함한 것으로 보인다.

64 『고종실록』 1892년(고종 29년) 6월 29일.

65 이헌영, 『嶠繡集略』 夏, 關甘 '大邱 · 尙州 · 晋州鎭營了' "近來火賊土匪輩搶奪之弊 傳聞狼藉 道路騷擾 而非徒巢據於山郡 又多屯聚於海邑 則職在討捕 必有入聞者 而何不嚴加譏捕"

66 『駐韓日本公使館記錄』 1권, 二. 全羅民擾報告 宮闕內騷擾의 件 二 (16) 慶尙道內 東學黨 狀況 探聞 報告.

67 『歲藏年錄』 1894년 6월 21일.

68 위자료, 1894년 7월 2일.

69 行慶尙道觀察使兼都巡察使 親軍南營外使爲謄報, 開國503년 8월 21일, 奎522647. "本月初八日酉時 到付釜山僉使金永鶴馳通內 即接兼帶譯學白運培手本 則初無總領事所言 留舘日本陸軍 由陸發行 故照檢人名看審物件 則士官一人腰佩長釼 騎馬兵隊三十四名 各持砲銃刀釼爲有旀 糧米二十一包㐲 我錢五十九負 負持於我國募軍七十九名 自昨日午時至今日未時 次第出來 由新草梁向往前路梁山境龜浦"

70 이 글에서 동학도와 동학농민군이란 용어 사용은 무장봉기 또는 읍내 점거와 대일본군 공격을 기점으로 구별해서 사용했다.

71 『駐韓日本公使館記錄』 2권, 五. 機密本省及其他往來 (28) 京城 · 日本間 電信往復이 두절될 경우에 대비하는 訓令.

72 『駐韓日本公使館記錄』 2권, 二. 京城 · 釜山 · 仁川 · 元山機密來信 (11) 軍用電線 切

斷者 단속책에 관한 具申.

73 『歲藏年錄』 1894년 8월.

74 위 자료, 1894년 8월 6일.

75 『東擾日記』 1894년 8월.

76 『甲午斥邪錄』 1894년 7월 24일.

77 위 자료, 8월 28일 통문.

78 『醴泉郡邑誌』, 奎10839.

79 『駐韓日本公使館記錄』 3권, 七. 和文電報往復控 (38) 安東 東學黨과 竹內大尉 시체보호의 件 2) 安東 東學黨과 竹內大尉 시체보호의 件 1; 『駐韓日本公使館記錄』 2권, 二. 京城・釜山・仁川・元山機密來信 (12) 東學黨 再發 및 鎭撫方法의 件.

80 伏木誠一郎 編, 『征清軍人忠死列伝』, 268-270, 1895. 3. '山口県阿武郡萩椿郷西分村 陸軍騎 兵大尉 竹内盛雅'

81 『駐韓日本公使館記錄』 1권, 四. 東學黨에 關한 件 附巡查派遣의 件 一 (8) 聞慶近傍 東學黨과 戰鬪報告 3) 聞慶東徒와의 接戰狀況 및 戰果通報.

82 「大阪每日新聞」, 1894年 10月16日(음력 9월 7일).

83 『嶠南隨錄』 甲午八月 日 兵房申泰休行軍下記.

84 이진영, 「김개남과 동학농민전쟁」 『한국근현대사연구』 2집, 3) 남원통치와 그 성격, 1995.

85 『梧下記聞』 2필, 안의전투와 현감 조원식의 활약.

86 『甲午以後日記』.

87 『召募日記』, 甲午年 11月 12日.

88 『甲午以後日記』, "餘外近處各郡則 守令畏怯 非惟不能捕捉 反或有護東者"

89 『記聞錄』, 甲午 9月, 『羅巖隨錄』 甲午 9月, 『啓草存案』 甲午 9月 9日.

90 『固城府叢瑣錄』, 9月 6日.

91 경상감사 조병호는 2차 봉기 이후 상세한 경상도의 상황을 정부에 장계로 보고하였고, 그 내용이 『별계』에 수록되어 있다. 이를 분석한 논문은 다음 작업으로 미루려고 한다.

동학과 자유-자치-자연/박홍규

1 그 내용에 대해서는 박홍규, 『자유란 무엇인가』, 문학동네, 2014 참조.

2 소위 보수-진보 논쟁이라는 차원에서 이 글을 분명히 진보의 입장에 서지만, 동학에 대한 과장된 평가에 대해서는 주의할 필요가 있다.

3 대부분의 사상사 책에서는 동학이 다루어지지 않고 있다. 가령 최영성, 유명종, 유초하, 지두환, 이진표 등의 책들이다.

4 이수윤, 『한국사상사』, 법문사, 2004, 692쪽.

5 조경달, 박맹수 옮김, 『이단의 민중반란』, 역사비평사, 2008, 333-345쪽. 이상익은 『한국철학사상사』(심산, 2003)에서 최제우가 "공자는 노나라에서 추에서 교화를 베풀었"던 반면 자기는 "여기에서 받고 여기에서 베푸는 것이니" 동학이라고 한 것(『동경대전』, 「논학문」 孔子生於魯風於鄒…受於斯 布於斯)을 "탈중화적 · 토착적"인 민족주체의식이라고 하지만(452-453쪽) 이는 지극히 피상적인 설명이다. 이하 『동학경전』 등 경전의 번역은 필자에 의한 것으로, 인용 근거로는 한문만을 적시하도록 한다.

6 이수윤, 앞의 책, 891쪽.

7 하기락, 『조선철학사』, 형설출판사, 1992.

8 김갑수, 「아나키즘의 윤리관과 전통 윤리관의 만남 및 변용」, 『시대와 철학』 제18권 제1호, 2007, 101쪽.

9 북한에서 나오는 『조선사상사』 등의 책에서는 종교의 하나인 동학을 유물론으로 인정하지 않는다.

10 조지훈,『한국 민족운동사』, 나남, 1993, 38-39쪽.

11 최제우, 『동학경전』, 「논학문」, 曰吾心卽汝心也.

12 조지훈, 『한국 문화사서설』, 나남, 1996, 132쪽.

13 조지훈은 이돈화에 따라 지상천국의 건설에는 3대 개벽, 즉 정신개벽(미신 · 우상 · 편견 · 이기 등 개성의 해악과 질병의 퇴치), 민족개벽, 사회개벽(인류평화 · 상호부조)이 전제되고 사회개벽에 의해 지상천국이 완성된다고 한다. 같은 책, 132-133쪽.

14 조지훈, 『한국 민족운동사』, 앞의 책, 38쪽.

15 같은 책, 37쪽. 같은 책, 120-121쪽에서 3 · 1운동이 동학을 계승한 천도교의 손병희에 의한 것이지 일부 학자들이 강조하는 한용운이나 이광수에 의한 주도설을 비판한 점에는 수긍이 간다. 3 · 1운동 민족대표 33인 중 15인이 동학의 후신인 천도교인이었고 피검자 19,525명 중 천도교 신자가 11.6%(2,285명)이었다. 강재언, 『근대한국사상사연구』, 한울, 1983, 113쪽.

16 박종홍, 「한국사상 연구의 구상」, 『박종홍전집』 4권, 형설출판사, 1980, 25-26쪽. 이 글은 본래 1958년에 쓴 글이다.

17 박종홍, 「한국사상의 방향」, 『박종홍전집』 5권, 형설출판사, 1980, 14-15쪽. 이 글은 본래 1963년에 발표되었다.

18 한국사상연구회, 「崔水雲 硏究」, 최제우 탄생 150주년 기념논집, 『한국사상』 12집, 1974, 발간사.

19 물론 유교와의 연관성을 인정하는 견해가 전혀 없는 것은 아니다. 이에 대해서는 뒤에서 검토한다.

20 함석헌, 『뜻으로 본 한국역사』, 함석헌저작집, 30권, 한길사, 2009, 129쪽. 학계에서도 이러한 주장은 흔하다.

21 같은 책, 372쪽.

22 같은 책, 468쪽.

23 미신의 요소를 비판한 점은 당시 유학자들도 마찬가지였다.

24 이러한 견해의 최초 예는 吉川文次郎,『朝鮮諸宗教』, 朝鮮光文會, 1922이다.

25 『崔先生文集道源記書』, 癸亥年條, "儒道投筆成字 開口唱韻 用祭牛羊是乃儒道也 佛道淨潔道場 手執念珠 頭着白衲 白米引燈 是乃佛道也 仙道容貌幻態衣冠服色 祭禮幣帛 獻酌醴酒 是乃仙道也."

26 이를 처음으로 지적한 문헌은 Carl Young, "Embracing Modernity: Organizational and Ritual Reform in Ch'ondogyo, 1905-1910," Asian Studies Review, vol., 29, Routledge, 2005, p. 55.

27 가령 동학과 친했던 매켄지(William J. McKenzie)의 경우가 있다. 매켄지를 비롯한 선교사들이 조선의 전통 문화를 무시하는 한국 기독교인들과 달리 전통 문화를 존중하는 가운데서 복음을 전파했다고 본 점에 대해서는 임희국,「1890년대 조선의 사회 · 정치적 상황에 대한 내한(來韓)선교사들의 이해-동학농민운동과 단발령을 중심으로」,『선교와 신학』, 23권, 2009, 181-212쪽; 이영호,「황해도 동학농민군과 기독교 선교사의 접촉과 소통 : 매켄지 선교사를 중심으로」,『한국기독교와 역사』 34권, 2011, 5-38쪽; 비온티노, 유리안,「한말 시기 조선에서 서양인이 본 동학운동-습격자인가 개혁자인가?」,『동학학보』 27권, 2013, 383-424쪽 참조.

28 러시아대장성, 한국정신문화연구원,『국역 한국지』 1권, 1984, 387쪽.

29 같은 책, 387쪽.

30 같은 책, 388쪽. W. M. Junkin도 같은 견해를 피력했는데, 동학에 대한 도교의 영향으로 장생불사를 지적했다. 또 H. B. Hulbert도 같은 견해를 피력하면서 동학을 프랑스혁명과 같은 성격의 운동으로 묘사했다. 한편 W. B. Weems는 동학이 한국의 민족주의와 독립을 위한 투쟁에 중요한 역할을 했다고 평가했다. 반면 W. B. Poitras는 동학을 19세기 서구문화 배척의 경향을 대표하는 것이라고 했다. 네 사람의 인용문헌에 대해서는 김종서,『서양인의 한국종교 연구』, 서울대학교출판부, 2006, 21쪽. 주46; 30쪽; 56쪽; 76쪽 참조.

31 강재언,『선비의 나라 한국 유학 2000년』, 한길사, 2003, 495쪽.

32 「몽중노소문답가」에서는 자신이 "8세에 입학해서 허다한 만권시서 무불통지 하여내니, 생이지지 방불하다. 10세를 지내나니 총명은 사광이요 지국이 비범하고 재기 과인하니"라고 자기 자랑을 했다.

33 『동경대전』,「수덕문」, 書無工果之篤.

34 『대선생사적』, 學書不成 返武二年.

35 서자였기 때문에 과거를 볼 수 없었다고 보는 견해도 있다. 윤석산,『동학 · 천도교의 어제와 오늘』, 한양대학교출판부, 2013, 87쪽. 이러한 견해는 소춘,「대선사 행각」,『신인간』, 162호, 1924년 3월호의 기록에 근거한다. 조경달도『이단의 민중반란』, 40쪽에서 이돈화,『천도교창건사』, 2편, 1-2쪽을 근거로 하여 그렇게 주장한다. 그러나 표영삼은『최제우의 삶과 생각 동학 1』(통나무, 2004, 37쪽) 등에서 최제우가 첩이 아

니라 정식으로 결혼한 후처의 소생이라고 한다. 그 후처는 한번 출가했다가 재혼한 탓에 그 아들인 최제우의 경우 과거를 볼 수 없었다는 것이다. 여하튼 어느 경우나 최제우가 과거를 볼 수 업쇼엇다고 보는 점에서는 같다.

36 이돈화,『천도교창건사』, 천도교중앙종리원장판, 1933, 1편 3쪽.

37 표영삼, 앞의 책, 63-64쪽.

38 김기전,「경주성지배관실기」,『신인간』 제2권 제7호(1927년 8월호).

39 「경상감사서헌순장계」, 訓學爲業矣.

40 홍수전은 최제우보다 10년 먼저 태어나 1864년에 같이 죽었으나, 태평천국의 난은 1851년에 터진 반면 동학전쟁은 최제우 사후 30년 뒤인 1893년에 터졌다. 두 사람이 종교 체험에 이르게 되는 경로는 유사한데 최제우가 홍수전의 경우를 자신의 종교 체험 이전에 알았다면 영향을 받았을 수도 있다.

41 최제우는 뒤에「몽중노소문답가」에서 다음과 같이 노래했다. "매관매직 세도가도 일심은 궁궁이요. 전곡 쌓인 부첨지도 일심은 궁궁이요. 유리걸식 패가자도 임심은 궁궁이라. 풍면에 뜨는 자도 혹은 궁궁촌 찾아가고 혹은 만첩산중 들어가서 혹은 서학에 입도해서 각자위심 하는 말이."

42 『동경대전』,「포덕문」, 西洋之人 道成立德 及其造化 無事不成 功闘干戈 無人在前 中國燒滅 豈可無 唇亡之患耶 都緣无他 斯人 道稱西道 學稱天主 敎則聖敎 此非知天時而受天命耶.

43 천도교에서는 하늘님, 하느님, 한울님, 천주, 상제 등으로 표현하지만 여기서는 일반적인 말인 하느님으로 표기했다.

44 『용담유사』」,「교훈가」.

45 『동경대전』,「논학문」"侍者 內有神靈 外有氣化 一世之人 各知不二者耶",『동학사상자료집』, 1, 아세아문화사, 1979, 15쪽.

46 『동경대전』,「수덕문」, 覺來夫子之道則 一理之所定也 論其惟我之道則 大同而小異也.

47 『동경대전』,「논학문」, 然而運則一也 道則同也 理則非也.

48 『동경대전』,「주문」, 至氣今至 願爲大降.

49 『동경대전』,「논학문」.

50 『동경대전』,「포덕문」, 則曰 勿惧 勿恐 世人謂我上帝.

51 이 점에서 동학에 반대한 당대의 유생들이 동학을 서학과 같은 것이라고 보았다. 동학에 반대한 또 다른 이유는 귀천을 구별하지 않고 재물의 유무에 관계없이 서로 돕기를 좋아하여 가난한 이들이 기뻐하며, 부적과 물로 병을 치료한다는 등이었다. 최승희 편,『한국사상사자료선집』,「조선후기편」, 7, '동학의 창교와 대응', 8, '동학배척통문'.

52 1861년 6월부터 포교를 시작한 포덕 한 달 뒤에 지은「포덕문」을 통해 최제우는 서학과 달리 자신은 병자에게 효험이 있는 선약을 준다고 말했다. 다시 한 달 뒤 지은 한글 노래인「안심가」를 통해 자신의 가르침을 서학이라고 비난하는 것에 대해 부녀자를 안심시키고자 했다. 이는 초기에 부녀자 신도가 많았음을 짐작하게 한다. 이어 관의

탄압을 받아 경주를 떠난 뒤 지은 한글노래인 「교훈가」에서 최제우는 서책을 폐하고 자신이 지은 13자만 외우면 현인군자가 된다고 말했다. 이어 1862년 1월에 지은 한글노래 「권학가」에서는 천주학을 앞세워 서양이 침략하고 있음을 지적하고, 같은 시기에 쓴 「논학문」에서는 처음으로 동학이라는 호칭을 사용했다. 자신의 가르침을 서학이라고 비난하는 관청 등에 대항하기 위한 것이었다. 따라서 동학은 서양종교를 배척하기 위해 만든 새 종교라고 보는 견해는 잘못된 것이다.

53 『용담유사』, 「권학가」.

54 『용담유사』, 「안심가」.

55 유교에서는 세계를 주재하는 신이나 개체적 영혼인 귀신과 같은 존재는 부정되었다. 한자경, 『한국철학의 맥』, 이화여자대학교출판부, 2008, 330쪽.

56 『동경대전』, 「논학문」, 西人言 … 而頓無爲天主之端 只祝自爲身之謀. 그러나 동경대전 포덕문에서는 "서양 사람들은 천주의 뜻이라 하여 부귀를 추구하지 않는다"고 하여 지상의 행복이 아니라 천상의 행복을 바란다고 보았다.

57 오직 빨리 죽기를 바라니(唯願速死).

58 『용담유사』, 「권학가」.

59 같은 책, 「도덕가」, 301-302쪽.

60 기독교의 신이 창조주인 반면 동학의 신은 창조주가 아니다. 동학은 만물의 탄생을 음양에 의한 자연적 화출(化出)로 본다. 『동경대전』, 「수덕문」.

61 『동경대전』, 「수덕문」.

62 『천도교창건사』 1편, 8-11쪽.

63 『동경대전』, 「수덕문」.

64 『일성록』, 고종 원년 2월 29일조.

65 「선전관정운구서계」, "店舍之婦 山谷之童 無不誦傳其文"

66 「경상감사서헌순장계」, 『일성록』, "到底鉤覈福述 則本以么麽之類 敢懷謊誕之術 刱造呪文 煽動妖言 爲天主之說云 斥彼而反襲邪學 布德之文 故餙僞而陰售禍心 弓藥謂出秘方 釰舞唱播兇歌 平世思亂 暗地聚黨 動稱鬼神 降敎其術 則河內風角 擧使錢穀來遺 厥類焉漢中米賊 三尺莫嚴 一縷難貸".

67 『천도교서』, 『동학총서』 28권, 121-122쪽.

68 같은 책, 179쪽.

69 「해월선생문집」, 『한국학자료총서』 9권, 동학농민운동편, 322-323쪽.

70 장필도, 「동학도종역사」, 『동학총서』 29권, 265쪽.

71 「전봉준공초」, 『동학총서』 18권, 하, 521쪽.

72 「동학관련 판결선고서」, 『동학총서』 18권, 하, 429쪽.

73 「전봉준공초」, 같은 책, 523쪽.

74 이소사의 사례가 유명하다.

75 박홍규, 『종교』, 다른, 2013.

76 「전봉준공초」, 앞의 글, 337-338쪽.

77 여기서 '여러 나라'가 어떤 나라를 말하는지, 그 정보의 근거가 무엇인지 알 수 없지만, 미국 헌법을 비롯하여 19세기 서양의 헌정에 대한 것으로 생각된다. 그렇다면 자유와 평등과 같은 기본적 인권이나 민주주의적 정부 운영에 대한 정보를 가지고 있었다고 짐작할 수 있다.

78 박찬승, 「동학농민전쟁의 사회경제적 지향」, 박현채 · 정창렬 편, 『한국민족주의론』, 3권, 창작과비평사, 1985, 75쪽.

79 오문환, 『다시개벽의 심학』, 모시는사람들, 2006, 227쪽.

80 권진관, 「동학의 정의 이해」, 『종교연구』 74집 1호, 2014, 78쪽.

81 배항섭, 「19세기 후반 민중운동과 공론」, 『한국사연구』 161집, 2013, 335쪽.

경상도 북부지역 동학농민혁명 관련 자료와 그 성격/이병규

1 지금까지 경상도 북부지역을 대상으로 한 동학농민혁명 관련 연구 성과는 다음과 같다.

신영우, 「1894년 영남 예천의 농민군과 보수집강소」, 『동방학지』 44, 1984.

신영우, 「1894년 영남 상주의 농민군과 소모영 상 · 하」, 『동방학지』 51 · 52, 1986.

신영우, 「1894년 영남 서북부지방의 농민군지도자와 사회신분」, 『학림』 10, 1988.

신영우, 「19세기 영남 김산의 양반지주층과 향내 사정」, 『동방학지』 70, 1991.

신영우, 「1894년 영남 김산의 농민군과 양반지주층」, 『동방학지』 73, 1991.

신영우, 「경북지역 동학농민혁명의 전개와 의의」, 『동학학보』, 2006.

정진영, 「동학농민전쟁과 안동」, 『안동문화』 15, 1994.

권대웅, 「경상도 유교지식인의 동학농민군 인식과 대응」, 『한국근현대사연구』 51, 2009.

신진희, 「의성의 '동학군' 봉기와 '의려'의 대응」, 안동대 석사논문, 2012.

신영우, 「학초전을 통해본 경상도 예천지역 동학농민혁명」, 새로운 자료를 통해 본 경상도북부지역 동학농민혁명 발표자료집, 동학농민혁명기념재단, 2014.

이병규, 「소모사실과 상주김천지역의 동학농민혁명」, 새로운 자료를 통해 본 경상도 북부지역 동학농민혁명 발표자료집, 동학농민혁명기념재단, 2014.

김봉곤, 「창계실기와 경상도 의흥군위칠곡 지역의 동학농민혁명」, 새로운 자료를 통해 본 경상도북부지역 동학농민혁명 발표자료집, 동학농민혁명기념재단, 2014.

2 이 자료의 원문은 『동학농민전쟁사료총서』 11권(사운연구소, 1996)에 수록되어 있으며, 번역문은 『동학농민혁명 국역총서』 3권(동학농민혁명참여자명예회복심의위원회, 2008)에 수록되어 있다.

3 『동학농민혁명 국역총서』 3권(동학농민혁명참여자명예회복심의위원회, 2008).

4 이 자료의 원문은 『동학농민전쟁사료총서』 11권(사운연구소, 1996)에 수록되어 있으

며, 번역문은 『동학농민혁명 국역총서』 3권(동학농민혁명참여자명예회복심의위원회, 2008)에 수록되어 있다.

5 『동학농민혁명 국역총서』 3권(동학농민혁명참여자명예회복심의위원회, 2008, 418쪽-419쪽).

6 『동학농민전쟁사료총서』 11권, 사운연구소, 1996, 해설 부분 참조.

7 이 자료의 원문은 『동학농민전쟁사료총서』 11권(사운연구소, 1996)에 수록되어 있으며, 번역문은 『동학농민혁명 국역총서』 9권(동학농민혁명기념재단, 2011)에 수록되어 있다.

8 이 자료의 원문은 『동학농민전쟁사료총서』 11권(사운연구소, 1996)에 수록되어 있으며, 번역문은 『동학농민혁명 국역총서』 9권(동학농민혁명기념재단, 2011)에 수록되어 있다.

9 이 자료의 원문은 『동학농민전쟁사료총서』 11권(사운연구소, 1996)에 수록되어 있으며, 번역문은 『동학농민혁명 국역총서』 3권(동학농민혁명참여자명예회복심의위원회, 2008)에 수록되어 있다.

10 이 자료는 2014년 대구에 거주하는 박홍기 씨가 동학농민혁명기념재단에 제공하여 세상에 알려지게 되었다. 이와 관련하여 동학농민혁명기념재단은 2014년 8월에 「새로운 자료를 통해 본 경상도 북부지역 동학농민혁명」이라는 주제로 학술대회를 개최하여 『김산소모사실』을 소개하였다.

11 조시영(1943-1912)의 본관은 창녕, 자는 치극, 호는 후계 동지중추부사 위의 12세손으로 아버지는 참봉 진만이며 어머니는 진주강씨로 처중의 딸이다. 1873년 진사시에 합격하여 성균관 유생이 되었고, 1882년 정시 문과에 급제하여 홍문관의 수찬, 교리, 응교, 사간원헌납, 사헌부지평, 장령, 집의, 성균관사성, 장악원정 병조정랑, 통례원의 좌통례, 우통례 등을 지냈다. 1890년 통정대부에 올라 돈녕부도정을 거쳐 병조의 참지, 참의, 동부승지가 되었다. 외직으로는 홍양현감, 고령군수, 여산부사, 경상도관찰사 등을 역임하면서 향약과 향음주례를 실시하여 풍속을 교화하고 농상을 권장하여 치적을 남겼다. 만년에는 봉계 옥호동에 퇴거하여 후진배양에 힘썼다. 효성이 지극하고 문장이 뛰어났다. 편서로는 상례제요가 있고 저서로는 후계문집 16권 8책이 있다.(민족문화대백과사전)

12 이병규, 「소모사실과 상주김천지역의 동학농민혁명」, 『새로운 자료를 통해 본 경상도 북부지역 동학농민혁명 발표자료집』, 동학농민혁명기념재단, 2014.

13 이 자료의 원문은 『동학농민전쟁사료총서』 11권(사운연구소, 1996)에 수록되어 있으며, 번역문은 『동학농민혁명 국역총서』 9권(동학농민혁명기념재단, 2011)에 수록되어 있다.

14 『동학농민전쟁사료총서』 11권, 사운연구소, 1996, 해설 부분 참조.

15 이 자료는 동학농민혁명 관련 자료집에 포함되어 출판되지 않았으며, 아직 번역되지 않았다.

16 신석찬(申錫燦)은 자는 敬七, 蒼溪는 자호이며, 본은 平山으로 1851년 3월 6일 의흥군 현내면 현창리에서 태어났다. 그의 가문은 고려 태조 왕건을 위해 팔공산에서 대신 전사한 申崇謙을 시조로 하며, 공양왕때 지신사를 지낸 신숭겸의 14세 손 浩를 중시조로 한다. 그의 가문이 부림현에서 세거하게 된 것은 신숭겸의 20세 손 참의공 簡이 서울에서 낙남한 이후라고 한다. 신석찬의 고조 養和, 증조 澺, 할아버지 相驥, 아버지 在秀은 모두 출사하지 않았으나, 사족으로서의 지위를 유지하고 있었다. 어머니 역시 부림 일대에서 사족가문으로서 명망이 높은 缶林 洪氏 秉基의 딸이다. 이상은 김봉곤, 「창계실기와 경상도 의흥 군위 칠곡 지역의 동학농민혁명」, 새로운 자료를 통해 본 경상도북부지역 동학농민혁명 발표자료집, 동학농민혁명기념재단, 2014 참조.

17 김봉곤, 「창계실기와 경상도 의흥 군위 칠곡 지역의 동학농민혁명」, 새로운 자료를 통해 본 경상도북부지역 동학농민혁명 발표자료집, 동학농민혁명기념재단, 2014.

18 신진희, 「의성의 '동학군' 봉기와 '의려'의 대응」, 안동대 대학원 석사학위논문, 2012.

19 이 자료의 원문은 『동학농민전쟁사료총서』 2권(사운연구소, 1996)에 수록되어 있으며, 번역문은 『동학농민혁명 국역총서』 6권(동학농민혁명참여자명예회복심의위원회, 2009)에 수록되어 있다.

20 이 자료의 원문은 『동학농민전쟁사료총서』 2권(사운연구소, 1996)에 수록되어 있으며, 번역문은 『동학농민혁명 국역총서』 6권(동학농민혁명참여자명예회복심의위원회, 2009)에 수록되어 있다.

21 『동학농민전쟁사료총서』 2권, 사운연구소, 1996, 해설 부분 참조.

22 이 자료의 원문은 『동학농민전쟁사료총서』 11권(사운연구소, 1996)에 수록되어 있으며, 번역문은 『동학농민혁명 국역총서』 3권(동학농민혁명참여자명예회복심의위원회, 2008)에 수록되어 있다.

23 도한기(都漢基, 1836-1902)의 字는 禮淑, 號는 管軒이다. 도한기는 아전신분으로 李滉과 李珥를 사숙하였으며 李震相, 李承熙 父子와 張錫英 申應朝 등과 교류하였다. 그의 문집인 『管軒集』은 18권 7책의 활자본으로 나왔는데, 문집 편찬 시 빠진 글을 필사본 그대로 모아 편집한 『管稿草雜』에 수록하였다. 이 글은 이 책의 말미에 수록된 자료이다.(『동학농민전쟁사료총서』 11권(사운연구소, 1996), 해설 부분 참조)

24 이 자료의 원문은 『동학농민전쟁사료총서』 11권(사운연구소, 1996)에 수록되어 있으며, 번역문은 『동학농민혁명 국역총서』 6권(동학농민혁명참여자명예회복심의위원회, 2009)에 수록되어 있다.

25 『동학농민전쟁사료총서』 11권, 사운연구소, 1996, 해설 부분 참조.

26 이 자료의 원문은 『동학농민전쟁사료총서』 11권(사운연구소, 1996)에 수록되어 있으며, 번역문은 『동학농민혁명 국역총서』 6권(동학농민혁명참여자명예회복심의위원회, 2009)에 수록되어 있다.

27 『동학농민전쟁사료총서』 11권, 사운연구소, 1996, 해설 부분 참조.

28 이 자료는 『학초전』의 저자 박학래의 손자인 박종두(대구송일초등학교 교장) 씨가

2014년 동학농민혁명기념재단에 제공하여 세상에 알려지게 되었다. 이와 관련하여 동학농민혁명기념재단은 2014년 8월에 「새로운 자료를 통해 본 경상도 북부지역 동학농민혁명」이라는 주제로 학술대회를 개최하여 『학초전』을 소개하였다.

29 박종두, 「학초전을 통해본 예천 동학사의 재조명」, 2011.

30 신영우, 「학초전을 통해본 경상도 예천지역 동학농민혁명」, 『새로운 자료를 통해 본 경상도 북부지역 동학농민혁명 발표자료집』, 동학농민혁명기념재단, 2014.

경상도 예천의 동학농민군과 민보군의 척왜 명분 논란 /신영우

1 신영우, 「東學農民革命과 國內勢力의 統合指向」 『민족사상연구』 16호, 2008, 경기대학교 민족사상연구소.

2 『承政院日記』 甲午 6월 21일.

3 나카츠카 아키라, 『1894년, 경복궁을 점령하라』, 72-77쪽.

4 『日省錄』 甲午 6월 22일.

5 『章程存案』 開國 503년 6월 26일 議案 草記.

6 『承政院日記』 甲午 6월 22일.

7 李升熙, 「청일・러일전쟁기 일본군의 군용·전신선 강행가설 문제」 『日本歷史研究』 제21집.

8 『固城府叢瑣錄』, "以日人言之 自五月由東萊 從內地上京者 恰爲五六萬名 而所經道路三百名 惑作隊 限三日治十里 路狹窄處 不計田畓 塹高塡深 拔石伐樹 期在平坦 而約四十里 置一兵站 如東萊密陽淸道大邱獨鳴院海平洛東胎峰聞慶 是爲大站 日兵多至二三千人 少不下千人 其餘小站則 皆一二百名云"

9 이때 지나간 일본 陸軍中將은 野津道貫(1841-1908)으로서 히로시마에 있던 5사단 병력을 인솔하고 행군했던 것으로 추정된다. 5사단의 상비편제는 2개여단(제9, 제10) 4개 연대(제11, 제12, 제21, 제22), 그리고 기병・포병・공병・輜重兵 4개대대였다.(明治 21年 5月 21日 「陸軍常備團隊配備表」)

10 第一條 この盟約は 清兵を朝鮮國の境外に撤退させ 朝鮮國の獨立自主を强固にし 日朝兩國の利益を增進する目的とする. 第二條 日本國は清國に對して攻守の直接の戰鬪行爲を擔當し 朝鮮國は日本の進退と食糧の便宜を圖ること.

11 이 같은 형태는 청군의 영접과 안내를 맡은 고위 관료의 파견과 같은 것으로서, 청군은 조선 정부에서 파병을 요청하여 들어온 경우였으나 일본군은 주권국가의 요청도 없는 상태에서 불법으로 침입한 군대였다.

12 심지어는 동학농민군의 진압을 목적으로 증파되어온 후비보병 제19대대도 조정에서 파견한 고위관료의 안내와 지원 속에서 잔혹한 학살극을 자행하였다.

13 平安道關草 [문서명] 日本代理公使 杉村 函內 "平安道 鐵山의 山縣 大將의 電에 따르면 我軍 需用으로 兵房木料, 薪柴 등이 필요하다고 하니 朝日盟約 제2조에 따라 斫

伐樹木을 허가해 달라"고 하니 遵照辦理하라는 關文. [발신자] 外務衙門/箕營 [날짜] 1894년 9월 23일.

14 『駐韓日本公使館記錄』 5권, 15쪽.

15 『駐韓日本公使館記錄』 2권, 116-119쪽.

16 『隨錄』(『東學農民戰爭史料叢書』 5, 278-279쪽)

17 『隨錄』(『東學農民戰爭史料叢書』 5, 296쪽)

18 『駐韓日本公使館記錄』 8, 54쪽, 360쪽.

19 『錦藩集略』 甲午 7월 7일.

20 『甲午斥邪錄』 甲午 8월 28일. 예천 화지도회의 동학농민군들이 읍내 집강소에 통문을 보내서, 조선인으로 조선인을 해치려는 것은 같은 땅에 사는 사람들의 常情이 아니라면서 동학농민군의 본의는 斥倭에 있다고 하였다. 그리고 오늘 읍내에 들어가서 都會를 하려는 것은 동학농민군을 무도하게 죽인 죄인 2인만 붙잡아 처리하려는 것이고, 그 이후 함께 척왜를 논의하자고 하였다.

21 『甲午斥邪錄』 갑오년 8월 28일.

22 「宣諭榜文竝東徒上書所志謄書」 『東學農民戰爭叢書』 10, 337-338쪽.

23 「兩湖右先鋒日記」 『東學農民戰爭叢書』 15, 69-70쪽. 충청감영에서 장위영 부영관 이두황에게 세성산으로 병대를 가도록 하였는데 감사는 이에 대노하였다. 그래서 장위영의 절제는 병영인지 순무영인지 물으면서 크게 책망하였다. 도내의 봉기 상황을 보면 목천과 같은 부류는 어디에나 있지만 전주를 함락한 전봉준이 최대이고 공주는 가장 중요한 대로의 요충이며 敵地가 백리 이내라서 하루 반이면 닫는 곳이라서 시급하다고 하였다.

24 「宣諭榜文竝東徒上書所志謄書」 『東學農民戰爭叢書』 10, 333-334쪽.

동학문화의 현재와 미래/조극훈

1 경상북도 지역의 동학농민혁명에 관한 대표적인 연구로는 민보군과 혁명군의 대립을 중심으로 연구한 신영우(「경북지역 동학농민혁명의 전개와 의의」, 『동학학보』 제12호, 동학학회, 2006)와 해월 최시형의 포덕활동을 중심으로 연구한 박맹수(「동학혁명의 문화사적 의미」, 『문학과 사회』 제25호, 문학과 지성사, 1994)를 들 수 있다.

2 도시 재생의 특징으로는 낡은 건물을 허물고 신축 건물을 짓는 재건축이나 개발방식을 지양하고 주민들의 생활환경을 보존하면서도 쇠퇴한 지역의 역사 · 문화 자원을 활용한다는 점을 들 수 있다. 대구 중구의 근대문화골목은 동산선교사주택, 청라언덕을 시작으로 3 · 1만세운동길, 계산성당, 이상화 고택. 서상돈 고택, 제일교회, 약령시 한의약 박물관, 영남대로, 종로, 진골목 등으로 형성되어 있다.

3 이병민, 이원호, 「글로컬라이제이션 시대의 문화변동과 지역발전: 문화콘텐츠를 중심으로」, 『한국경제지리학회지』 제17권 2호, 한국경제지리학회, 2014, 224-225쪽 참

조.

4 glocalization의 번역어로는 '세역화' 또는 '세방화' 등으로 사용하고 있으나 우리말의 표현상 어색하여 우리말의 감수성에 조응하는 번역어가 필요해 보인다.

5 김성수, 『글로컬문화콘텐츠 전략』(한국외국어대학교 출판부, 2012), 21-22쪽 참조.

6 같은 책, 215쪽.

7 같은 책, 214쪽.

8 같은 책, 219쪽.

9 김동윤, 「창조적 문화와 문화콘텐츠의 창발을 위한 인문학적 기반 연구」, 『인문콘텐츠』 제19호, 인문콘텐츠학회, 2010, 431-434쪽 참조.

10 이병민, 이원호, 앞의 책, 221쪽

11 같은 책, 219쪽.

12 같은 책, 222쪽 참조.

13 김성수, 앞의 책, 217쪽.

14 동학문화를 인문학에 기반한 문화콘텐츠로 개발할 것을 제안한 연구로는 조극훈의 연구(조극훈, 「동학 문화콘텐츠 개발을 위한 인문학적 기반 연구」, 『동학학보』 제30호, 동학학회, 2014)를 들 수 있다. 그에 의하면 동학의 문화콘텐츠는 철학, 역사, 역사, 문화, ICT기술이 결합된 다학제적 연구를 기반으로 제작되어야 할 것을 강조한다. 특히 문화적 감성의 패러다임의 변화에 주목하고 동학문화콘텐츠에는 정서적, 심미적, 정신적 가치가 중요함을 강조하였다.

15 심승구, 「한국 술문화의 원형과 콘텐츠화」, 『인문콘텐츠학회 학술 심포지엄 발표자료집』, 2005.

16 천도교 약사에 수록된 천도교 보국당의 당시에는 동학의 핵심 이념이 (1) 인내천주의의 교정일치 실현, (2) 오심즉여심의 민족자주 독립국가 실현, (3) 동귀일체의 세계적 평화의 수립 등으로 제시되었다.(천도교중앙총부 교서편찬위원회, 『천도교약사』, 천도교중앙총부출판부, 2006. 402쪽) 그러나 교정일치 실현이나 민족자주 독립국가 실현과 같은 이념은 글로컬 문화 시대에는 맞지 않으므로 글로컬 아젠다에 적합하게 변형시킬 필요가 있다.

17 김동윤, 앞의 논문, 418-419쪽 참조.

18 최희수, 「인문학과 문화기술의 상생을 위한 과제」, 『인문콘텐츠』 제27호, 인문콘텐츠학회, 2012, 241쪽.

19 이진영, 「동학농민혁명 인식의 변화와 과제」, 『동학연구』 제9-10집, 한국동학학회, 2001.

20 동학농민혁명기념 재단, 자료실.

21 이경화, 「기념물을 통한 동학농민혁명의 기억과 전승」, 『인문콘텐츠』 제10호, 인문콘텐츠학회, 2007, 197-198쪽 참조.

22 경상북도 지역의 동학 유적지에 관한 연구로는 채길순의 연구(「경상북도 지역의 동

학활동 연구-사적지를 중심으로」, 『동학학보』 제27호, 동학학회, 2013)를 참고. 유적지의 상세 기록에 관해서는 동학농민혁명기념재단 자료실 참고.

23 동학농민혁명기념재단 자료실.

24 동학농민혁명기념재단 자료실에 실린 내용을 정리한 것임.

25 채길순, 「경상북도 지역의 동학활동 연구-사적지를 중심으로」, 『동학학보』 제27호, 동학학회, 2013 참조.

26 동학농민혁명기념재단 자료실 참조. 박명규는 동학농민혁명 기념물을 1910년 이전부터 1996년까지 시기별로 검토하였다. 그는 동학기념물의 의미를 역사적으로 다음과 같이 분석하였다. (1) 유교적 충절론의 상징화: 1910년 이전의 기념물, (2) 민족적 역사 인식의 성장과 기념의 부재: 1910-1945, (3) 분단체제의 형성과 이데올로기적 규정력: 1945-1979, (4) 혁명의 상징성의 정치적 이용과 근대화이론: 1961-1979, (5) 상징적 차원의 민주적 해석과 그 억압: 1980-1987, (6) 민중의식, 지방의식의 확대와 역사의 대중화, 1978-1996, (「역사적 경험의 재해석과 상징화-동학농민전쟁의 기념물」, 『사회와역사』 51호, 한국사회사학회, 1997 참조.)

27 원도연, 「동학농민혁명 기념사업의 사회성과 기념공간 연구」, 『지방사와 지방문화』 10호, 역사문화학회, 2007 참조.

28 이경화, 앞의 논문, 202-203쪽.

29 신창희는 등대의 등록문화재 연구를 통해 문화재의 미래적 가치 창조의 의미를 연구하였다. 그에 의하면, 문화재의 미래가치 창조는 문화원형에서 그 속에 담긴 원형성, 잠재성, 활용성을 찾아내 매체와 결합하고 현재보다 높은 문화콘텐츠를 발굴하여 새로운 가치를 창조하는 것을 말한다. 예술성, 창의성, 오락성, 여가성, 대중성 등의 문화적 요소를 배양시켜 장래성을 활용할 수 있는 방안을 도출하는 방안을 말한다.(신창희, 「등대의 등록문화재 등록과 미래가치 창조 방안에 관한 연구」, 『문화 더하기 콘텐츠』, 한국외국어대학교 글로벌문화콘텐츠연구센터, 2014, 13쪽.)

30 이경화, 앞의 논문, 196쪽.

31 전진성, 「홀로코스트와 문화적 기억」, 『역사가 기억을 말하다』, 휴머니스트, 2005, 375-396쪽 참조.

32 동학의 인성교육 프로그램의 개발과 관련하여, 노숙인 자존감 회복을 목적으로 동학의 성경신 인성교육 프로그램의 필요성과 프로그램을 논의하고 있는 연구로는 조극훈, 「동학 인성교육 프로그램 개발 시론」, 『동학학보』 제31호, 동학학회, 2014을 참조. 이 연구에 의하면, 동학의 인성교육 프로그램은 시천주와 성경신 및 수심정기를 기반으로 하는 주문수련법을 활용하고 있다.

33 이 프로그램의 특별한 점은 상담자와 내담자의 수직적 관계를 지양하고 먼저 힐링하는 사람이 다른 사람을 힐링하는 릴레이식 수평적 관계로 진행된다는 점이다. 그 때문에 이 프로그램에는 판단, 진단, 조언, 훈계 등이 금지되어 있으며 내면적인 자율성이 강조된다.

참고문헌

19세기 경상도의 유교전통과 민족종교 동학/최재목

『天道教經典』

『東經大全』

『陽明全集』

尹錫山 역주,『道源記書』, 문덕사, 1991.

崔瑬,『近庵集』, 최동희 옮김, 창커뮤니케이션, 2005.

任允摯堂,『국역 윤지당 유고』, 조선시대사학회 역주, 원주시, 2001.

張桂香,『장계향학 문헌자료』(上・中・下), 경상북도・경북여성정책개발원, 2012.

김범부,「龍潭을 바라보고서」,『범부김정설단편선』, 최재목・정다운 엮음, 선인출판사, 2009.

琴章泰・高光植 편,『儒學近百年』, 博英社, 1984.

비키 매킨지,『나는 여성의 몸으로 붓다가 되리라』, 세등 옮김, 김영사, 2003.

블레즈 파스칼,『팡세』, 현미애 옮김, 을유문화사, 2013.

아손 그렙스트,『스웨덴 기자 아손, 100년 전 한국을 걷다』, 김상열 옮김, 책과 함께, 2010.

에렌스트폰헤세-바르텍,『조선, 1894년 여름: 오스트리아인 헤세-바르텍의 여행기』, 정현규 옮김, 책과 함께, 2012.

지그프리트 겐터,『신선한 나라, 조선』, 권영경 옮김, 책과 함께, 2007.

카와이 아사오,『대구이야기』, 손필헌 옮김, 대구중구문화원.

토마스 메츠거,『곤경의 탈피』, 나성 옮김, 민음사, 2014.

浅野裕一,『儒教 ルサンチマンの宗教』, 平凡社, 1999.

崔承熙,『증보판 韓國古文書硏究』, 知識産業社, 1981.

최영성,『한국유학사상사V・근현대편』, 아세아문화사, 1997.

권대웅,「경상도 유교지식인의 동학농민군 인식과 대응」,『한국근현대사연구』제51집(2009 겨울호), 한국근현대사학회, 2009.

金起田,「大神師 생각」,『天道教會月報』제162호, 天道教會月報社, 1924.3.

金凡父,「國民倫理特講」,『花郎外史』(三版), 以文出版社, 1981.

김춘희,「장계향의 여중군자상과 군자교육관에 관한 연구」,『장계향학 문헌자료(中)』, 경상북도・경북여성정책개발원, 2012.

朴孟洙,「東學과 傳統宗教와의 交涉」,『동학사상의 새로운 조명』, 영남대 민족문화연구소 편, 영남대출판부, 1997.

朴鍾鴻,「發刊辭」,『韓國思想』제12집-崔水雲誕生150周年紀念論集: 崔水雲研究-, 韓國思想硏究會, 1974.11.

손병욱, 「동학의 '삼칠자 주문'과 '다시 개벽'의 함의」, 『동학학보』 제18호, 동학학회, 2009.
山下龍二, 「陽明學の宗教性」, 『陽明學』 第7號, 二松學舍大學陽明學研究所, 1995.
申一澈, 「崔水雲의 歷史意識」, 『韓國思想』 제12집-崔水雲誕生150周年紀念論集: 崔水雲研究 -, 韓國思想研究會, 1974.11.
尹絲淳, 「東學의 儒學的 性格」, 『동학사상의 새로운 조명』, 영남대 민족문화연구소 편, 영남대출판부, 1997.
정대위, 「용비어천가에 보이는 천명사상의 종교사적 의의」, 『그리스도교와 동양인의 세계』, 신학연구소, 1986.
조성환, 「바깥에서 보는 퇴계의 하늘섬김사상」, 『退溪學論集』 제10호, 영남퇴계학연구원, 2012.
최재목, 「凡父 金鼎卨의 〈崔濟愚論〉에 보이는 東學 이해의 특징」, 『동학학보』 제21호, 동학학회, 2011.4.
______, 「동아시아 陽明學者들에게 있어 꿈[夢]과 철학적 깨달음[覺悟]의 문제」, 『陽明學』 제29호, 한국양명학회, 2011.8.
______, 「王陽明 良知論에서 '靈明'의 意味」, 『陽明學』 제31호, 한국양명학회, 2012.4.
______, 「咸錫憲과 陽明學 -「한 사람: 王陽明, 大學問」을 중심으로-」, 『陽明學』 제32호, 한국양명학회, 2012.8.25.
______, 「聖人을 꿈꾼 조선시대 여성철학자 張桂香-한국 敬사상의 여성적 실천에 대한 한 試論-」, 『陽明學』 제37호, 한국양명학회, 2014.4.

동학 초기 경상도 일대의 포조직과 혁명군 지도자 연구/임형진

『경상도고성부총쇄록』
『동학·천도교약사』
『동학농민전쟁자료총서』
『수운행록』
『시천교종역사』
『천도교서』
『천도교회사초고』
『최선생문집도원기서』
『해월선생문집』
『동경대전』
『동학난기록』
『비변사등록』
『승정원일기』
『용담유사』
『천도교창건사』
『천도교회월보』
『취어』

강우, 「해월선생칠십이년사」, 『신인간』 11호, 1927. 3.
대구은행 간, 『수운 최제우와 동학』, 2007.
박맹수, 『최시형연구』, 한국정신문화원 한국학대학원 박사학위논문, 1996.
신영우, 「경북지역 동학농민혁명의 전개와 의의」, 『동학학보』 제10권 2호(통권 12).
신영우, 「경상도지역 동학농민혁명과 농민군 지도부의 성격」, 『동학농민혁명과 농민군지도부의 성격』, 전북 도제 100주년 기념 학술대회, 1996. 10. 발표 논문.

오상준, 「본교역사」, 『천도교회월보』 23호, 1912. 6.
윤석산, 「은도시대와 해월신사의 생애」, 『신인간』 574.
이돈화, 『천도교창건사』, 경인문화사.
조성운, 「해월 최시형의 도통전수와 초기 포교활동(1862-1875)」, 한국동학학회, 『동학연구』 제7호, 2000.9.
최효식, 「수운 최제우의 생애와 사상」, 『동학연구』, 제2집, 1998, 4.
표영삼, 「경상 남서부지역 동학혁명」, 『교리교사연구』 제6호, 포덕 141년 5월.
표영삼, 「동학 조직의 변천」, 『동학의 현대적 이해』, 한국동학학회, 2001. 3.

『신인간』 통권 제221호(1960년 5월호), 〈대담: 경남지방의 동학운동〉

경상감사 조병호와 갑오년의 경상도 상황 /신영우

『高宗實錄』
『日省錄』
『啓草存案』
『沔陽行遣日記』
『錦藩集略』
『召募日記』
『別啓』
『時經錄』
『梅泉野錄』
『甲午東學亂』
『記聞錄』
『羅巖隨錄』
『公文編案』 奎 18154
『備邊司謄錄』
『承政院日記』
『大韓季年史』
『固城府瑣錄』
『嶠續集略』
『召募事實』
『甲午斥邪錄』
『歲藏年錄』
『東擾日記』
『甲午以後日記』
『柏谷誌』
『甲午實記』
『總關公文』, 奎17830
『醴泉郡邑誌』, 奎10839
行慶尚道觀察使兼都巡察使 親軍南營外使爲謄報, 開國 503년 8월 21일, 奎522647.
『駐韓日本公使館記錄』 1권, 2권
大倉喜八郎 述, 『致富の鍵』, 丸山舍書籍部, 1911.
大倉喜八郎 述 井上泰岳編, 『努力』, 實業之日本社, 1916.
伏木誠一郎 編, 『征清軍人忠死列伝』, 268-270, 1895.
「大阪每日新聞」 1894年 10月16日(음력 9월 7일).

김준형, 「서부경남지역의 동학군 봉기와 지배층의 대응」, 『慶尙史學』 7·8집, 1992.
김양식, 「지리산권 동남부지역 동학농민혁명의 전개와 특징」, 『남도문화연구』 26집, 2014.
신영우, 「1894년 영남 예천의 동학농민군과 보수집강소」, 『동방학지』 44집, 1984.

신영우, 「1894년 영남 상주의 농민군과 소모영」, 『동방학지』 51 · 62집, 1986.
신영우, 「19세기 영남 김산의 양반지주층과 향내 사정」, 『동방학지』 70집, 1991.
신영우, 「1894년 영남 김산의 농민군과 양반지주층」, 『동방학지』 73집, 1991.
신영우, 「1894년 일본군의 동학농민군 학살」, 『역사와 실학』 35집, 2008.(충남대 충청문화연구소편, 『제노사이드와 한국근대』, 경인문화사, 2009 수록)
신영우, 「1894년 영남의 동학농민군과 동남부 일대의 상황」, 『동학학보』 30호, 2014.
신영우, 「충청감사와 갑오년의 충청도 상황」, 『동학학보』 34호, 2015.
한철호, 「민씨척족정권기(1885-1894) 내무부의 조직과 기능」, 『한국사연구』 90집, 1995.
한철호, 「민씨척족정권기(1885-1894) 내무부 관료 연구」, 『아시아문화』 12호, 1996.

동학과 자유-자치-자연/박홍규

『국역 한국지』 1권
『동학총서』 18권, 하
『용담유사』
『천도교서』
『천도교창건사』
『동경대전』
『동학총서』 29권
『일성록』
『한국학자료총서』 9권
『崔先生文集道源記書』

강재언, 『근대한국사상사연구』, 한울, 1983.
강재언, 『선비의 나라 한국 유학 2000년』, 한길사, 2003
권진관, 「동학의 정의 이해」, 『종교연구』 74집 1호, 2014.
김갑수, 「아나키즘의 윤리관과 전통 윤리관의 만남 및 변용」, 『시대와 철학』 제18권 1호, 2007.
김종서, 『서양인의 한국종교 연구』, 서울대학교출판부, 2006.
박종홍, 「한국사상 연구의 구상」, 『박종홍전집』 4권, 형설출판사, 1980.
박종홍, 「한국사상의 방향」, 『박종홍전집』 5권, 형설출판사, 1980.
박찬승, 「동학농민전쟁의 사회경제적 지향」, 박현채 · 정창렬 편, 『한국민족주의론』 3권, 창작과비평사, 1985.
박홍규, 『자유란 무엇인가』, 문학동네, 2014.
박홍규, 『종교』, 다른, 2013.
배항섭, 「19세기 후반 민중운동과 공론」, 『한국사연구』 161집, 2013.
오문환, 『다시개벽의 심학』, 모시는사람들, 2006
비온티노, 유리안, 「한말 시기 조선에서 서양인이 본 동학운동-"습격자"인가 "개혁자"인가?」, 『동학학보』 27권, 2013.
이수윤, 『한국사상사』, 법문사, 2004.
이영호, 「황해도 동학농민군과 기독교 선교사의 접촉과 소통:매켄지 선교사를 중심으로」, 『한국기독교와 역사』 34권, 2011.
임희국, 「1890년대 조선의 사회 · 정치적 상황에 대한 내한(來韓)선교사들의 이해-동학농민 운동과 단발령을 중심으로」,『선교와 신학』 23권, 2009.
조경달, 박맹수 옮김,『이단의 민중반란』, 역사비평사, 2008.
조지훈,『한국 문화사서설』, 나남, 1996.
조지훈,『한국 민족운동사』, 나남, 1993.
표영삼,『최제우의 삶과 생각 동학 1』, 통나무, 2004.
하기락,『조선철학사』, 형설출판사, 1992.
한자경,『한국철학의 맥』, 이화여자대학교출판부, 2008.
함석헌,『뜻으로 본 한국역사』, 함석헌저작집, 30권, 한길사, 2009
Carl Young, "Embracing Modernity: Organizational and Ritual Reform in Ch'ondogyo, 1905-1910," *Asian Studies Review*, vol., 29, Routledge, 2005.

동학문화의 현재와 미래/조극훈

천도교중앙총부,『천도교경전』, 천도교중앙총부출판사, 2000.
강형구 외,『문화콘텐츠와 인문학적 상상력』, 글누림, 2005.
김기덕,「콘텐츠의 개념과 인문콘텐츠」,『인문콘텐츠』 창간호, 인문콘텐츠학회, 2003.
김동윤,「창조적 문화와 문화콘텐츠의 창발을 위한 인문학적 기반 연구」,『인문콘텐츠』 제19호, 인문콘텐츠학회, 2010.
김성수,『글로컬문화콘텐츠 전략』, 한국외국어대학교출판부, 2012.
김영동,「갑오동학농민혁명의 예술적 지평」,『미술세계』 112호, 1994.
김영순 · 김현 외,『인문학과 문화콘텐츠』, 다할미디어, 2006.
김정인,『천도교 근대 민족운동 연구』, 한울, 2009.
김지하,『동학이야기』, 솔, 1994.
동학농민혁명기념사업회,『동학농민혁명의 지역적 전개와 사회변동』, 새길아카데미, 2012.
라원식,「동학농민혁명과 미술」,『미술세계』 112호, 1994.
박명규,「역사적 경험의 재해석과 상징화-동학농민전쟁의 기념물」,『사회와역사』 51호, 한국사회사학회, 1997.
박맹수,「동학혁명의 문화사적 의미」,『문학과 사회』 25, 문학과 지성사, 1994.
박맹수,『사료로 보는 동학과 동학농민혁명』, 도서출판 모시는사람들, 2009.
박준성,「1894년 농민전쟁 기념 조형물을 찾아서(1)」,『내일을 여는 역사』 23호, 서해문집, 2006.
박준성,「동학농민혁명 유적과 조형물의 역사상」,『동학농민혁명기념재단 특별기획전 동학농민혁명기념사업의 역사』, 2009.
신영우,「경북지역 동학농민혁명의 전개와 의의」,『동학학보』 12호, 동학학회, 2006.
신창희,「등대의 등록문화재 등록과 미래가치 창조 방안에 관한 연구」,『문화 더하기 콘텐츠』, 한국외국어대학교 글로벌문화콘텐츠연구센터, 2014.
심승구,「한국 술문화의 원형과 콘텐츠화」,『인문콘텐츠학회 학술 심포지엄 발표자료집』,

2005.
원도연, 「동학농민혁명 기념사업의 사회성과 기념공간 연구」, 『지방사와 지방문화』 10호, 역사문화학회, 2007.
원승룡, 『문화이론과 문화철학』, 서광사, 2008.
유동환, 「문화콘텐츠 기획과정에서 인문학 가공의 문제」, 『인문콘텐츠』 제28호, 인문콘텐츠학회, 2013.
이경화, 「기념물을 통한 동학농민혁명의 기억과 전승」, 『인문콘텐츠』 제10호, 인문콘텐츠학회, 2007.
이병민, 이원호, 「글로컬라이제이션 시대의 문화변동과 지역발전: 문화콘텐츠를 중심으로」, 『한국경제지리학회지』 제17권 2호, 한국경제지리학회, 2014,
이진영, 「동학농민혁명 인식의 변화와 과제」, 『동학연구』 제9-10집, 한국동학학회, 2001.
이현희 엮음, 『동학사상과 동학혁명』, 청아출판사, 1984.
인문콘텐츠학회 | 경제 · 인문사회연구회, 『인문콘텐츠의 사회적 공헌』, 북코리아, 2013.
인문콘텐츠학회, 『문화콘텐츠 입문』, 북코리아, 2006.
전진성, 「홀로코스트와 문화적 기억」, 『역사가 기억을 말하다』, 휴머니스트, 2005.
정우철, 『글로컬시대의 문화와 국제경영』, 박영사, 2013.
조규태, 『천도교의 문화운동론과 문화운동』, 국학자료원, 2006.
조기주, 『동학의 원류』, 보성사, 1979.
조극훈, 「한류문화에 나타난 전통과 현대의 변증법」, 『인문과학논집』 제23집, 강남대학교 인문과학연구소, 2012.
조극훈, 「동학 개벽사상의 역사철학적 의미」, 『동학학보』 제27호, 동학학회, 2013.
조극훈, 「동학 문화콘텐츠 개발을 위한 인문학적 기반 연구」, 『동학학보』 제30호, 동학학회, 2014.
조극훈, 「동학 인성교육 프로그램 개발 시론」, 『동학학보』 제31호, 동학학회, 2014.
진행남, 「신한류와 동아시아 문화 네트워크」, 제주평화연구원, 『JPI정책포럼』, 2011.
채길순, 「경상북도 지역의 동학활동 연구」, 『동학학보』 제27호, 동학학회, 2013.
천도교중앙총부 교서편찬위원회, 『천도교약사』, 천도교중앙총부출판부, 2006.
최민자, 「동학의 정치철학적 원형과 리더십론」, 『동학학보』 10권, 동학학회, 2006.
최희수, 「인문학과 문화기술의 상생을 위한 과제」, 『인문콘텐츠』 제27호, 인문콘텐츠학회, 2012.
한동숭 외, 「미디어 문화기술 그리고 인문콘텐츠」, 인문콘텐츠학회 경제 · 인문사회연구회, 『인문콘텐츠의 사회적 공헌』, 북코리아, 2013.
〈전북도민일보〉, 「동학농민혁명 120년 특별기획(8)」, 2014. 3. 6일자.
『동학농민혁명 유적지 현황』, 2007.

찾아보기

[ㄱ]

[ㄴ]

[ㅈ]

[ㅊ]